国家语委科研项目（项目号：WT135-18）

A BRIEF HISTORY OF OVERSEAS SPREADING OF CHINESE LANGUAGE AND CHARACTERS

汉语言文字海外传播简史

韩晓明　著

北京语言大学出版社
BEIJING LANGUAGE AND CULTURE UNIVERSITY PRESS

图书在版编目（CIP）数据

汉语言文字海外传播简史 / 韩晓明著 . — 北京：北京语言大学出版社，2021.9

ISBN 978-7-5619-5965-7

Ⅰ. ①汉… Ⅱ. ①韩… Ⅲ. ①汉语—文化传播—文化史 Ⅳ. ①H1-09

中国版本图书馆 CIP 数据核字（2021）第 181065 号

汉语言文字海外传播简史

HANYUYAN WENZI HAIWAI CHUANBO JIANSHI

责任编辑：周　鹂　　　　责任印制：周　燚

排版制作：闫海涛　　　　封面设计：春天书装

出版发行：北京语言大学出版社

社　　址：北京市海淀区学院路 15 号，100083

网　　址：www.blcup.com

电子信箱：service@blcup.com

电　　话：编 辑 部　8610-82303670

国内发行　8610-82303650/3591/3648

海外发行　8610-82303365/3080/3668

北语书店　8610-82303653

网购咨询　8610-82303908

印　　刷：北京鑫丰华彩印有限公司

版　　次：2021 年 9 月第 1 版　　　印　　次：2021 年 9 月第 1 次印刷

开　　本：710 毫米 × 1000 毫米　1/16　　　印　　张：21

字　　数：319 千字

定　　价：68.00 元

PRINTED IN CHINA

序

吴应辉

汉语国际传播是一个新兴的研究领域。近年来，这一领域的理论建构日益完善，研究领域不断拓展，出现了可喜的发展态势。但是，相对于当前汉语国际传播事业快速发展的现实，理论建构滞后于传播实践的问题仍然比较突出，一个明显的表现就是汉语国际传播史研究的不足，以及由此导致的“史”“论”研究不均衡的现象。这一缺憾不但使我们对汉语国际传播的历史经验和传播规律缺乏全面认识，而且也不利于在专业人才培养中构建完整的知识体系。

2013年，我在《汉语国际传播研究理论与方法》一书中提出汉语国际传播的十大主要研究领域，其中之一就是汉语国际传播史研究。之前一些学者在这一领域已有所耕耘。随着汉语国际传播事业的迅速发展和相关学术研究的日益深入，我们迫切需要对汉语国际传播史进行一个全景式的描绘，以便全面总结汉语言文字传播的历史经验，深入挖掘蕴含中国智慧的语言传播思想，为我们今天的事业发展和学术研究提供重要借鉴。

历史研究是一个宏大的命题，撰写一部通史性的著作尤为不易。中华文明史纵贯数千年，博大精深，包罗万象，汉语国际传播史作为这一宏大体系中的一部分，很难在一部仅有几十万字的著作中完全呈现出来。因此，选择撰写这部著作，在理念上、在思路上、在写法上，都会面临极大的挑战，需要足够的学术底气和学术勇气。从这一点上来看，韩晓明教授的工作是值得肯定的。这部著作的完成离不开他背后付出的艰苦努力：既免不了埋头史籍，钩沉书海，又需要上下纵览，以宏观的视野综述评析。实属不易！

语言传播的发生和发展，一需动因，二需载体，三需路径。这部著作创造性地把汉语言文字海外传播史划分为五个历史时期：发轫期、兴盛期、持续期、衰落期、复兴期。在内容上择要而述，不求面面俱到，符合“简史”的特点。书中贯穿了鲜明的时代理念，既把汉语言文字传播放在中国发展与世界发展的互动关系中去认识，又关注影响语言传播的“语言因素”和“非语言因素”。在梳理史实的基础上，全面总结汉语言文字对外传播的历史经验，深入挖掘传播规律，注重汉语言文字传播对世界文明发展的贡献，凝练具有中国特色的语言传播理念和传播模式。在写法上，兼顾了纵向和横向两个维度。纵向上以时间为主轴，描述不同历史时期的传播状况；在每个历史时期，又在横向上描述不同国家和地区的传播状况。另外值得肯定的是，该著作在整体风格上突出叙事性，同时兼顾思想性、学术性和可读性，能够适合更广泛的读者群，在汉语国际传播知识的普及上也会有一定的贡献。

知古可以鉴今。当我们回望来时路，揭开数千年的画卷，把目光移入到深邃悠远的历史当中，一定会发现可研究、可探索的天地更为广阔。学史明理，学史增信，知来处，守初心，增强学人的学术自觉和学术自信，也许就是历史研究的意义。在今天的汉语国际传播研究中，当我们面临困惑时，也许可以从历史中找到答案；当我们感觉创新能力不足时，也许可以从历史中找到灵感；当我们对未来的发展感到迷茫时，也许可以从历史中得到启示。我想，这部著作的价值就在于此。

目　录

引　言

汉语言文字的海外传播历史悠久，传播区域广阔，传播历程与中国的国运兴衰紧密相连，是几千年来中国发展与世界发展之间互动、互通的生动写照，不仅是一篇起伏跌宕的中国故事，也是一幅文明互鉴的精彩画卷。

本书所描述的“汉语言文字海外传播”，既包括汉语言文字在中国境外的传播，也包括在中国境内发生的、对来华外国人的传播。所谓“传播”，指汉语言文字在异文化族群或区域中各种形式的学习和使用。

语言是人类最重要的社会交际工具、文化承载工具和身份认同工具。一种语言在承载、传播信息的同时，其使用群体和使用区域也在不断变化：使用者的数量或增加，或减少；使用者的语言能力或增强，或减弱；使用的地域范围或扩大，或缩小，或转移。这一系列变化的发生时间有长有短，与语言生存的社会环境之间存在着复杂的互动关系。这一过程就是语言传播的过程。语言传播是一种特殊的传播，不同于思想和文化传播，其本质是使人掌握一种新的语言作为交际工具，获取使用这种语言的各种技能，因此非常依赖教育，特别是较为长期、稳定的教育。语言教学是实现语言传播最重要的手段。另外，语言传播始于语言接触，不同语言由于相互接触和影响而产生的在本体层面的变化，也归于语言传播的范畴。

语言文字传播从有人类文明以来就已经存在，但却不是独立发生、发展的。它的身影夹杂在政治、经济、文化等纷繁芜杂的社会现象之间，受各种社会因素的综合影响而不断演进、变化。人类社会的发展有自己的规律，语言文字传播也是如此。由于不同的语言文字有着不同的个性特征，各个国家也有不同的国情，因此不同语言文字的传播也有各自独特的规律。与世界上其他语言文字的传播相比，汉语言文字的传播既体现着语言传播的普遍规律，又具有鲜明的个性特点。

“中国是唯一的一个古老而又能延续下来的大国”①，汉字也是世界最古老的文字之一，更是唯一一种在3000多年的缓慢演变中延续使用至今的文字。从这个意义上讲，汉语言文字海外传播史比世界上任何一种语言文字的传播史都要漫长。在汉语言文字传播的发生发展过程中，不同历史时期的传播方式和特点也不一样。

语言传播的发生需要一些基本的前提条件，其传播动因也在不断变化。古代早期的语言文字传播，受到语言的发展完善程度、自然地理条件、语言使用人口、交通技术水平、历史机遇等诸多因素的综合影响。随着人类社会的发展，语言传播不断呈现出新面貌，传播动因、传播方式日益多元、复杂。总的来看，政治形势、政策导向、外交格局、经济实力、科技水平、教育体制、文化交流力度、人口迁移状况、宗教传播趋势等都有可能成为影响语言传播的重要因素。本书以中国发展为主轴，力图从多个维度真实呈现从古至今汉语言文字海外传播的全貌，并探讨语言传播的普遍规律与汉语传播的特殊规律。

---

① 宁可《历史上的中国》，《光明日报》2009年8月6日第10—11版。

第一章　汉语言文字海外传播发轫期

（商代—汉代）

每一种语言文字都会经历产生、发展和成熟的过程。语言文字的成熟是传播发生的基本前提。所谓成熟，是指一种语言具备了通用、定型的文字体系，“达到能够完备地书写语言，成为一种约定俗成的符号体系”[①]，具体地说，能够“完备地按照词语次序记录语言”[②]。人类的文明史当是从出现文字开始的，而文字就是为传播而生的，其功能就是使语言“传于异地，留于异时”（清·陈澧《东塾读书记》）。有了文字之后，语言就进入了传播期，既包括横向的区域扩散，也包括纵向的历史传承。根据考古发现和史书记载，中国文字的萌芽当出现于夏代。殷商时期使用的甲骨文已经是一种成熟的文字，这使得汉语言文字具备了对外传播的基本前提。

商周之际，汉语言文字靠着人口流动初步传播到了朝鲜半岛。秦代实现大一统后，实施了初步的语言文字规划，再加上疆域的扩大，为语言文字传播提供了有利条件。但秦王朝历史太短，汉语言文字海外传播并没有形成规模。汉代国力强盛，发展对外交流，打通了联系西域诸国的通路；同时，汉朝重视发展文化，做了很好的语言文字规范化工作。这些都为汉语言文字进

---

① 周有光《世界文字发展史》，上海：上海教育出版社，1997年，第18页。

② 周有光《世界文字发展史》，上海：上海教育出版社，1997年，第21页。

一步传播创造了条件。这一时期，古朝鲜、越南、日本等地区开始受到汉文化的浸润，东亚“汉字文化圈”的轮廓开始形成。

第一节 “箕子走朝鲜”与汉语言文字在朝鲜半岛的初步传播

公元前 1600 年商王朝建立以后，不但拓展了统治疆域，而且在国家治理上体现出一定程度的语言规划意识，“殷商文字已经是古代中国广袤土地上各个氏族方国的共同文字”①。也就是说，殷商时期在文字上已经初步实现了统一。文字统一的过程我们知之不详，但可以发现的是，周本是殷的一个方国，代殷而起之后，周代的文字和商代一脉相承，这在一定程度上说明文字统一的情况确实存在。

语言文字的对外传播与国家发展及语言文字本身的发展密切相关，但也需要一定的外部条件。所谓外部条件，往往体现为不同的历史机遇。

自有人类历史以来，世界不同地区文明发展程度的不平衡、不同步就是一种常态，而先发文明总是会对后发文明施加影响，后发文明也通常会主动对先发文明进行效仿和吸收。中国商代文明在当时的东亚地区一枝独秀，在发展程度上与周边国家和地区形成了明显的落差，从而为汉语言文字向周边国家传播提供了历史机遇，使汉语言文字作为中国文化的载体和介质逐渐向周边地区散布。

早期的汉语言文字传播属于一种地缘传播。在生产力不发达的古代，由于交通技术的限制，人们的活动范围受到地理条件的极大制约，语言文字的对外传播也同样受此影响。早期的语言文字传播有一个基本特征，就是以人际交往为基础，以人际传播为主要方式。简单地说，人走到哪里，语言才能

① 陆锡兴《汉字传播史》，北京：语文出版社，2002 年，第 16 页。

传播到哪里；人能走多远，语言才能传播多远。没有离开人际交往的语言传播。直到后来造纸术、印刷术被发明和推广之后，语言文字才得以脱离人这一基本载体，通过更加多样的载体形式传播到其他地区。商代文明的中心在黄河流域，西边是难以逾越的高原大漠，北边横亘着群山戈壁，只有东向和南向的地势相对平缓，是中原先民较容易到达的区域。受此影响，汉语言文字的传播走向起初也是以东向和南向为主，这就是汉语言文字首先传播到朝鲜半岛、越南、日本的基本原因。

朝鲜半岛与中国大陆山水相连，自古就有交通往来的记载。朝鲜史书中有："东方初无君长，……会神人降于太白山檀木下，国人立而为君，号为檀君"（《朝鲜历代史略·檀君纪》）[①]，这就是朝鲜半岛流传的"檀君建国"的传说。传说檀君出生于公元前2333年，在位共计1017年，这当然只能作为神话来看待。但值得注意的是，这部史书中提到："时禹会诸侯于涂山，檀君遣子扶娄朝焉。"这一记载虽然没有确凿的证据来佐证，但其中透露出的信息是：上古时期中国同朝鲜半岛之间可能存在过某种形式的联系。

在中国和朝鲜的史书中都有明确记载的一段历史，则是"箕氏朝鲜"的存在。"箕子走朝鲜"是中外文化交流史上绕不开的一个话题，中国的《尚书大传》《史记》《汉书》《三国志》等多部史书对此均有记载。箕子本是商纣王的叔父，名胥余，因封国在箕，故称箕子。箕子是《论语·微子》中孔子称赞的"三仁"（即三位贤人，另外两位是比干、微子）之一。箕子因进谏不成被纣王囚禁，后来"武王胜殷，……释箕子囚。箕子不忍周之释，走之朝鲜。武王闻之，因以朝鲜封之"[②]。朝鲜的早期历史文献《三国史记》《三国遗事》中都不否认箕子走朝鲜的事实，而《朝鲜历代史略·箕子纪》中的记载更为详细："箕子东来，中国人随之者五千，诗书礼乐、医巫、阴阳、卜筮、百工、技艺，皆从之而来。既至，言语不通，译而知之。国号朝鲜，

① 朝鲜学部编辑局《朝鲜历代史略》，首尔：朝鲜学部编辑局新刊本，1896年。
② 伏生《尚书大传》，陈寿祺辑，清抱经堂刻本。

都平壤。”据推算，箕子应于公元前1046年前后到达朝鲜半岛。今朝鲜平壤市牡丹峰景区的“乙密台”附近也曾有过一处始建于1102年高丽时期的名胜“箕子陵”，历代受到当地民众的凭吊，可惜在1959年时被拆毁。

从上述记载中“译而知之”这句话可知，箕子集团和朝鲜半岛当地先民有一定的语言交往。我们无法还原当时箕子集团与朝鲜当地人是如何翻译互通的，但两个不同语言群体的接触无疑给语言传播带来了契机。语言接触引发了不同语言的交互影响，这个过程往往也是语言传播的过程。箕氏朝鲜在半岛存在了929年，于公元前194年被燕国人卫满所灭。当时朝鲜半岛的语言文字是何种面貌，史书中并没有明确记载。但可以肯定的是，箕子所建立的国家政权要在当地实行统治，必然要解决语言文字问题才能保证政令通达。

据朝鲜史书《海东绎史·世纪二》[①]记载，箕子在朝鲜统治时期，注重对当地朝鲜民众推行教化，“教以诗书，使知中国礼乐之制，衙门、官制、衣服，悉随中国”。据此判断，当时的朝鲜有“语”而无“文”，即有语言而没有文字，或者文字尚未成熟，而此时中国的甲骨文已经是一种相当成熟的文字了。箕子走朝鲜时“随之者五千”，相当于一个庞大的百工团队。他们的迁徙把中原地区较先进的知识和技术带到了朝鲜半岛，推进了半岛文明的发展。这些知识和技术在半岛的流布当然是需要汉语言文字作为载体的。因此，汉语汉字当是随着箕子政权的建立而得以在朝鲜半岛广泛传播的。据《史记·宋微子世家》记载，箕子在朝鲜立国后，与周朝之间还有一定的政治往来。公元前1033年，也就是西周成王十年，已经被分封到朝鲜的箕子回故国朝觐，途中目睹原来商朝都城的荒凉，看到过去华丽的宫殿已成为废墟，禾黍丛生，伤心而作《麦秀之诗》。诗曰：“麦秀渐渐兮，禾黍油油。彼狡僮兮，不与我好兮！”所谓“狡僮”，指的就是商纣王。这是一篇受到广泛

---

① 韩致奫《海东绎史》，首尔：景仁文化社，1989年。

认可的作品，不仅是中国的第一首文人诗作，也是半岛最早的文学作品，开启了中国和半岛间文学交流的历史。

朝鲜高丽时期著名诗人李奎报在其《白云小说》中提到，“我东方，自殷太师东封，文献始起”[①]，即承认朝鲜半岛进入有文字记录的历史是由箕子开始的。我们今天看到的朝鲜古代文献都是用汉字写就的。虽然对于当时朝鲜普通民众使用汉语的确切状况难以稽考，但是箕氏政权的统治在古朝鲜延续了近千年，汉字至少在政权内部和上层社会被长期使用。

春秋时期，古中国的陆地交通技术和航海技术已经有了一定的发展，贸易活动已经能够远及海外。位于今山东一带的齐国不仅有较长的海岸线，而且掌握了当时较先进的航海技术。燕国通过陆路、齐国通过海路与朝鲜半岛进行贸易的历史非常悠久。由于商人往往具有一定的冒险精神，为获利而不惜远行跋涉，因而往往会成为地域间交流的先驱，贸易行为也容易成为语言文化交流的重要发起者，催生汉语言文字的接触和传播。

春秋战国时期的汉语言文字海外传播没有明确的历史记载，但是考古发现可以给我们提供一些佐证。朝鲜半岛曾出土春秋时期流通于齐国、赵国、燕国的金属货币“刀币”，以及众多的金属器具和生活物品。据杨昭全等的统计，在朝鲜半岛已出土的4694枚刀币上，铸有汉字共计3021个（重复计算）。[②]这些钱币既然在朝鲜半岛使用，表明当地人对汉字必然有一定接触，可以认为这是较早传播到朝鲜半岛的一批汉字。如果说在箕氏朝鲜时期汉语言文字流传朝鲜半岛尚缺乏佐证，那么这些出土的物品则证明了春秋战国时期中国对朝鲜半岛的显著影响。

汉语言文字能够“远走”海外，与中国向外移民也有密切关系。春秋战国时期战乱频仍，朝鲜半岛由于与中国山水相连，成为中原人士为躲避战乱而迁移的主要目的地。持续不断的移民潮曾成为朝鲜箕氏王朝与中国之间的

① 董明《古代汉语汉字对外传播史》，北京：中国大百科全书出版社，2002年，第8页。
② 杨昭全、韩俊光《中朝关系简史》，沈阳：辽宁民族出版社，1982年，第25页。

主要交往形式。这股移民潮始于春秋战国时期并一直延续到秦代。

当时古代中国的文明在东亚地区一枝独秀，形成了文明“高地”，从而使其向周边扩散成为一种必然。语言文字是文化的载体，是文明发展成果的“容器”；语言文字包含的文明发展成果越丰富，传播价值就越高。春秋战国时期，中国社会正处于大变革时期，士人阶层活跃，私学兴起，教育由“学在官府”发展为“学在民间”，学术繁荣，形成了儒家、道家、法家、墨家、阴阳家等学术流派“百家争鸣”的局面。中原地区是百家思想的主要发源地、形成地和扩展地，诸子百家逐渐从“中原”走上国家政治文化平台。这一时期形成的各种学说、理论对中国文化特性的形成具有本源性的意义，也成为中国对世界思想文化发展的重要贡献。汉语言文字承载的中华文明成果日益丰富，使对外传播的内生动力不断增强。

第二节　秦代的汉语言文字海外传播

一、秦的建国及其语言政策

公元前221年，秦始皇统一中国，建立了中国历史上第一个统一的中央集权制国家。与前代相比，秦的疆域空前辽阔：“东至海暨朝鲜，西至临洮、羌中，南至北向户，北据河为塞，并阴山至辽东。”（《史记·秦始皇本纪》）[①]。所谓“北向户”，就是太阳可以由北面照入屋内的房子，喻指极南之处，也就是说，秦朝的疆域已经向南越过了北回归线，与今天的东南亚地区接壤；东边到达大海，与日本群岛隔海相望；西边与青藏高原相接；北边则到达今天朝鲜的边境地区。随着疆域的扩大，古中国与外部世界的接触更加广泛。辽阔的疆域不仅为汉语言文字在朝鲜半岛的继续传播奠定了有利条

① 司马迁《史记》，北京：中华书局，1959年。

件，而且也突破了地理上的障碍，为越南方向的传播打开了通路，使得汉语言文字持续扩大传播成为可能。

秦王朝建立后，在国内推行了一些与语言相关的政策，这对汉语言文字的传播也产生了积极作用。

人类社会中，语言的功能始终是包含政治功用的，语言规划在历朝历代都或多或少被作为政权建设的基本组成部分。许慎对语言文字的政治功用有过这样的解释："盖文字者，经艺之本，王政之始，前人所以垂古，后人所以识古。故曰：本立而道生，知天下之至啧而不可乱也。"（《说文解字·叙》）[①] 实际上，在"三皇五帝"的传说中就已经可以发现语言规划的雏形。《礼记·祭法》中说："黄帝正名百物，以明民共财。"[②] 郑玄认为："古曰名，今曰字"，那么"正名"即是"正字"。由于黄帝时期各部落联盟的语言文字不统一，黄帝就命仓颉做了统一文字的工作。北宋刘恕的《资治通鉴外纪》中说："黄帝命仓颉为左史，制字，使天下义理必归文字。"（《资治通鉴外纪·卷一》）[③] 所以仓颉造字也可以看作是一种文字规范化的工作。虽然《资治通鉴外纪》的记载不一定是史实，但也透露了上古时期可能存在的语言规划的雏形。

由于中国方言众多，古代在语言规划上很难做到"语同音"，而汉字则由于其本身具有超越时空的特性，易于作为公式化的符号发挥跨区域交际作用，因此文字和书面语就成为古代中国语言规范化的主要对象。中国文字在商代末期成熟，此后随着周王室的建立，文字从中原扩散到各地，为人们广泛使用。西周时期流行铜器铭文，后来又有籀文大篆。周宣王时出现的《史籀篇》是中国最早的一部字书，采用当时周王室使用的文字编制而成，也主要供王室的史官使用。这些情况侧面体现了汉语言文字标准化的过程，特别是字书的出现，可以看作是一种主动规范文字的行为。

---

① 许慎《说文解字》，汤可敬译注，北京：中华书局，2018 年。

② 《礼记》，胡平生、张萌译注，北京：中华书局，2017 年。

③ 刘恕《资治通鉴外纪》，上海涵芬楼影印本，1919 年。

秦建国后，为了加强集权统治，在政治和文化上采取了一系列巩固政权的措施。秦在文化建设上做的两件大事，一是饱受诟病的“焚书坑儒”，二是造福后世的“书同文”。书同文政策对中国文化的发展影响深远，其发生也有着深刻的时代背景。春秋战国时期，周王室逐渐衰落，王室权威丧失，诸侯割据一方，在文化上也由以王室为主导的一元文化变为以诸侯各自为中心的多元文化。这一时期是中国文化空前繁荣的时期，但政治分裂、文化多元也使得文字逐渐失去了统一的规范。各诸侯国各行其是，按照自己地方的习惯和生活实际改变和使用文字[①]，形成了方言众多、土语林立的局面。许慎在《说文解字·叙》中描写战国时期的情况说：“诸侯力政，不统于王，恶礼乐之害己，而皆去其典籍，分为七国。田畴异亩，车途异轨，律令异法，衣冠异制，言语异声，文字异形。”[②]秦统一六国之后，这种标准纷乱的局面显然不利于国家进行统一管理。针对原各国语言文字不统一的状况，秦始皇规定以小篆作为标准体在全国推行使用，废除原其他各国的异体字。这是一项重要的文字规范工作，可以说是中国历史上较早的有记载的语言规划。从中不难看出，语言规划从一开始就是一种国家意志的体现，属于国家治理行为。语言规划增进了语言文字内部的统一和标准化，无疑在客观上对语言文字对外传播是有利的。

直至秦代，汉语言文字的对外传播主要发生在东南方向而非西北方向，其原因除了有高山大漠等不利的自然条件外，还因为西北方有众多少数民族政权存在，隔断了汉语言文字西传的道路。

秦王朝进行的“书同文”规范化工作为汉语言文字对外传播提供了有利条件。可惜秦王朝的暴政使其成为一个短命的王朝，只存在了十五年（前221—前206年），其文治武功尚未充分形成对外影响力就灭亡了，从而导致汉语言文字海外传播成就有限。

---

① 陆锡兴《汉字传播史》，北京：语文出版社，2002年，第20页。

② 许慎《说文解字》，汤可敬译注，北京：中华书局，2018年。

二、移民将汉语言文字带入朝鲜半岛

朝鲜箕氏王朝与中国之间关系的保持，主要依靠持续不断的移民潮。早期的语言传播往往伴随着人口迁移发生，语言传播的路线与人口迁移路线往往有一定的重合之处。古代造成人口迁移的因素很多，其中一个重要因素就是战乱。自战国末期开始，中国东北方向的燕、赵、齐等国百姓为了躲避战乱，不断经由辽东或渡过黄海逃往朝鲜半岛。秦国进行的统一战争以及统一之后繁重的徭役、兵役加剧了这种向朝鲜移民的潮流。秦朝末期，帝国摇摇欲坠，农民起义风起云涌，战乱频仍，更多秦人流亡到了朝鲜半岛。据《三国志·魏书·东夷传》记载，秦末“陈胜等起，天下叛秦，燕、齐、赵民避地朝鲜数万口”[①]。仅从“数万口”这个词来看，移民数量之巨可想而知。从当时朝鲜的箕氏政权来看，为了扩充自己的实力，也在一定程度上采取了积极吸收中国流民的态度。这一方面助长了燕地民众的逃亡，另一方面也导致了后来箕氏政权被燕人卫满所灭。

秦朝末期，朝鲜半岛南部即汉江之南有马韩、弁韩、辰韩三个小国，都在今天韩国的疆域之内。朝鲜史书《三国史记·新罗本纪》中说：“战国之人苦秦乱，东来者众，多处马韩东，与辰韩杂居。”[②]据记载，辰韩即是由流亡到此的秦人创建的，生活习俗和社会发展程度与马韩、弁韩有明显差异。《三国志·魏书·东夷传》中说：“辰韩在马韩之东，其耆老传世，自言古之亡人避秦役来适韩国，马韩割其东界与之。有城栅。其言语不与马韩同，名国为邦，弓为弧，贼为寇，行酒为行觞。相呼皆为徒，有似秦人。”[③]

《后汉书·东夷列传》中记载辰韩人“知蚕桑，作缣布。乘驾牛马。嫁娶以礼。行者让路。……俗喜歌舞、饮酒、鼓瑟”[④]，完全是一派中国气象。

---

① 陈寿《三国志》，北京：中华书局，2007 年。
② 金富轼《三国史记》，朝鲜史学会编，京城府近泽书店发行，昭和三年（1928 年）。
③ 陈寿《三国志》，北京：中华书局，2007 年。
④ 范晔《后汉书》，北京：中华书局，1965 年。

而同时的马韩“邑落杂居，亦无城郭。……无长幼男女之别。……不知骑乘牛马”[①]。从这些记载来看，由于秦人向朝鲜半岛的迁徙，汉文化的影响已经深入到了朝鲜半岛的南部，即今天的韩国境内。这里居民的日常生活“有似秦人”，汉语言文字也当在生活中广泛使用。这是移民推动语言传播的一个典型历史案例。

三、汉语言文字传播远及越南

秦朝疆域辽阔，势力抵及南海，这使得汉语言文字的南向传播得以远及越南一带。

古越南地区与中国有着源远流长的往来。越南在中国历史上有不同的称谓，夏、商、周时称“交趾”，三国时称“交州”，唐代改称“安南”。对“交趾”这一名称的由来，《越峤书·唐虞三代》中解释说：“谓南方夷人足大趾开，广若并足而立，其趾相交，故曰交趾。”[②]也就是说，“交趾”这一称谓或与当地人的生理特征相关。《越南辑略·卷一》中说：“越南，古交趾也，后为骆越。帝颛顼时，南至于交趾，莫不砥砺。其国自称系出神农，号雒雄氏，亦曰雒鸿氏。”[③]由此可知，交趾人自称是神农氏的后代。西周以后相传的古越裳国，就包括今天的越南北部地区。

中国古籍中很早就有关于远古时期越南的记载。如《墨子·节用》中提及“古者尧治天下，南抚交阯”[④]之事，《后汉书·南蛮西南夷列传》还记载“交趾之南有越裳国，周公居摄六年，制礼作乐，天下和平，越裳以三象重译而献白雉”[⑤]。“象”本指南方方位，“三象重译”指道路悠远，山川阻隔，音使难通，经过多次辗转翻译才得以上达周朝。越南史书《大越

① 范晔《后汉书》，北京：中华书局，1965 年。
② 李文凤《越峤书》，浙江范懋柱家天一阁藏本，明嘉靖十九年（1540 年）。
③ 徐延旭《越南辑略》，梧州：梧州刊本，清光绪三年（1877 年）。
④ 孙怡让《新编诸子集成》（上），北京：中华书局，2001 年，第 164 页。
⑤ 范晔《后汉书》，北京：中华书局，1965 年。

史记全书·鸿庞记》对此也有记载："周成王时，我越始聘于周，称越裳氏，献白雉。周公曰：'政令不施，君子不臣其人。'命做指南车，送还本国。"[①]这一记载体现了最早的中越间语言相互交流的情况。根据这些史书记载推断，早在中国的上古时期，交趾就与中国南方文化有着千丝万缕的联系。

越南民族吸收汉语、汉文化的过程，大致可以分为两个时期，即秦以前和秦在岭南设立象郡之后。据史书记载，秦代以前古越南地区尚处于蒙昧落后的状态："言语各异，重译乃通。人如禽兽，长幼无别。项髻徒跣，以布贯头而著之。后颇徙中国罪人，使杂居其间，乃稍知言语，渐见礼化。"（《后汉书·南蛮西南夷列传》）[②]到了秦始皇时期，今越南北部的部分地区已经被划入秦的版图。据《史记》记载，秦始皇在岭南地区设桂林郡、南海郡、象郡。象郡约相当于现在越南的北部和中部。三郡地处偏远，是发配各种罪人充军戍守的地方；同时朝廷也不断迁徙一些中原之民到此，与当地的越人杂居，以增加人口，巩固边防。来自中原的统治者和地方长官在实施行政管辖时也逐步推行教化。在这一过程中，秦人和当地人不断融合，汉语言文字也在该地区长期传播和使用。

古越人部落虽有自己的语言，但并无自己的文字。在同北方文化较高的华夏民族的接触中，他们逐渐吸收了一些古汉语词汇来丰富自己的语言，以满足日益发展的社会生活的需要。例如"东、西、南、北""翁婆、姑舅""雒田、雒王、雒侯、雒将、雒民"等都使用了古汉语的称谓。[③]越南先民从汉语中吸收了许多早期日常生活中的基本词汇，但在语音语调上依然遵循本民族的习惯。直到今天，一些早期古汉语词汇依然在越南语中保留着。

---

① 吴士连等《大越史记全书》，东京：埴山堂反刻本，明治十七年（1884年）。

② 范晔《后汉书》，北京：中华书局，1965年。

③ 文庄《中越关系两千年》，北京：社会科学文献出版社，2013年，第57页。

史书中还记载了交趾人李翁仲（又作阮翁仲）入秦为官的事件。《大越史记全书·蜀纪》载："时我交趾慈廉人李翁仲，身长二丈三尺，少时往乡邑供力役，为长官所笞，遂入仕秦，至司隶校尉。始皇得天下，使将兵守临洮，声振匈奴。及老，归田卒。始皇以为异，铸铜为像，置咸阳司马门，腹中容数十人，潜摇动之，匈奴以为生校尉，不敢犯。"[①] 翁仲是一个具有传奇色彩的人物，中国史书中也有类似记载。汉贾谊《过秦论》说秦灭六国以后"收天下之兵，聚之咸阳，销锋镝，铸以为金人十二"，所谓"金人"，实际上就是仿照翁仲的外形而铸造的铜人。翁仲由于其勇武威风的形象而在后世被逐渐神化，成为人们心目中的守护神，其形貌被塑为石像立于墓冢之前，在汉代尤为盛行。翁仲入仕秦朝不是一个偶然事件，而是交趾人长期进行汉语言文字学习的结果。有了广泛的社会学习基础，方得以出现翁仲这样的人才。

四、初步东传日本的线索

秦朝疆域东至大海，与日本群岛隔海相望。日本是一个岛国，东面是浩瀚的太平洋，所以自古以来日本的对外经济文化联系必然倾向于西面的中国方向。由于古代海上交通条件的限制，跨海往来是难以实现的，因而汉语言文字传播到日本的时间晚于朝鲜半岛和越南。

汉语言文字究竟是何时传播到日本的，尚难以断定确切的年代。从"扶桑""倭国"这两个称呼来看，中国与日本列岛的交往年代非常久远。这两个称呼最早出现在战国至汉初成书的《山海经》中，其《海外东经》中说："汤谷上有扶桑，十日所浴，在黑齿北。居水中，有大木，九日居下枝，一日居上枝。"[②] 传说扶桑是东方一棵神木，是太阳栖息之所。《海内北经》中提到："盖国在钜燕南，倭北。倭属燕。"[③] 根据东晋郭璞《山海经注》的解

① 吴士连等《大越史记全书》，东京：埴山堂反刻本，明治十七年（1884年）。
② 《山海经》，方韬译注，北京：中华书局，2016年。
③ 《山海经》，方韬译注，北京：中华书局，2016年。

释，倭国是在东方大海之内的一个国家，并考证说扶桑所近的黑齿国在倭国的东南。由此看来，早在战国时期，古代中国人就对东方大海中的国家有所了解了。后来“扶桑国”“倭国”都成了对日本的称呼。东汉时期著名思想家王充在《论衡》中多次记述日本（倭）人向周朝进贡的事：“周时天下太平，越裳献白雉，倭人贡鬯草”（《论衡·儒增篇》）；“白雉贡于越，畅草献于宛”（《论衡·超奇篇》，畅草即鬯草，“鬯”通“畅”；“宛”当是“倭”字之误）；“成王之时，越常献雉，倭人贡畅”（《论衡·恢国篇》）[①]。由这些记述可见，西周的文化已经影响到了日本列岛。王充是东汉时期的大思想家，主张求实，反对虚妄，他的记述应当不是毫无根据的。另外，倭人向周成王贡鬯草也符合周朝的礼仪要求，有一定的可信度。

如果说《山海经》的记载不足为凭，那么考古发现则为我们提供了更为确凿的证据。“在冲绳、种子岛都曾掘出过雕有饕餮纹样的贝饰，而这种纹样的贝饰正是楚国的东西。”[②]不仅如此，在朝鲜半岛曾发现过的燕明刀，在日本也发现过。这证明早在秦代以前，中国与日本列岛之间已经存在一些间接的往来。汉语言文字应该很早就已经开始输入日本，途径很可能是通过朝鲜半岛。

关于秦代汉语言文字东传日本的情况，还可以从一些历史事件中找到线索。秦代发生了中国文化史上的一件大事，就是徐福入海求仙。此事最早记载于司马迁的《史记》中。据《史记·秦始皇本纪》载，秦始皇二十八年（前219年），徐福上书，请求入海求仙。秦始皇“遣徐市（即徐福）发童男女数千人，入海求仙人”[③]。《史记·淮南衡山列传》对此记载更为详尽：徐福第一次出海无果后，欺骗皇帝说仙人嫌“秦王之礼薄”，于是皇帝又“遣

① 王充《论衡》，上海：上海古籍出版社，1990年。
② 汪向荣《古代中日关系史话》，北京：时事出版社，1986年，第24页。
③ 司马迁《史记》，北京：中华书局，1959年。

振男女三千人，资之五谷种种百工而行。徐福得平原广泽，止王不来”。[①]不少学者对此持肯定态度，相信徐福“止王不来”的“平原广泽”之处就是今天的日本。如五代时期义楚所撰《释氏六帖》中的“国城州市部”中明确指出，徐福入海滞留的地点就是日本国（旧称倭国），并说倭国“人物一如长安”[②]。北宋欧阳修也认可徐福东渡日本的事件，其《日本刀歌》从文人视角慨叹秦始皇焚书坑儒导致的古籍失传。诗中也提到了徐福的故事，称徐福带走的书籍幸而在海外得以保存：

传闻其国居大岛，土壤沃饶风俗好。
其先徐福诈秦民，采药淹留丱童老。
百工五种与之居，至今器玩皆精巧。
前朝贡献屡往来，士人往往工辞藻。
徐福行时书未焚，逸书百篇今尚存。
令严不许传中国，举世无人识古文。

在日本，一些学者也认可这一事件。林罗山在《罗山文集》中说：“徐福之来日本，在焚书坑儒之前六七年矣。”新井君美在《同文通考》中说：“今熊野附近有地曰秦住，土人相传为徐福居住之旧地。由此七八里有徐福祠，其间古迹参差，相传为其家臣之冢。……且又有秦姓诸氏，则秦人之来住乃必然之事。”[③]中国近代著名思想家黄遵宪也是徐福东渡日本事件的坚定支持者，他还从多角度做过考证。虽然历史上徐福的去向有些扑朔迷离，但无论如何，徐福带领数千男女并携“五谷”“百工”移居东海之外，是中国文化的一次大规模对外传播，汉语言文字必然会随之传播到海外。

① 司马迁《史记》，北京：中华书局，1959年。
② 汪高鑫、程仁桃《东亚三国古代关系史》，北京：北京工业大学出版社，2006年，第18页。
③ 张碧波《中日关系史论》，北京：中国文史出版社，2016年，第10页。

第三节　汉代的汉语言文字海外传播

一、汉初的语言文字规范化

汉代（前206—公元220）正值世界进入公元纪年第一个千年之际，也是整个世界开始加速发展的时期。城市已在世界各地崛起，陆上和海上交通也更加便利，世界各地之间的来往更加频繁；不同的宗教和哲学学派逐渐形成各自的体系和大规模的组织，并开始向全球传播；世界人口快速增长，人口的跨区域流动也更加频繁，世界范围的商贸网络开始初步形成。美国学者描述这时期的情况说，“到公元后第一个千年为止，世界上已经几乎没有多少无人区了”[①]，可见人类历史发生的巨大变化。

这一时期亚洲的汉帝国和欧洲的罗马帝国是东西方并存的两个庞大帝国，都在世界舞台上扮演着重要角色。公元元年，也就是西汉汉平帝时期，中国人口已达6000万左右，占当时世界人口的三分之一。在世界范围内发生的第一波以游牧民族为主的人口流动和迁徙中，中国并没有参与，而主要是在自己的国土上深耕细作，巩固和发展着自己的文明。

汉代以前，儒学只是一种学说，经过汉初董仲舒（前179—前104）的改造和发展，儒家思想逐渐取得了中国封建社会正统思想的地位。这使得汉代不仅实现了疆土上的大统一，也实现了思想上的大统一，从此中国封建社会进入稳步发展时期。汉代时间跨度长，国力强盛，社会相对安定，经济文化也逐渐走向繁荣。这一系列发展成就为汉语言文字海外传播打下了良好的基础。

汉代对语言文字规划的重视程度更甚于秦代，成就也更为突出。西汉

---

① 帕特里克·曼宁（Patrick Manning）《世界历史上的移民》，李腾译，北京：商务印书馆，2015年，第107页。

立国之初即颁布了关于语言文字教育的标准和法令。《汉书·艺文志》中说："汉兴，萧何草律，亦著其法，曰：'太史试学童，能讽书九千字以上，乃得为史。又以六体试之，课最者以为尚书御史、史书令史。吏民上书，字或不正，辄举劾'。"[①]也就是说，要做一般的史官，需要能够背诵和理解九千字的六经经文；而要做较高级的史官，还需要在六种书体的考试中取得优异成绩；一般人写字不好或不正确，也会受到惩戒。可见汉代在语言文字教育方面的标准很高，要求也极为严苛。汉代的经学空前繁荣，而经学的发展离不开文献和文字，因此经学发展也推进了文字的使用、研究和规范化，产生了许慎《说文解字》这样的巨著。《说文解字》以篆书为研究对象，深入解析汉字的形体结构及其历史源流，对汉字的形、音、义进行了全面、系统的整理，对汉语言文字的规范化产生了深远的影响。

汉代末年，隶书代替篆书通行于世，又形成了经无定本、字无定体、说无定论的混乱局面。[②]在这种情况下，东汉熹平四年（175年），大臣蔡邕、李巡等上书奏请正定五经文字，于是汉灵帝"诏诸儒正五经文字，刻石于太学门外"（《后汉书·灵帝纪》）[③]。之后九年间共刻石碑四十六座，以隶体字书写《周易》《尚书》《诗经》《仪礼》《春秋》《公羊传》《论语》七经，碑文共计约20万字，立于洛阳太学，作为官方文字定本，昭示天下。这又是一次规范语言文字的浩大工程，也是一次重要的语言规划行动。汉朝国力的强大和文化的繁荣，加上语言文字规范化工作的显著成就，使汉语言文字向周边国家和地区传播的基础更加牢固。

汉代的文治武功都达到了空前的高度。汉代发生的几件大事——尊儒学、通西域、规范文字、引入佛教——都对汉语言文字的海外传播产生了深远影响。儒学成为中国主流正统思想之后，其核心精神嵌入了汉语言文

---

① 班固《汉书》，北京：中华书局，1962年。

② 姚亚平《中国语言规划研究》，北京：商务印书馆，2006年，第118页。

③ 范晔《后汉书》，北京：中华书局，1965年。

字，使汉语言文字有了“内核”，其文化价值就更加显著，这也使得汉语言文字传播获得了更为强大的内驱力和生命力。汉代联通西域之后，不仅提高了汉语言文字的商业价值，更是空前地扩大了汉语言文字的传播范围，增强了汉语言文字的世界性。文字的规范化使汉语言文字有章可循，传播的基础更加稳固。规范化的过程又使得一批汉文经典深入人心，汉语言文字的承载功能更加凸显。佛教的传入则丰富了汉语言文字本身的文化内涵，也使其传播途径更加丰富，传播的广度和深度日益提升。所有这些都为汉以后的汉语言文字传播打下了扎实的根基，创造了良好的条件，使得后世无论中国是处于统一时期还是分裂时期，汉语言文字都能保持稳定传播的态势而不至断绝。

二、从卫氏朝鲜到汉四郡

朝鲜半岛北部与中国接壤，自春秋战国以来很长的历史时期内都是中国人逐鹿争雄的舞台。燕国人卫满在燕为秦所灭后流亡到朝鲜，起初依附于朝鲜王箕准，后来依靠流亡到此的中国人组织起武装力量，于公元前 194 年推翻了箕氏朝鲜，并以同样的国号建立了新政权，史称卫氏朝鲜。彼时中国汉朝已经建立，正值汉惠帝元年。卫氏朝鲜存在了 87 年，于汉武帝元封三年（前 108 年）为汉所灭。卫氏朝鲜统治期间如箕氏朝鲜一样，在境内继续使用和传播汉语言文字。与箕氏朝鲜仅有文献记载不同，卫氏朝鲜是有确凿的考古发现作为佐证的王朝。

汉武帝灭卫氏朝鲜之后，“以其地为乐浪、临屯、玄菟、真番郡”（《汉书·武帝纪》）①，史称“汉四郡”。汉四郡占据了朝鲜半岛北部和中部的大片地区。汉朝在四郡任命郡县官吏，直接进行统治，使得汉语言文字（尤其是书面语）作为官方语言通行全境。汉四郡存在期间，更多的汉人官吏、商

---

① 班固《汉书》，北京：中华书局，1962 年。

人、农民前往四郡任职、经商或垦殖，汉文化深度浸润了当地的社会生活，在当地形成了较为普遍的汉文化景观。在原汉四郡地区的考古发掘中出土过大量汉朝的官印和器皿，最具代表性的是在位于今朝鲜平壤市乐浪区发现的大规模汉代形制的墓葬群，总数达2000余座。考古学家把该地区的这种文化现象称为“乐浪文化”，实际上与汉文化并无二致。由此也可证明当时汉语言文字在朝鲜半岛传播之盛。

东汉蔡邕曾撰写过一部琴曲著作《琴操》，其中记载了一首《箜篌引》，称是“朝鲜津卒霍里子高所作也”。这可以说是有记载的最早由朝鲜传入中国的一首民歌，在我国文学史上被归为汉乐府诗。全诗只有四句：

公无渡河，公竟渡河，
公堕河死，当奈公何！

诗歌呈现的是这样一个场景：“有一狂夫，被发提壶，涉河而渡。其妻追止之，不及，堕河而死”，其妻“乃号天嘘唏，鼓箜篌而歌……曲终，自投河而死。子高闻而悲之，乃援琴而鼓之，作箜篌引以象其声，所谓公无渡河曲也”。[①]这样优秀的汉文作品，当是出现在汉四郡统治时期的朝鲜。

从西汉末期开始，朝鲜半岛区域新罗（公元前57年建国）、高句丽（公元前37年建国）和百济（公元前18年建国）三个政权并存。其中高句丽建于汉四郡中玄菟郡的高句丽县境内，地跨今中国东北地区和朝鲜半岛北部，本是中国古代边疆政权，其都城先后位于今吉林省、今辽宁省境内。公元427年高句丽迁都于朝鲜半岛的平壤，开始与新罗和百济展开半岛争雄战争，直至668年新罗统一半岛。与此同时，中国则经历了汉代、魏晋南北朝、隋代和唐代，其间虽有动荡、战乱和分裂，但始终对朝鲜半岛保持着强大的文化影响力。

---

① 蔡邕《琴操》（吉联抗辑《中国古代音乐文献丛刊》），北京：人民音乐出版社，1990年。

新罗、高句丽、百济都延续了汉语言文字的使用，并且达到了相当高的水平。《三国史记・高句丽本纪・琉璃王》中记载了高句丽第二代国君琉璃明王所作的汉诗《黄鸟歌》[①]：

> 翩翩黄鸟，雌雄相依。
> 念我之独，谁其与归？

据说此诗是琉璃明王为其离宫不归的汉姬而作。诗中采用比兴手法，以一对相依相伴的黄鸟来衬托自己的孤独，表达了与爱妃分离的苦楚和眷恋之情。作品达到了相当高的艺术水平，颇有《诗经》之风，说明这位国王具有很高的汉语言文化修养。可以说，在两汉之际，汉语汉文化持续以东北的高句丽为中转纽带，不断被输送到朝鲜半岛和更为遥远的日本。

三、汉的统治与越南文化的发展

秦朝末年，南海尉赵佗恃南海僻远，又“颇有中国人相辅”，乘朝廷无暇南顾之机，“绝道聚兵自守”，且“击并桂林、象郡，自立为南越武王”（《史记·南越列传》）[②]。汉朝建立后，实行休养生息政策，修和睦，罢兵戎，正式立赵佗为南越王。赵氏政权共延续了93年，其间主动向汉朝称臣，“用汉法，比内诸侯”（《史记·南越列传》）[③]，同其他诸侯国一样，与汉朝保持着密切交往。赵氏政权统治期间，为了教化南越国的民众，“以诗书而化训国俗，以仁义而固结人心”[④]，中国儒家典籍《诗经》《尚书》等也传入了今越南地区。汉文化在今越南北部地区持续得到传播，汉语言文字的地位

---

① 金富轼《三国史记》，朝鲜史学会编，京城府近泽书店发行，昭和三年（1928年）。

② 司马迁《史记》，北京：中华书局，1959年。

③ 司马迁《史记》，北京：中华书局，1959年。

④ 黎嵩《越鉴通考总论》，见吴士连等《大越史记全书・序》，东京：埴山堂反刻本，明治十七年（1884年）。

也持续得到加强。

公元前112年，汉武帝以“平叛”为名灭南越，在原南越政权管辖地设九郡，由汉中央政府直接管辖。九郡中的交趾、九真、日南就在今天越南的中北部，这几个地区的官员由汉朝委派。官员中的一些有识之士继续在当地办学兴教，推动该地区的社会发展。据《三国志》记载，汉平帝时的交趾太守锡光、汉光武帝时的九真太守任延，曾分别在其属地设立学校，对当地原住民进行教育：“教其耕犁，使之冠履；为设媒官，始知聘娶；建立学校，导之经义”（《三国志·吴书》）[①]。由此可知，当时的学校教育内容非常丰富，包括农耕技术、织造技术、伦理规约、礼仪规范等，有力地推进了当时社会的进步。所有这些教育必然是以汉语言文字教育为基础的。在今天看来，这样的学校就相当于开设在异域的中华语言文化学校。学校教育使汉语言文字的传播由自发变为自觉，取得了可观的传播成果。越南阮朝的嗣德皇帝说：“我越文明，自锡光以后，盖上至朝廷，下至村野，自官自民，冠、婚、丧、嫁，理数医术，无一不用汉字。”[②]东汉中平年间，交州刺史李进上书汉献帝，请求朝廷允许交州依中原地区体制选拔人才，并向朝廷推荐登仕，从而实现了交趾“人才得与中州同选”。这一举措在当地起到了重要的引导作用，推动了交趾有志之士努力学习汉语言文字、努力学习儒家经典，以实现入仕中州的愿望，并由此出现了一大批高水平的汉语言文化人才。

越南人对于历史上曾经推动当地社会发展、造福一方的汉人官员也是极为推崇的。比如东汉末年任职交趾的士燮，被越南人尊为“南交学祖”。《三国志·吴书·士燮传》中记载他“学问优博，又达于从政。处大乱之中，保全一郡。二十余年，疆场无事，民不失业。羁旅之徒，皆蒙其庆”[③]。士燮儒学修养深厚，既具有政治才能，又重视文德教化，前后治理交州40余年，

---

① 陈寿《三国志》，北京：中华书局，2007年。

② 冬松《汉文化与越南文化》，越南《远东日报》1971年3月4日。

③ 陈寿《三国志》，北京：中华书局，2007年。

在当地具有极高的威望。《殊域周咨录》中记载士燮兴教办学的情况说：“乃初开学，教取中夏经传，翻译音义，教本国人，始知习学之业。然中夏则说喉声，本国话舌声，字与中华同，而音不同。”[①]这段话不仅说明了士燮兴办学校、传播汉语言文化的成就，也透露出一个重要史实：当时的交趾人虽使用汉字，但并不借用汉字的发音，交趾与中州同字不同音。这也是汉语言文字在朝鲜半岛和日本传播的普遍情况。古代汉语言文字这种“语”“文”分离的传播事实值得我们注意。

东汉末年，中原地区战乱频仍，士燮治理的交趾则相对安定。三国时期，交趾于建安十五年（210年）归附孙权。由于士燮“体器宽厚，谦虚下士，中国士人往依避难者以百数”（《三国志·吴书·士燮传》）[②]，这些南下交趾避难的中原士大夫和文人当中，就有汉代经学大师刘熙及儒学名士许靖、许慈、邓子孝、袁沛、牟博、程秉、薛综等，他们在交趾或任职，或进行讲学和授徒活动，更加有力地促进了当地汉语言文字的传播。这一时期，一部分越南人通过学习包括《诗经》在内的汉文化典籍，不仅能够使用汉字作为书写工具，甚至能够从事汉文学创作。

四、日本与汉朝的交往

秦代时，中国同日本的交往罕有史料记载，到了汉代则不同。据记载，汉代对日本已经有了较多的了解。《后汉书·东夷列传》中说：“倭在韩东南大海中，依山岛为居，凡百余国，自武帝灭朝鲜，使驿通于汉者三十许国。”[③]由此可知，两汉之际日本列岛上的国家与汉朝的交往已经比较频繁。东汉时期，倭国还曾向汉天子贡献“生口”，《后汉书·东夷列传》记载：“安帝永初元年（作者注：即公元107年），倭国王帅升等献‘生口’

---

① 严从简《殊域周咨录》，余思黎点校，北京：中华书局，1980年。
② 陈寿《三国志》，北京：中华书局，2007年。
③ 范晔《后汉书》，北京：中华书局，1965年。

百六十人，愿请见。”[①]关于“生口”，《辞源》解释为：指俘虏、奴隶或被贩卖的人。日本学界有人认为，“生口”是指派到中国学习技术的人员，即最初的留学生。[②]但是，这些生口之后的去向是留居中国还是又回到日本，则记载不详。

考古发掘也为汉代中国和日本的交往提供了佐证。1784年，日本福冈县志贺岛的一位农民掘地时发现了一枚金印，上刻“汉委奴国王”五个字。这枚金印是汉光武帝刘秀赐予倭奴国王的，此事在《后汉书·东夷传》中也有记载：“建武中元二年（作者注：即公元57年），倭奴国奉贡朝贺，使人自称大夫，……光武赐以印绶。”[③]这枚金印后被日本政府指定为国宝，保存在福冈市立美术馆；而发掘出这方金印的地点，现在竖着一块刻有“汉委奴国王金印发光之处”的石碑作为纪念，并专门为此修建了一个“金印公园”。

东汉末年，日本列岛上百余小国经过长期战争和互相吞并，还剩下几十个国家，其中以邪马台国最为强大。这是一个由女王统治的政教合一的国家。《后汉书·倭国传》记载了倭女王卑弥呼的事迹：“桓、灵间，倭国大乱，更相攻伐，历年无主。有一女子名曰卑弥呼，年长不嫁，事鬼神道，能以妖惑众，于是共立为王。”[④]日本后世称其为“神功皇后”，《日本书纪》中甚至记载了她的神力和神通。卑弥呼统治时期，邪马台国军队曾跨海侵入新罗，并搜罗了新罗府库中的大量图籍文书带回本国，使得一大批汉文文献传入了日本。卑弥呼王朝还与当时三国时期北方的曹魏政权进行过频繁的往来。魏明帝景初二年（238年），卑弥呼通过朝鲜半岛的陆路派遣使臣难升米、牛利等到达曹魏京城洛阳，谒见了魏明帝。魏明帝封卑弥呼为“亲魏倭

① 范晔《后汉书》，北京：中华书局，1965年。

② 中山平次郎《魏志倭人传中的生口》，《考古学杂志》18卷9期。转引自张碧波《中日关系史论》，北京：中国文史出版社，2016年，第15页。

③ 范晔《后汉书》，北京：中华书局，1965年。

④ 范晔《后汉书》，北京：中华书局，1965年。

王”，赐金印紫绶带，并颁诏书一道，赏赐锦、绢、金及铜器皿等物，由使者带回，女王卑弥呼则上表感谢魏天子的恩诏。两国在这一时期的交往中多有诏书表文往来，可见当时的日本列岛已有通汉语汉字的高级人才，汉语言文字的传播当非一日之功。

五、汉与西域的语言文化交流

汉朝是一个空前强盛的朝代，不但国力强大，文化繁荣，而且对世界的影响也大大超越了前朝。丝绸之路的开辟为中国打通了国际交流的新空间。这条横贯欧亚大陆几千公里的商路，不仅大大推进了中国对外贸易的发展，而且也给汉语言文字的对外传播开辟了新途径。

汉武帝时，通过张骞的两次出使西域（第一次为公元前 138 年出发，第二次为公元前 119 年出发），联络到了此前不为汉朝所熟知的国家和地区，主要是中亚各国，也包括西亚、南亚一些地方，有大宛（在今中亚费尔干纳盆地）、康居（约在今巴尔喀什湖和咸海之间，南及今阿姆河北）、乌孙（在今伊犁河和伊塞克湖一带）、大夏（今阿姆河上游南北两岸地）、身毒（古印度）、安息（阿萨息斯王朝，领有整个伊朗高原及两河流域）、条支（在今伊朗西南部布什尔港附近一带）等[①]。中国从此开始与西域的国家和地区频繁往来，丝绸之路上的使臣和商队常年络绎不绝。中国的商品沿着这条路不断输往西方，同时也引进了西方的一些商品和物产。东西方从此加强了连结，语言和文化也开始频繁接触。正因为如此，有西方学者认为：“在公元前 140 年—前 120 年起，中国人和西方人便互相认识了。”[②]

两汉时期是中西文化交流的第一个高峰期，以丝绸为代表的大量汉朝物产传到了中亚、西亚。这些地区出土的汉朝文物中，主要有丝绸、铜镜、钱

---

① 关于古地名的注解，参《辞海》（第 6 版）对应条目，上海：上海辞书出版社，2009 年。

② 艾田蒲《中国之欧洲：从罗马帝国到莱布尼茨》（上卷），许钧、钱林森译，桂林：广西师范大学出版社，2008 年，第 6 页。

币、漆器等，说明当时丝绸之路上的贸易已经相当繁荣。

纵观历史，贸易行为在不同地区的人类交往中具有“先行性”，语言文字传播则往往是在器物（或者说物产）传播之后发生的。物物交换式的文化交流发生很早，物品本身就体现了文化价值。正如西方学者所言：“任何东西都在一种文明中加以体现，就其风格而言，罗马妇女一旦披上了由丝人儿制造的丝披巾，她们也就分享了那些东方人的价值观。……同样，当一个中国人喝法国的葡萄酒时，他便分享了我们的价值观。”[①] 但是，物物交流毕竟是以获取商业利益为目的的，其上附着的文化信息也很有限，因而文化层面的交流往往只是浅层次的，即使是艺术的传播，也难以与语言传播的难度同日而语。比如，雕刻类艺术欣赏重在视觉，易于表现，亦易于模仿；而知识与思想须借助语言文字，始能表达传布，困难遂多。[②] 因此，虽然汉文化已经通过丝绸之路影响到了西方，但西方学者也意识到：“虽然汉朝的中国已经继承了十分丰富的哲学学说，但他们的哲学都丝毫也没有传到西方……他们从未自命为世界性的具有布道性质的宗教；它们只是为汉人子弟着想，至于蛮教之徒，就让他们蛮去好了。……丝绸商们所关心的也并不是什么形而上学或哲学，他们给自己提出的只是实在的问题：到何处找到一个中途落脚点？如何把商品和硬币平安地运到目的地？”[③] 所以，真正的文化交流离开语言是难以完全实现的。

中国和西方的交流甫一开始，便显示出与朝鲜、越南、日本交流完全不同的特点。汉语言文字向东、向南的传播是单向的，原因很明显：当时的中国占据东亚地区文明发展的高地，文化与语言文字输出多而输入少。正如萨丕尔所说：“被看作文化中心的人群的语言，自然更可能对附近的语言发

① 艾田蒲《中国之欧洲：从罗马帝国到莱布尼茨》（上卷），许钧、钱林森译，桂林：广西师范大学出版社，2008 年，第 8—9 页。

② 方豪《中西交通史》，郑阿财编，杭州：浙江大学出版社，2016 年，第 46 页。

③ 艾田蒲《中国之欧洲：从罗马帝国到莱布尼茨》（上卷），许钧、钱林森译，桂林：广西师范大学出版社，2008 年，第 11 页。

生显见的影响，而不那么为它们所影响。多少世纪以来，汉语在朝鲜语、日语和越南语的词汇里泛滥着，可是反过来，没有接受过什么。”[①]也正因为这种传播的单向性，使得中朝、中越、中日之间文化的同质性较强。而中国与西域各国则完全是异质文化之间的交流，以双向互通为主要特点，在语言接触中的交互影响也比较明显。虽然中国把丝绸、瓷器等大批商品输出到了西域国家，但是汉语言文字并没有随之形成西向的传播规模。可以观察到的是，一些汉语词汇随着中国商品进入西域各国语言，形成了彼方语言中的外来词。但这一情况的发生同样是双向的，来自西域的借词和译词也同期融进了汉语里，这些外来词主要是关于植物、动物、食品、用品、乐器等类的名词，比如“葡萄、安石榴、苜蓿、狮子、筚篥、笳、酥、玻璃（颇黎）、胡麻、胡瓜、胡豆、胡琴、胡椒”等。[②]这些词汇丰富了汉语言文字，是中国和西域诸国语言文化交流的结果。

六、佛教传入对语言传播的影响

宗教是人类文化的重要形态之一，具有天然的传播特性。宗教的传播必然要通过语言，因而宗教传播不仅推动了不同语言的接触和变化，而且也成了语言传播的重要途径之一。

佛教传入中国是在东汉时期。东汉永平十一年（68年），汉明帝派蔡愔、秦景等人出使西域，迎回了印度高僧摄摩腾、竺法兰和佛教经典，之后在洛阳建白马寺，供高僧驻此翻译佛经。两位高僧来华即投入翻译经书的工作，很可能之前即对汉语言文字有一定掌握。从那以后，西域高僧陆续来到中原，梵文佛经也源源不断地传入，汉人也越来越多地参与到译经工作当中。在这一过程中，来自佛教的借词和译词对汉语言文字产生了更

---

① 爱德华·萨丕尔《语言论——言语研究导论》，陆卓元译，北京：商务印书馆，2017年，第173页。

② 王力《汉语史稿》（重排本），北京：中华书局，2004年第2版，第589—590页。

加广泛而深远的影响。这些词汇中一部分是佛教专门用语，如“禅、偈、般若、菩提、悉檀、刹、伽蓝”等；还有一部分词汇已经进入了汉民族的日常生活，如“佛、塔、僧、尼、和尚、菩萨、罗汉、阎罗、地狱”等。另外，利用汉语原有词汇意译佛经也产生了大量新词，如“世界、现在、因果、结果、庄严、圆满、法宝、魔鬼”等①，这些新词已经成为汉语常用词汇的一部分，具有更长久的生命力和更广泛的用途。

在长期的译经过程中，一些汉僧和文人不断接触梵文这一全新的文字并对其有了比较深入的了解。梵文是一种表音文字，而汉字的特点是表意，两者有着本质的差异。这一差异冲击了中原人原有的语言文字观念，扩大了研究的视野。一些人很自然地参照梵文表音系统对汉语言文字进行重新观察。其结果是，一些文人受梵文拼音字理的启示，创造了反切法来为汉字注音。反切即用两个字为一个字注音，上字的声母和下字的韵母相拼合，就是被切字的读音，如“冬，都宗切”，“练，郎甸切”。

在反切出现之前，中国实际上已经有了一些给汉字注音的方法，一是“读若法”，就是用另一个读音相近的字来给现字注音，如“珣读若宣”②。二是“直音法”，如“毕音必”“畔音叛”。但是这种用汉字给汉字注音的方法非常不准确，也不够科学，严格来讲不能说是注音方法。对外族人来讲，这种方法对于学习汉语语音也难以提供实质性的帮助。相比之下，反切法虽然也没有摆脱以字注字的窠臼，但毕竟体现出了一定的析音意识，分出了汉字音节中的声母和韵母，比之前的读若法、直音法等注音方法更加准确、科学，是一个很大的进步。

王力先生曾说：“中国的反切，不先不后，产生在东汉后期，显然跟佛教的传入有关。梵书随着佛教一起传入中国，于是梵文的拼音方法就对汉文

---

① 王力《汉语史稿》（重排本），北京：中华书局，2004 年第 2 版，第 590—595 页。

② 许慎《说文解字》，汤可敬译注，北京：中华书局，2018 年。

的注音方法产生了影响。”[①] 应该说，切音意识的产生使得汉语言文字的形、音系统开始走向平衡和完善，也为后来用拼音字母注音奠定了基础。从长远来看，有一套独立的注音系统会使汉语言文字在西方世界的传播更为便利。这是汉语言文字海外传播过程中与异质文明互动互鉴的结果。

佛教的传入不仅影响了汉语言文字本身，而且随着佛教经中国传入朝鲜半岛和日本，宗教因素逐渐成为汉语言文字对外传播的重要动因之一。

本章小结

汉语言文字在亚洲地区的传播是世界语言传播史的重要组成部分，与中华文明的起源、发展和走向世界具有同步性。但是，要找出传播的起点是一件困难的事情，我们只能通过在历史长河中的搜寻来发现一些关于语言传播的特殊事件和线索。根据目前掌握的材料，可以认为商代末期的“箕子走朝鲜”事件是汉语言文字海外传播的肇始。

语言对外传播的影响因素包括语言内部因素和语言外部因素。语言内部因素不仅指语言的成熟度，也包含了语言的规范化程度和标准化程度。语言外部因素可以包含国家内部因素、国家外部因素两个层次。国家内部因素主要指一国的语言政策和语言规划，国家外部因素则指国际交往对语言使用的需求。

语言内部因素还表现在语言所承载的文化价值的变化。“文以载道”，任何的语言形式都只是外壳，唯有其内容才能对人类的思想做出贡献，才能决定可以传播多远。在这一点上，可以说汉语言文字在这一阶段已经做好了充分的准备。春秋战国时期形成的诸子百家是中国历史上思想和学术最为辉煌灿烂的时代，形成了大批的中华文化元典，构成了中华文化思想的基本体系。汉代的“尊崇儒术”政策可以说是一次整合，强化了以孔、孟为代表的

① 王力《龙虫并雕斋文集》，北京：中华书局，1980 年，第 565—566 页。

儒家思想的地位，打造了中华文化的“世界品牌”，对于文化传播具有重要的意义。这些都如木之根、水之源，赋予了汉语言文字独特而深厚的内在品质，为汉语言文字传播提供了强大的支撑，成为其持久传播的重要保障。

从秦政权到汉政权，都实施了一些语言规划政策，使汉语言文字经历了不断规范化的过程。秦代的“书同文”统一了文字，实现了汉字的标准化。汉代的隶书上承秦篆，下开唐楷，结束了以象形为主的古字体，确立了汉字的方块形制，是中国文字的又一次重大变革。这些发展都属于汉语言文字本身的不断完善，都在不断筑牢对外传播的根基。

汉语言文字的传播也与国家的对外政策紧密相关，其传播思想的形成也与对外交往思想的发展密切相关。西周建立以后，在对外交往上就强调“明王慎德”（《尚书·旅獒》）[①]的思想，即以提高德行的方式来实现“四夷咸宾”、天下归服。另外还有“天子耀德不耀兵”的思想，如“先王耀德不观兵。……有不王则修德。……是以近无不听，远无不服”（《国语·周语》）[②]。这种思想奠定了汉语言文字传播的基调，也初步形成了以和平传播为主的核心思想。

秦代以前的汉语言文字海外传播情况，大都是根据古书记载所做的猜测和推断，由于年代久远，考古佐证不够丰富，难以描绘出更为清晰的样貌。秦代历史短暂，战乱频仍，对汉语言文字传播的影响主要体现在移民方面。汉代开始了较大规模的、具有主动性的对外交往，汉语言文字传播获得了更多契机。汉代，汉语言文字对朝鲜、越南、日本的传播已经呈现出一些共同的特点，除了以地缘为基础的区域性传播这一基本特点以外，还有以文字和书面语为主的传播特征，朝鲜、越南、日本已构成汉字文化圈的大体雏形。另外，汉语言文字对三个国家（地区）的传播以输出性传播为主，呈现出一种单向性特征。直到张骞通西域之后，汉语言文字开辟了西向传播的通

---

① 《尚书》，王世舜等译注，北京：中华书局，2012年。

② 《国语》，陈桐生译注，北京：中华书局，2013年。

道，才开始出现交互传播的局面。汉代的汉语言文字传播沿循着商业和宗教两条途径。商业交往是一个长期互通有无的过程，而佛教的传入则是中国文化史上划时代的大事，对中国文化产生了深远的影响，也扩大了语言接触的领域，丰富了语言传播的内容和途径。

从史实来分析，由于文化的内涵十分庞杂，文化传播并不完全依赖语言，甚至会走在语言传播的前面。因此语言和文化是互为载体的，并非单纯的语言承载文化的关系。

第二章　汉语言文字海外传播兴盛期

（魏晋南北朝—晚唐时期）

从汉末到晚唐，中国经历了从分裂到大一统再到分裂的过程。分裂时期虽然多有战乱，但文化发展并没有止步。南北朝时期的南朝是上承魏晋的汉族政权，不仅完整地传承和发展了汉文化，还保持着与朝鲜半岛、日本及越南地区的邦交，在域外依然拥有强大的文化影响力。唐代是中国封建社会发展的巅峰时期，政治、经济、文化发展都取得了辉煌的成就，再加上开明、开放的国家精神，使汉语言文字海外传播获得了强大的动力，传播成就卓著。佛教在魏晋南北朝时期开始兴盛，并经历了一定程度的中国化。佛教在国家间的传播和交流，也有力地推进了汉语言文字的海外传播。

第一节　魏晋南北朝时期的汉语言文字海外传播

一、朝鲜半岛三国时期汉语言文字的使用

魏晋南北朝时期，朝鲜半岛依然处于新罗、高句丽和百济三国鼎立的时代。高句丽于公元前37年建国，本是中国边疆民族政权，后加入了半岛国家间的纷争。高句丽地跨中国东北部分地区和朝鲜半岛北部，在三国之中国土最大，受汉语言文字的浸润也最深。

高句丽从建国初期就使用汉字。据《三国史记》记载，高句丽在建国初期利用汉字撰修本国史籍，名曰《留记》一百卷。东晋时期，高句丽参照东晋制度，“立太学，教育子弟”(《三国史记·高句丽本纪第六》)[①]，其教育内容亦仿照东晋，主要是以儒家经典为代表的汉语书面语。在“太学”受教育的基本是贵族子弟，另外还有庶民子弟上学的私立学校“扃堂”。《旧唐书·东夷列传》中记载，高句丽“俗爱书籍，至于衡门厮养之家，各于街衢造大屋，谓之扃堂，子弟未婚之前，昼夜于此读书习射。其书有《五经》及《史记》、《汉书》、范晔《后汉书》、《三国志》、孙盛《晋春秋》、《玉篇》、《字统》、《字林》;又有《文选》，尤爱重之”[②]（《旧唐书》中多称“高丽”，实际为“高句丽”，与公元918年建立的“高丽”并无关系）。扃堂教育可以说是一种平民教育，其教育内容以汉文经典为核心，也是非常丰富的。

魏晋南北朝时期，尤其是东晋以后，佛教在中国广泛传播，并经过一定程度的“中国化”，融进了一些中国文化的基因和特色。此时大批佛经已经完成了汉化翻译，这些汉化佛教典籍逐渐成为汉语言文字对外传播的重要载体。前秦时，苻坚曾派遣僧人到高句丽，并携带佛像、经卷赠送给高句丽国王。不久后又有东晋僧人到高句丽，高句丽国王还为这些僧人修建了寺院[③]。这些僧人第一次将佛教传播到朝鲜半岛，推进了半岛国家的文化发展。重要的是，他们在当地讲经说法都是使用汉语言文字。

百济于公元前18年建国，其国号来源于“百家济海”。百济位于朝鲜半岛西南端，南接新罗，北邻高句丽，通过黄海与中国相交通。据《三国史记》记载，公元375年，百济于近肖古王三十年命博士高兴用汉文撰写百济国史，名为《书记》(《三国史记·百济》)。[④]百济建国初期主要吸收中国

---

① 金富轼《三国史记》，朝鲜史学会编，京城府近泽书店发行，昭和三年（1928年）。

② 刘昫《旧唐书》，北京：中华书局，2014年。

③ 道瑞良秀《日中佛教友好二千年史》，徐明、何燕生译，北京：商务印书馆，1992年，第22—23页。

④ 金富轼《三国史记》，朝鲜史学会编，京城府近泽书店发行，昭和三年（1928年）。

北方文化，中期以后则与中国南方文化接触频繁。据《梁书·诸夷列传》记载，百济在梁中大通六年、大同七年（中大通、大同均为梁武帝萧衍年号），"累遣使献方物；并请《涅盘》等经义、《毛诗》博士，并工匠、画师等，敕并给之"①。公元3世纪时，百济已经有了高水平的汉语人才。后世成书于公元720年的日本史书《日本书纪》中记载了百济人王仁入日本为太子师的事件②，时间相当于中国的西晋时期。这一记载证明，到西晋时期，汉语言文字及中国典籍已经在百济长期流传，以至出现了王仁这样能够向日本传播汉语汉文化的高级人才。

两晋及南北朝时期，百济同中国之间不断遣使通好，保持着密切联系。《北史·百济传》中说，百济"俗重骑射，兼爱坟史，而秀异者颇解属文，能吏事。又知医药、蓍龟，与相术、阴阳、五行法。……婚娶之礼，略同华俗"③。1971年在韩国忠清南道公州宋山里发掘的百济武宁王墓，墓室的形制和构造均采用中国南朝制度，墓室内所置的石质墓志用汉字书写，全文如下：

> 宁东大将军百济斯麻王，年六十二岁，癸丑年五月丙戌朔七日壬辰崩，到乙巳年八月癸丑朔十二日甲申安厝登冠大墓，立志如左。④

所谓"宁东大将军"，就是中国《梁书》中记载的百济王余隆，梁武帝授予其"宁东大将军"的称号。从碑文来看，当时汉字已经成为百济的官方文字。这是汉语言文字长期传播的丰硕成果。

新罗于公元前57年建国，位于朝鲜半岛东南部。据《梁书·诸夷列

① 姚思廉《梁书》，北京：中华书局，1973年。
② 董明《古代汉语汉字对外传播史》，北京：中国大百科全书出版社，2002年，第30页。
③ 李延寿《北史》，北京：中华书局，1974年。
④ 王仲殊《东晋南北朝时代中国与海东诸国的关系》，《考古》1989年第11期。

传》记载，新罗建国初期“无文字，刻木为信。语言待百济而后通焉”[①]。公元545年，新罗的真兴王命居柒等人用汉字撰写新罗国史。[②]关于新罗建国初期汉语言文字的使用情况没有太多记载，但是在《三国史记·新罗本纪第四》中，记载了群臣上言定“新罗”为国名的一段话：“始祖创业以来，国名未定，或称斯罗，或称斯卢，或言新罗。臣等以为，‘新’者德业日新，‘罗’者网罗四方之义，则其为国号宜矣。”[③]这段话对“新”字和“罗”字的解释非常精辟，可知当时上层社会人士对于汉语言文字已经非常谙熟。

二、汉字对朝鲜民族文字发展的影响

汉魏时期，随着佛教的兴盛，汉语与梵文这种表音文字接触频繁。受其影响，汉语逐渐出现了反切的注音方法。同时，在僧人译经过程中，不少外来语的翻译采用了音译法，即用多个汉字拼合成一个外来词的读音，从而使得合音的表达法越来越多，拼音意识也越来越普遍。这种变化也影响到了汉语言文字对外传播所及的地区，朝鲜民族文字的创制过程即与此有关。

从宏观上看，周边国家接受汉语言文字大体经历了四个阶段：学习阶段、借用阶段、仿造阶段、创造阶段。[④]汉语言文字传播到朝鲜之后，在很长一段时期内被作为记录朝鲜语的书面语使用。从汉四郡到新罗时代，整个朝鲜半岛处于不断“汉化”的过程中，汉语词汇不断融入朝鲜语。但是，汉语和朝鲜语毕竟是两种不同的语言，汉语在不断对朝鲜语产生影响的同时，也出现了越来越多不适应的情况。汉语对朝鲜语的词汇系统影响较大，但是朝鲜语的语法系统和语音系统与汉语完全不同，用汉字书写朝鲜语并不是一个完美的选择。在朝鲜谚文尚未创制之前，用于记录朝鲜语的汉字也不断发

---

① 姚思廉《梁书》，北京：中华书局，1973年。
② 金富轼《三国史记》，朝鲜史学会编，京城府近泽书店发行，昭和三年（1928年）。
③ 金富轼《三国史记》，朝鲜史学会编，京城府近泽书店发行，昭和三年（1928年）。
④ 周有光《世界文字发展史》，上海：上海教育出版社，1997年，第96—97页。

生“本地化”的变化。当地人熟悉汉字之后，为了表达自己民族语言的需要，慢慢开始比照汉字的形制自造一些方块字，叫作朝鲜“方字”。这可以说是对汉字的仿造阶段。

朝鲜方字有数百个，造字目的主要是为了摆脱汉字的读音，用来表示当地的官名、地名和一些事物的特殊名称。其造字方法还是根据汉字的构字原理，主要有以下三种[①]：

1. 形声字

这类字由汉字的意符和声符构成，意符基本上还是汉字的原义，声符则纳入朝鲜语音系统，用来指称当地的特殊事物。所以，朝鲜自造形声字的主要目的是用来表达当地的读音。例如：

> 艍，小舟。从舟，居声。
>
> 榌，或谓木梯。从本，飛声。
>
> 縇，席筵边饰，衣缘。从系，宣声。
>
> 啫，普啫，哼啰。从口，者声。
>
> 鍽，饼。从食，扁声。

2. 会意字

这类字形符和意符结合，合成一个新的字义。此类字比形声字少得多，也包含着摆脱汉语语音的目的。例如：

> 畓，水田。从水从田会意。
>
> 夻，大口鱼。从大从口会意。

3. 合音字

这是朝鲜特别的造字方法，为了保持当地的固有读音，合汉字二字之音

① 陆锡兴《汉字传播史》，北京：语文出版社，2002 年，第 353—354 页。

为新字之音，合二字之形为新字之形，构成合音字。例如：

乫，加与乙相合，即 ha+l

乤，下与乙相合，即 he+l

乺，所与乙相合，即 so+l

乬，巨与乙相合，即 kə+l

[illegible]，庫与叱相合，即 ko+t

[illegible]，巴与叱相合，即 pa+t

[illegible]，去与叱相合，即 kə+t

[illegible]，古与叱相合，即 ko+t

朝鲜方字经过进一步发展，逐渐形成了利用汉字标志朝鲜本族语言并对汉字加以变化的形式——吏读。吏读就是朝鲜语的汉字书面形式，表面上它是汉字或一些汉字变体，但实际上是按照朝鲜语的词序组织成句，并且有表示朝鲜语语法意义的附加成分。吏读的特点包括三个方面：一是采用朝鲜语的语序，二是有表示语法成分的附加字，三是广泛地改变汉字原有成分。吏读的发展成型是在新罗神文王时代（？—692 年）[①]。大部分进入吏读的汉字都是经过音义改造的，所以这些汉字已经不能理解为是汉语的书面形式，而是属于朝鲜的、汉字式的民族文字。由此可见，汉语言文字传播对朝鲜本民族文字的形成产生了重要影响。

朝鲜民族为了使汉字成为记录和表达朝鲜语的文字，虽然努力对汉字进行多方面的改造，但由于汉字天然的表意属性，与朝鲜语终究显得格格不入。另外，汉字字形复杂，难以在社会上普及。因此，虽然汉字使用历史悠久，但是创制自己的民族文字始终是周边国家的内在需求，并随着社会的发展变得越来越迫切。经过仿造阶段之后，朝鲜逐渐进入创制本民族文字的阶段。

---

① 陆锡兴《汉字传播史》，北京：语文出版社，2002 年，第 355 页。

三、汉语言文字在越南及其他东南亚国家的传播

汉语言文字在东南亚地区的传播，宗教交往是一个重要途径。佛教最早传入越南地区当在东汉末年，传入途径有多种，其中之一就是从中国传入。士燮（137—226）任交趾太守时期，交趾相对安定，学术勃兴，中原人士为避战乱，前往交趾者数以百计，其中就有佛教理论家牟子。牟子名牟博，曾于汉献帝初年（190—193）作《理惑论》，这是越南现存最早的由中国人撰写的佛教著作。三国时期，牟子奉母避难，流寓交趾，就在当地弘传佛教。这是中国人在越南传播佛教的最早记载。至魏晋南北朝时期，交州人信奉佛教已蔚然成风。越南佛教深受中国南宗禅学的影响，而来自中原地区的僧人均是使用汉语言文字传播佛教的。

两晋时期，交州仍归属中国的行政区划，并接受中央政府的治理。交州的刑法、赋税也比照中国内地实行，只是因为其经济发展水平远逊于内地，所以赋税也时有减免。当时任职交州的晋朝官吏中，一些廉洁清正、注重文教者在当地推行教化，促进文化发展，从而保证了汉语言文字在交州传播的延续。其中知名者如陶璜，他在任交州刺史时曾建议晋武帝对交州“当卷甲清刃，礼乐是务”（《晋书·陶璜传》）①。又如杜慧度，晋安帝义熙七年（411年）任交州刺史，期间“布衣蔬食，俭约质素，能弹琴，颇好《庄》《老》。禁断淫祀，崇修学校”（《宋书·杜慧度传》）②。南朝刘宋时期，中国在越南北部地区设有交趾、武平、九真、九德、日南、义昌、宋平七郡，同属交州，郡设太守，州设刺史。其后齐、梁、陈各朝都保持着对交州的控制和治理。在中国政权的统治之下，汉语言文字在当地社会生活中被长期使用。

中国与东南亚诸国之间的交流，从汉代开始逐渐增多，这主要源于中国商人赴马来半岛经商。汉武帝时期，曾有中国商船从广东港口出发，前往马

---

① 房玄龄等《晋书》，北京：中华书局，1974年。

② 沈约《宋书》，北京：中华书局，1974年。

来半岛、缅甸、印度次大陆和斯里兰卡等地。[①]印尼群岛上的一些国家在东汉时曾遣使朝贡。魏晋南北朝时期，取道缅甸来中国弘法的印度高僧越来越多，缅甸逐渐成为中印佛教交流的重要中转站。公元97年，缅甸境内的王国开始向汉朝朝贡。据缅甸考古学家杜生诰的考证，公元4世纪时佛教已经由中国传入缅甸，缅文中有些佛学名词即源出汉语，如“南无”“罗汉”“喇嘛”“佛爷”“涅槃”等等。虽然汉语中的佛学名词也大多来自梵文或巴利文，但它们多是由中国再转而传入缅甸的。[②]

中国西行求法的高僧也到达过南亚、东南亚多国。东晋高僧法显于公元339年从长安出发，西行穿越戈壁，经中亚到达印度、尼泊尔，后循海路，经锡兰（今斯里兰卡），绕行苏门答腊、爪哇，于公元413年返回南京。法显西行前后14年，共经历中亚、印度与东南亚34国，后著有《佛国记》（又称《法显传》《历游天竺记传》等）。在法显的记载中，他并非第一个来往群岛东南亚的中国人，那里有的地方已经有中国半永久性的移民，他可能只是第一个记录者。法显回国时，随商人的大船航海东归。据法显记载，当时的大船可容纳200余人，经常来往于群岛和广州之间，一趟约需50天。[③]可见当时中国与东南亚诸国之间的海上贸易航线已经十分成熟，人员往来频繁。汉语言文字在人员接触和交流中必然会作为交际工具在一定范围内使用。

印度尼西亚群岛上的一些国家在东汉时曾遣使朝贡，而到了南北朝时期，中国与南亚、东南亚国家的交流更加频繁。据《宋书·蛮夷传》记载：“南夷、西南夷，大抵在交州之南及西南，居大海中洲上，相去或三五千里，远者二三万里，乘舶举帆，道里不可详知。”[④]书中也记载了不少“南夷”“西

① 臧运祜《20世纪的中国与世界》，北京：北京大学出版社，2010年，第3页。
② 杨保筠《中国文化在东南亚》，郑州：大象出版社，2009年，第123页。
③ 方豪《中西交通史》，郑阿财编，杭州：浙江大学出版社，2016年，第189页。
④ 沈约《宋书》，北京：中华书局，1974年。

南夷”国家向中国“遣使奉表”的事件，其表文在一定程度上反映了汉语言文字在这些国家的使用情况。例如：

宋文帝元嘉五年（428年），师子国（今斯里兰卡）奉表，其中有：

> 我先王以来，唯以修德为正，不严而治，奉事三宝，道济天下，欣人为善，庆若在己，欲与天子共弘正法，以度难化。故托四道人遣二白衣送牙台像以为信誓，信还，愿垂音告。

元嘉五年（428年），天竺迦毗黎国（今印度、尼泊尔部分地区）奉表，其中有：

> 伏闻彼国，据江傍海，山川周固，众妙悉备，庄严清净，犹如化城，宫殿庄严，街巷平坦，人民充满，欢娱安乐。圣王出游，四海随从，圣明仁爱，不害众生，万邦归仰，国富如海。国中众生，奉顺正法，大王仁圣，化之以道，慈施群生，无所遗惜。

元嘉七年（430年），诃罗驼国（位于今苏门答腊南部至爪哇西部）奉表，其中有：

> 伏承圣主，信重三宝，兴立塔寺，周满国界。城郭庄严，清净无秽，四衢交通，广博平坦。台殿罗列，状若众山，庄严微妙，犹如天宫。……谁有斯美，大宋扬都，圣王无伦，临覆上国。有大慈悲，子育万物，平等忍辱，怨亲无二，济乏周穷，无所藏积，靡不照达，如日之明，无不受乐，犹如净月。

元嘉十年（433年），呵罗单国（位于今苏门答腊岛）奉表，其中有：

> 常胜天子陛下：诸佛世尊，常乐安隐，三达六通，为世间道，是名如来，应供正觉，遗形舍利，造诸塔像，庄严国土，如须弥山，村邑

聚落，次第罗匝，城郭馆宇，如忉利天宫，宫殿高广，楼阁庄严，四兵具足，能伏怨敌，国土丰乐，无诸患难。

元嘉十二年（435年），阇婆婆达国（位于今苏门答腊岛）奉表，其中有：

宋国大主大吉天子足下：敬礼一切种智安隐，天人师降伏四魔，成等正觉，转尊法轮，度脱众生，教化已周，入于涅盘，舍利流布，起无量塔，众宝庄严，如须弥山，经法流布，如日照明，无量净僧，犹如列宿。①

这些国书、表文均用汉字书写，足见当时这些国家已经拥有通晓汉文的人才。同时我们也注意到，表文中使用了很多佛教用语，不同国家的表文语句间甚至有些相似之处，足见佛教在这些国家的盛行。《宋书·蛮夷传》中明确指出："凡此诸国，皆事佛道。"佛教的交流，尤其是东汉以来译经事业的发展，推进了汉语言文字在这些国家的传播，这一点突出地体现在汉文佛教用语的广泛使用上。

另外，扶南国在元嘉十一、十二、十五年（公元434、435、438年）也曾遣使奉献。扶南国大约位于今柬埔寨，也包含今老挝、越南、泰国的部分地区。中国史籍中称为"婆利国"的文莱曾派遣使者向梁朝朝贡。婆利国位于今苏门答腊岛上，在梁武帝时期曾于公元517年和522年两度遣使来华。位于马来半岛上的狼牙修（位于今泰国北大年府和马来西亚吉大州境内）则于公元515年至568年间四次派遣使臣来华访问。②国际交往实现的前提必有语言互通，虽然史料中关于语言翻译的情况难寻踪迹，但可以推断汉语言文字在东南亚地区的传播历史悠久。

① 以上引用表文皆出自《宋书·蛮夷传》。

② 杨保筠《中国文化在东南亚》，郑州：大象出版社，2009年，第11页。

四、汉语言文字在日本的使用情况

两晋时期，汉语言文字继续假道朝鲜半岛（主要是通过百济）传播到日本。朝鲜半岛三国之中，百济国力最为弱小，屡受高句丽和新罗的压迫，因而不得不乞援于日本，主动与日本通好。三国之中以百济与日本的关系最为密切，两国间的交流也最为频繁。当时日本势力强大，不断要求百济派遣各类汉语言文化人才到日本传授知识。“唯其遣使奉献于日本之结果，我国汉学工艺及印度佛教等，遂以百济为仲介者，传入日本岛矣。”[①]

日本史书中记载了百济人王仁入日本为太子师的事件。《日本书纪》中说，在应神天皇十五年（公元284年，正值中国西晋时期），“百济王遣阿直岐贡良马二匹。……阿直岐亦能读经典，即太子菟道稚郎子师焉。于是天皇问阿直岐曰：‘如胜汝博士亦有耶？’对曰：‘有王仁者，是秀也。’”应神天皇十六年，“王仁来之，则太子菟道稚郎子师之，习诸典籍于王仁，莫不通达”。[②]据载，王仁带去日本的典籍为《论语》和《千字文》（但当时《千字文》尚未成书，带去的很可能是字学蒙书《急就篇》。《千字文》传入日本当在450年以后）。日本通过不断网罗人才，努力吸收学习中国的先进文化。在阿直岐和王仁之后，一批又一批的百济饱学之士把从中国学来的各种汉文化知识带到了日本。梁武帝天监十二年（513年），百济人段杨尔又把《诗》《书》《礼》《易》《春秋》五经传到日本，进一步促进了日本的文化发展。

百济在东晋时已经开辟了至中国的海路，与南朝的宋、齐、梁均有交往，不断从南朝传入汉文典籍并输送到日本。在百济的影响下，日本也开辟了通往南朝的海路，并多次遣使到宋、梁各朝。所以在南北朝时期，中日之间联络密切，政府间文书往来频繁。日本方面往往向中国政府奉上“表文”，中国皇帝则颁予“诏书”回复。《宋书·蛮夷传》中完整保存着宋顺帝升明

① 王辑五《中国日本交通史》，上海：上海书店，1984年，第47页。
② 舍人亲王等《日本书纪》，东京：吉川弘文馆，昭和六十二年（1987年）。

二年（478 年）倭王武上宋顺帝的表文，原文如下：

> 封国偏远，作藩于外，自昔祖祢，躬擐甲胄，跋涉山川，不遑宁处。东征毛人五十五国，西服众夷六十六国，渡平海北九十五国，王道融泰，廓土遐畿，累叶朝宗，不愆于岁。臣虽下愚，忝胤先绪，驱率所统，归崇天极，道遥百济，装治船舫，而句骊无道，图欲见吞，掠抄边隶，虔刘不已，每致稽滞，以失良风。虽曰进路，或通或不。臣亡考济，实忿寇仇，壅塞天路，控弦百万，义声感激，方欲大举。奄丧父兄，使垂成之功，不获一篑。居在谅暗，不动甲兵，是以偃息未捷。至今欲练甲治兵，申父兄之志，义士虎贲，文武效功，白刃交前，亦所不顾。若以帝德覆载，摧此强敌，克靖方难，无替前功。窃自假开府仪同三司，其余咸各假授，以劝忠节。[①]

这篇表文文笔流畅，辞理通达，声律和谐，对句工整，颇具六朝骈俪文风，代表了当时日本汉语言文字运用的最高水平。可以发现，他们学习汉语言文字不但能够学其“形”，而且能够得其“神”，学到了汉语内在的韵律节奏和艺术化的表达方式。我们还发现，中国历代艺术成就最高或最为流行的文学样式，在汉语言文字海外传播中都能得到反映。

这一时期，汉人移民继续发挥着传播汉语言文字的重要作用。由于朝鲜半岛上三国之间战争的影响，原来的汉四郡特别是乐浪、带方二郡的汉人经由朝鲜半岛辗转到达了日本。日本史家一般称这批人为“渡来人”或“归化人”，这些中国移民对于传播汉语言文字所起的作用甚至超过了两国的官方交往。古代日本的高级汉语言人才很多都是汉人移民的后裔。

约在梁代末叶，佛教随往来使者经由百济渡至日本。据《日本书纪》记载，“继体天皇十六年（作者注：即梁武帝普通三年，公元 522 年），南梁

---

① 沈约《宋书》，北京：中华书局，1974 年。

人司马达等至，结草堂奉佛，归依礼拜”（亦见于《元亨释书》及《扶桑略记》）[①]。这一事件开启了通过宗教交流传播汉语言文字到日本的新途径。

五、译经活动对汉语言文字传播的推动

魏晋时期，贯通东西方的丝绸之路已通行多年，相互之间的人员交往已经达到了一个新阶段。总体上看，除了商队，来华最多的就是各国僧侣。汉语应是当时中外贸易活动中的重要语言之一，但憾在难以稽考，而汉语言文字在宗教活动中的使用倒是多有记载。

自东汉永平年间佛教传入中国以来，西亚、中亚、南亚、东南亚等国的僧侣就源源不断地来到中国。他们来中国的目的当然是传教，传教就离不开书面和口头的语言交流。这些僧人在中国最主要的活动就是翻译经书，而译经的前提是学通汉语。这一时期，汉语与西亚、中亚、南亚、东南亚各国语言发生了空前广泛的语言接触，汉语言文字的对外传播也得以借佛教交流一途继续发展。

佛教在南北朝时期最为兴盛，各处寺院林立，来华外国僧侣众多。唐代杜牧诗句“南朝四百八十寺，多少楼台烟雨中”描述的就是这种情况。实际上，当时寺院的数字更为庞大。根据清代刘世珩所作《南朝寺考·序》，“梁世合寺二千八百四十六，而都下（南京）乃有七百余寺”[②]。北魏崇尚佛教，礼佛之风极浓，当时国都洛阳号称“佛国”。除了开凿龙门石窟、巩义石窟外，洛阳城内外有大小佛寺1367座[③]，见证着佛教在中原的发展与繁荣。北魏杨衒之的《洛阳伽蓝记》记载了当时佛教兴盛的景象：“时佛法经像，盛于洛阳，异国沙门，咸来辐辏，……世宗故立此寺（作者注：指永明寺）以

---

① 张碧波《中日关系史论》，北京：中国文史出版社，2016年，第41页。
② 刘世珩《南朝寺考》，清光绪三十三年刊聚膴丛书本。
③ 数据来自河南省博物院。

憩之，房庑连亘，一千余间。……百国沙门，三千余人。”[①]这还仅仅是洛阳一座寺院的情况。这些外僧在中国译经、宣教、生活和交际，必定需要在不同程度上掌握汉语言文字。《高僧传》中记载了很多来自印度、波斯、罽宾、月支（作者注：指处于中亚阿姆河流域的大月氏国）、康居等地的僧人[②]，这些僧人都具有很高的汉语言文字素养，不但能译经，而且能用汉语讲经。

来华僧人对于汉语言文字的掌握分为三种情况：一是具有较强的汉语能力，译经、传教皆无障碍，应是来华前就已经有了语言上的准备；二是来华前粗通汉语，宣法、译经尚有一定困难；三是来华前不懂（或基本不懂汉语），来华后开始学习，并逐步达到译经、宣教的水平。[③]这种情况给我们两点启示：第一，当时汉语言文字在西亚、中亚、南亚、东南亚部分地区（至少在宗教界）已有一定的传播，所以这些外僧在本国已经有学习汉语的经历；第二，当时这些外僧学习汉语言文字的方式，或者说域外汉语教育的情况，需要进一步考掘、研究。

值得注意的是，当时的河西地区是丝绸之路上的交通要道，长期发挥着中西语言交流过渡地带的作用。从东汉到魏晋时期的来华印度僧人众多，他们中有些人的汉语水平能够达到相当高的程度，翻译了很多佛教经典。如果说他们的汉语是来中国之前在印度学通的，那实在有些令人难以置信，毕竟两国相距遥远，交通尚不通畅，汉语言文字的影响力当时恐难以远及印度。史料证明，作为外僧来华必经之地的河西地区，是他们为进入中国做准备的缓冲地带。河西地区有些重要的城池如敦煌、酒泉、张掖、姑臧（凉州）等，自西晋末年直至南北朝时期，始终存在大小不同的译经场所。敦煌曾是译经重镇，西晋时期月氏国著名僧人竺法护就曾在此译经。敦煌、姑臧等地

---

① 杨衒之《洛阳伽蓝记》，尚荣注释，北京：中华书局，2012年。

② 慧皎《高僧传》(《高僧传合集》)，上海：上海古籍出版社，1991年。

③ 董明《古代汉语汉字对外传播史》，北京：中国大百科全书出版社，2002年，第561—564页。

的僧侣往往兼通汉语和月氏语，而由于印度地方曾经是大月氏国的附庸国，印度僧人也多少懂得一些月氏语。这样一来，当他们经河西地区入华时，便有机会通过媒介语言，先向当地的僧侣学习汉语。[①]由此可以判断，河西地区由于存在媒介语的优势，成了西来僧侣入华的重要中转站。他们可以在这里学习汉语，为译经和入华传教做语言准备，有的人会在这个地区居留相当长的时间。

除了月氏语以外，通过丝绸之路来中国做生意的商人之间交流所用的粟特语也曾是当时的媒介语之一。粟特语是中世纪波斯语的一种方言。直到西晋时期，粟特语长期被作为中亚与中国内地间的国际语言，有一部分汉文佛经就是从粟特语翻译而来的。由此可见，当时西亚、中亚的诸国语言在佛教和商贸领域与汉语言文字发生了广泛的接触，汉语作为第二语言的学习当以一定形式长期存在。由于有了这样的条件和渠道，外僧入华译经的障碍大大减少了。流传至今的千余部（四千余卷）佛经有近一半是由西域印度僧人翻译的，这一成就也充分说明了他们汉语学习的成功。

六朝时期，既能写汉字又能讲汉语的外僧在中国各地行走，人们已经习以为常。《全齐文》中记载了南朝著名隐士刘虬（438—495）对印度僧人昙摩伽陀耶舍汉语水平的描述：

> 于广州朝廷寺，遇中天竺沙门昙摩伽陀耶舍，手能隶书，口解齐言，欲传此经，未知所授。(《全齐文·卷二十》)[②]

在外僧来华的同时，魏晋南北朝时期也有不少中国僧人前往西域取经、学习。据《历代求法翻经录》记载，东晋时赴西域的僧人有 37 人，南朝刘

---

① 张西平主编《世界汉语教育史》，北京：商务印书馆，2009 年，第 19 页。
② 严可均《全齐文 全陈文》，北京：商务印书馆，1999 年。

宋时则超过了70人，北魏、北齐、北周有19人。[①]这些西行僧人无疑也是汉语言文字对外传播的贡献者。一直到隋代，隋炀帝还曾遣使至西域各国，并从印度“得佛经而还”（《隋书·西域传》）[②]。总的来说，魏晋南北朝时期由于佛教的兴盛，汉语言文字得以不断借宗教而西传。

第二节　隋唐时期的汉语言文字海外传播

一、隋代的汉语言文字传播成就

到了隋代（581—618），联通东西方的丝绸之路更加繁盛，成为中国与中亚地区国家及印度等国家进行对外贸易交流的重要通道。在中国国内，隋炀帝为加强中央对地方的控制，开凿了大运河，形成了贯通中国南北和中东部的水运大动脉。当时的东都洛阳既是大运河的中心枢纽，又是丝绸之路的东端起点、海陆丝绸之路的交汇点，成为对外文化交流的中枢。便利的水陆交通使得四方辐辏，促进了中外货运流通，商贸经济日益走向繁荣。

中原地区对外开放包容的气质和胸怀对周边民族及国家有着极强的吸引力。许多西域和外国人来到洛阳等地长期定居，他们逐渐在道德观念、婚姻、宗教信仰、习俗等方面对中华文化产生了认同；而与外来文化的多方交融也深刻影响着中原民众的社会生活，影响着时代风尚的变化。

大业年间（605—618），隋炀帝设进士科，标志着科举制度正式开始，从此科举考试成为中国古代选拔人才的主要方式。科举制度打破了血统和世族的限制，促进了知识分子的流动，使社会中下层有能力的读书人获得了施展才华的机会，对中国社会的进步起到了重要推动作用。科举制度在古代不

---

① 董明《古代汉语汉字对外传播史》，北京：中国大百科全书出版社，2002年，第566—567页。

② 魏徵、令狐德棻《隋书》，北京：中华书局，1973年。

仅是一种较为先进的人才选拔制度，而且有利于文化知识的传承和儒学思想的传播。这一制度逐渐被周边国家效仿后，对汉语言文字的传播产生了非常重要的推动作用，在一定程度上可以说为汉语言文字传播提供了制度保证，功不可没。

隋代历史短暂，并且有三次征伐高句丽的战争，因而中国与朝鲜半岛之间的文化交流没有进一步发展，在汉语言文字传播上也没有太多建树。这一时期唯一的亮点是佛教界之间的交流。据唐代道宣《续高僧传》中记载，新罗僧人圆光于公元 567 年来陈，隋灭陈后又至洛阳，在华生活 20 余年，成为一代名僧，“名望横流，播于岭表”；归国后受到新罗王的推崇和重用，负责各种政府文件及外交文书的拟写，其国“笺表启书，往还国命”[①]，多出自圆光手笔。这一事实足以证明其高超的汉语言文字水平。圆光赴隋开启了朝鲜半岛僧人西入中国求法的风气，其后到中国的新罗和高句丽僧人络绎不绝。

在越南方面，从两晋时期到南朝，中国不断加强对交州的治理，增设郡治，派驻官员，使交州治下的区域不断扩大，汉语言文字的使用范围也相应扩大。到了隋朝，贵州总管令狐熙治理交趾期间注重“为建城邑，开设学校”，以至“华夷感敬，称为大化”（《隋书·令狐熙传》）[②]，不仅促进了社会发展，也巩固了汉语言文字的传播成果。

隋朝同日本的往来比前代有了较大进展，见于中日两国史书的倭国“遣隋使”来华共有五次，隋朝遣使至倭国有一次。从日本的情况来看，隋朝时期日本发生了一个与汉语言文字传播有关的重要历史事件，就是圣德太子主持实行的“推古朝改革”。

圣德太子是日本历史上杰出的政治家、思想家，学通儒、佛，有极高的文化修养。公元 593 年推古天皇即位后，令圣德太子摄政。圣德太子执

① 道宣《续高僧传》（《高僧传合集》），上海：上海古籍出版社，1991 年。
② 魏徵、令狐德棻《隋书》，北京：中华书局，1973 年。

政期间，实行了推进汉语言文字传播的多项措施。推古十一年（603 年）到十二年（604 年），圣德太子主持了一系列改革，史称“推古朝改革”，改革的主要内容是以儒家思想为准则设立官制、制定宪法、推行佛教并大力提倡学习中国。他制定的“冠位十二阶”使用儒家的德、仁、礼、信、义、智等规范作为标志，把官制分为大德、小德、大仁、小仁、大礼、小礼、大信、小信、大义、小义、大智、小智等十二个品级。这一时期中国的佛教、儒学、道教、阴阳家等各家学说都已经传入日本，圣德太子主持制定的《宪法十七条》全面反映了这一史实。其中“以和为贵，无忤为宗”（第一条）、“君则天之，臣则地之，天覆地载，四时顺行”（第三条）、“以礼为本”（第四条）、“信是义本”（第九条）、“使民以时”（第十六条）等条目，都体现了儒家思想的指导地位。而“笃敬三宝”（第二条）、“明辨诉讼”（第五条）和“明察功过，赏罚必当”（第十一条）则分别体现了佛教和法家的思想。这些措施从根本上确立了日本的治国思想。日本学者评价说：“圣德太子的功绩，以制定十七条宪法为代表，……日本的建国，可以说是从圣德太子开始的。”①

从《宪法十七条》来看，当时的日本上层社会使用汉字是很彻底的，几乎与隋人所写的汉文没什么两样。圣德太子开启了用汉文颁布法令的先例。以知识人士为主的上层社会崇尚写汉文、读汉籍、作汉诗，这种风气从推古朝一直延续到明治时期。日本不仅留下了大量用汉语书面语书写的历史文献，而且汉文一直被作为公文体，用来发布各种官方的文件、告示。可以说，隋代的汉语言文字对日传播取得了一定的成就。

日本从隋代开始派遣学问僧和留学生来华学习，见于记载的有公元 600 年、607 年、608 年和 614 年。圣德太子还曾命使臣小野妹子从中国购回大批中文典籍，以满足日本国内学习之需。据《隋书》记载，大业三年（607

---

① 道端良秀《日中佛教友好二千年史》，徐明、何燕生译，北京：商务印书馆，1992 年，第 26 页。

年）日本遣使朝贡，使者曰："闻海西菩萨天子重兴佛法，故遣朝拜，兼沙门数十人来学佛法"，其国书中有"日出处天子致书日没处天子无恙"句，隋炀帝览之不悦，谓鸿胪寺曰"蛮夷书有无礼者，勿复以闻"（《隋书·东夷列传·倭国》）[①]。尽管如此，隋朝并未将日本拒之门外，依然保持与之交往。日本遣隋使的派遣为唐代汉语言文字对日传播进入高潮做了很好的前期准备。

二、唐代的对外交流和留学生政策

到了唐代（618—907），中国进入了封建社会的鼎盛时期，强大的国力给汉语言文字的对外传播提供了有力的支撑。当时的唐朝是世界上最强盛的帝国，经济发达，文化繁荣。唐朝通过陆上和海上的"丝绸之路"，继续保持和扩大与外部世界的联系，当时有 70 多个国家和地区与唐朝交好通使。

唐朝首都长安是当时世界上最大的城市，在世界的政治、经济、文化领域都占据着举足轻重的地位。同时，唐朝还有着前所未有的开明和开放，吸引了世界各地的大批僧侣、商人、使节、学者、旅游者来到中国，他们很多都在中国长期居住。唐朝与中亚、西亚、欧洲甚至非洲都有往来，对外经济文化交流也有很大发展。河南省博物院收藏着洛阳地区出土的古代外国货币，其中包括曾与唐朝同期的波斯萨珊王朝的银币、拜占庭帝国的金币、日本元明天皇"和同开珎"银币等。唐代出土的陶器中也有很多形态各异的"胡俑"，面貌衣着与汉人完全不同，充满异域风情。唐朝还推行兼收并蓄的宗教政策，道佛两教的发展空前繁荣。道教出现了诸多流派，佛教更是高僧辈出，译经事业大兴，宗派林立，完成了佛教中国化的进程。总的来说，唐朝的对外交流范围涵盖了政治、经济、宗教、艺术、科技、贸易等多个领域，有力地带动了汉语言文字的海外传播。

① 魏徵、令狐德棻《隋书》，北京：中华书局，1973 年。

唐代也是东亚儒家文化圈的形成期。朝鲜、日本等周边国家都效仿中国的政治制度建立起了自己的社会治理体系，学用中国律法，借用汉字，引进儒家思想、大乘佛教，逐渐形成了一个具有共同价值观、共同书写体系、相似政治体制的东亚世界。但是，大唐政权对南海诸国的关注仍然较少，南海国家在唐代中国的外交战略中几乎没有地位，唐代的官方资料中并未记载过赴南海诸国的正式使者。虽然义净的《大唐西域求法高僧传》曾记载多位高僧跟随官方使节泛海于南海之中，但这些唐朝官方使节都是前往天竺、波斯和大食而途经南海诸国中转而已。这也是唐朝实行"大国外交"的反映。

在这样一个盛世的背景下，唐朝以大国宽宏开放的胸怀，广泛接纳周边各国的来唐留学生，并在历史上首次建立了完整的留学生制度，给予留学生与国内儒生同步的正规儒学教育。唐朝立国之初，即大兴教育，广纳人才，"大收天下儒士，……国学增筑学舍四百余间，……太宗又数幸国学，令祭酒、司业、博士讲论，……四方儒生负书而至者，盖以千数。俄而吐蕃及高昌、高丽、新罗等诸夷酋长，亦遣子弟请入于学。……儒学之兴，古昔未有也"(《贞观政要·卷七》)[①]。

外国留学生来到中国以后，可以进入中国最高学府国子监学习。唐朝国子监有"六学"：国子学、四门学、太学、律学、书学和算学。留学生一般入太学、国子学或四门学学习，课程主要是各类儒家经典。由于一些外国留学生汉语水平较低，无法跟上国子监的上课进度，国子监还会派教师到鸿胪寺对他们进行额外的辅导。如唐玄宗就曾命国子监的四门助教赵玄默在鸿胪寺辅导这些留学生功课。此事在《旧唐书·东夷列传·日本》中有记载："开元初，又遣使来朝，因请儒士授经。诏四门助教赵玄默就鸿胪寺教之。乃遗玄默阔幅布以为束脩之礼。"[②]由记载来看，这位赵玄默是专门针对外国留学生进行教学的，他做的就是最早的对外汉语教师的工作。

---

① 吴兢《贞观政要》，上海：上海古籍出版社，1978年。

② 刘昫《旧唐书》，北京：中华书局，2014年。

唐朝对外国留学生采取了经济资助政策和“宾贡科”制度。所谓宾贡科，就是允许外国留学生与中国读书人一样参加科举考试，应试及第者同样依制授予官职。这对来华留学生有着莫大的吸引力。唐朝有专门的留学生管理机构鸿胪寺。外国政府派遣的留学生到中国后，鸿胪寺为其建立学籍，并按照有关规定安排住宿，提供衣服、马畜、粮料等一应生活之需。

唐朝还实行比较宽松的外来移民政策，规定凡在唐生活满 9 年的外国人，均编入户籍。因此，唐时来自新罗、日本、越南的留学生、学问僧等很多人有机会获得唐朝的户籍，这为他们留唐学习提供了很大的方便。他们在唐浸润日久，大部分人与唐人无异，回国后又身处上层社会，继续使用汉语汉字，成为汉语言文字海外传播的一支重要力量。

三、新罗的来唐留学生

新罗最初与中国建立联系当是通过百济。《册府元龟・外臣部》“鞮译”条载:“梁高祖普通二年，新罗王募秦始遣使随百济奉献。……语言待百济覆通”；隋高祖时新罗遣使献方物，时人对新罗的认识是“新罗言语名物有似中国人”(《册府元龟》卷九九六）[①]。唐朝兴起初期，朝鲜半岛上的百济和高句丽于公元 660 年和 668 年相继灭亡，新罗逐渐统一了朝鲜半岛。新罗与唐共存了 288 年，其间两国关系非常密切。新罗不断吸收唐朝的先进文化，社会飞速发展，成就了“东方君子国”的美名。

新罗国内非常重视汉语汉文化教育，不仅仿照唐制设立国学，也仿照唐朝的标准选拔人才。读书人学习的内容是以四书五经为核心的儒家经典，延及诸子百家书籍以及《九章》等算学书籍，学通中国典籍被作为录用官吏的重要依据。新罗的教育体制从根本上确立了儒家文化的核心地位。唐人也深知新罗儒学之盛。唐玄宗曾对出使新罗的使臣说:“新罗号为君子之国，颇

---

① 王钦若等《册府元龟》，北京：中华书局，1989 年。

知书记，有类中华。以卿学术，善与讲论，故选使充此。到彼宜阐扬经典，使知大国儒教之盛。”（《旧唐书·东夷列传·新罗》）① 由此可知，唐朝向新罗派遣使臣时，特别注意选取学术素养高深者，以免有失大国威仪，为新罗耻笑。唐朝爆发安史之乱后，唐玄宗于公元756年逃亡到四川，新罗景德王听到这个消息，专程派遣使臣由长江赴成都朝贡。玄宗非常感动，亲自作五言诗赏赐其王，其中有“益重青青志，风霜恒不渝”之句。后世高丽朝史官金富轼著录此诗时说：“岂古诗‘疾风知劲草，板荡识贞臣’之意乎？”（《三国史记·新罗本纪·景德王》）② 两国之间深厚的政治感情跃然纸上。

9世纪时，新罗是向唐朝派遣留学生最多的国家。新罗留学生中有不少参加过唐朝的科举考试，进士及第后留在唐朝为官。据统计，“从9世纪到10世纪中叶约150年间，朝鲜人在中国科举考试及第约有90人”③。《东史纲目》记载：“新罗自事唐以后，常遣王子宿卫，又遣学生入太学习业，十年限满还国。又遣他学生入学者，多至于百余人。……学生去来者相踵。”（《东史纲目》卷五上）④ 唐朝诗人留下很多诗作，反映了新罗人学习及运用汉语言的情况，如张籍《赠海东僧》“学得中州语，能为外国书”、顾非熊《送朴处士归新罗》“学得中华语，将归谁与同”、章孝标《送金可纪归新罗》“登唐科第语唐音”、刘得仁《送新罗人归本国》“到彼星霜换，唐家语却生”、顾况《送从兄使新罗诗》“沧波伏忠信，译语辨讴谣”、张乔《送宾贡金夷吾奉使归本国》“渡海登仙籍，还家备汉仪”、杜荀鹤《送宾贡登第后归海东》“归捷中华第，登船鬓未丝”，等等，充分反映了新罗人在唐修学的盛况。唐穆宗长庆元年（821年），新罗人金云卿在唐科举登第，是半岛文人首位在华登第者。

---

① 刘昫《旧唐书》，北京：中华书局，2014年。

② 金富轼《三国史记》，朝鲜史学会编，京城府近泽书店发行，昭和三年（1928年）。

③ 周一良《中朝人民的友谊关系与文化交流》，北京：开明书店，1951年。

④ 安鼎福《东史纲目》（韩国学基本丛书第一辑），首尔：景仁文化社，1994年。

新罗来华留学生中，最知名者当属崔致远。他 12 岁奉父命来唐留学，临行时父亲告诫他说："十年不第，即非吾子也，行矣勉之。"（《三国史记·崔致远传》）[①] 他于唐懿宗咸通九年（868 年）来唐，由于勤勉好学，18 岁即举进士第，后在唐为官，公元 884 年归国，共计在唐 16 年。崔致远诗文皆佳，成就斐然，留有《桂苑笔耕集》20 卷。书中有一篇《檄黄巢书》，是公元 881 年崔致远随高骈讨伐黄巢时所作，是其最精彩的作品之一。文中历数黄巢罪状，挥斥遒劲，酣畅淋漓。据《朝鲜历代史略》记载："巢见檄书，至'不惟天下之人，皆思显戮；抑亦地中之鬼，已议阴诛'之句，不觉下床。自此，（崔致远）名震天下。"（《朝鲜历代史略·三国纪》）[②] 不仅如此，崔致远还受中国道教影响甚深，写有不少有关道教题材的诗歌，如《朝上清》：

斋心不倦自朝真，岂为修仙欲济人。
天上香风吹楚泽，江南江北镇成春。

又如《留别女道士》：

每恨尘中厄宦途，数年深喜识麻姑。
临行与为真心说，海水何时得尽枯？

崔致远与多位唐朝诗人相交甚厚，其才学也深为唐朝文人所推崇。崔致远归国后受到重用，并致力于著书立说，教化民众，济世安邦，为朝鲜半岛的社会文化发展做出了巨大贡献。朝鲜和韩国的学术界历来奉崔致远为汉文学的开山鼻祖，尊为"东国儒宗"，至今在朝鲜和韩国的许多地方都留有与崔致远相关的遗迹供人瞻仰。

---

① 金富轼《三国史记》，朝鲜史学会编，京城府近泽书店发行，昭和三年（1928 年）。
② 朝鲜学部编辑局《朝鲜历代史略》，首尔：朝鲜学部编辑局新刊本，1896 年。

除了崔致远外，还有很多新罗人在唐经过多年学习和浸润，具备了很高的汉语言文化修养，并能够在唐朝强手如林的文人中博得显赫文名，留下流传后世的名作，非常难能可贵。《全唐诗》中收录了崔致远、金地藏、金立之、金可纪等很多新罗诗人的作品。新罗人对唐诗极为钟爱，尤其推崇白居易的诗。据《旧唐书·白居易传》载，白居易诗“鸡林贾人求市颇切，自云:‘本国宰相，每以一金换一篇，甚伪者，宰相辄能辨别之’”[①]。鸡林国即新罗。另如新罗高僧慈藏，在唐太宗贞观年间来华学习佛法，有“海东孔子”之誉。他返回新罗后大力倡导佛法，并建言服中朝衣冠，奉中朝正朔，为促进中朝文化交流做出了很大贡献。

四、越南的文人和僧人

唐朝国力强盛，对边疆的控制也有所加强，对南方交州的治理也更为重视，不断增置郡府，加强吏治。唐高宗调露元年（679 年）设安南都护府，使安南（今越南）正式纳入了中国版图。安南不仅在政治和经济上服从中央政府的集中管理，在教育制度和人才选拔上也与国内其他地区保持同步，这就促进了安南地区人士的汉语言文字学习。安南与中原地区的人员往来也非常频繁，当地出现了许多卓有文名的杰出人士。唐王朝为此专门设置了“南选使”，使安南每年可以选送进士和明经到唐朝中央任职，这使得一些安南汉文人才能够通过科举及第在唐为官。其中著名的有被称为“安南三贤”的爱州日南（今越南清化省安定县）士子姜公辅、姜公复兄弟和廖有方。他们都到中原学习并举进士。姜公辅后来官至唐朝宰相，姜公复任唐朝太守，廖有方任唐朝校书郎。

姜公辅能文善诗，其代表作《白云照春海赋》文笔细腻流畅，把白云映照春海的景色渲染得美不胜收，不仅充分体现了诗赋的艺术特色，而且极富

---

① 刘昫《旧唐书》，北京：中华书局，2014 年。

音律之美。另外，他的政论文章《对直言极谏策》也享有盛誉，收录在《全唐文》中。文章从分析国家形势入手，提出了一系列治国主张，不仅说理透彻，文辞畅达，而且具有极高的思想性，体现了深厚的汉学功底。廖有方与柳宗元交情深厚，柳宗元在《柳河东集》中有《答贡士廖有方论文书》和《送诗人廖有方序》两篇作品与他有关，说他“为唐诗有大雅之道”，评价极高。《全唐诗》收有廖有方的作品《题旅榇》：

> 嗟君没世委空囊，几度劳心翰墨场。
> 半面为君申一恸，不知何处是家乡。

唐朝时，由于安南仍被认为偏远蛮荒，一度成为一些“罪臣”被贬谪或流放之地。而到达安南的罪臣当中又颇有一些文人名士，如著名诗人沈佺期、“文章四友”之一的杜审言、“初唐四杰”中诗人王勃的父亲王福畤，还有褚遂良、李友益、卢藏用等人。杜审言的《旅寓安南》《春日怀归》等诗就作于贬居安南时期。这些士人在安南生活期间，吟诗著述，授徒讲学，振兴文教，并与当地文人僧侣广泛交际，共同进行文学创作活动，客观上也推进了汉语言文字在安南的深入传播。

佛教自东汉末年传入越南，至唐代已经传播得非常广泛，中原与安南僧人之间的交往也非常频繁。9世纪初的唐朝中叶，中土高僧无言通禅师南下交州弘法，创“无言通禅宗派”，对越南佛教禅宗的发展产生了重要影响。越南本土僧人无碍上人、逢定法师、惟鉴法师等则精通汉语言文字，可与唐朝名士以诗文酬答交际。贾岛有一首《送安南惟鉴法师》，其中“讲经春殿里，花绕御床飞。南海几回渡，旧山临老归”几句就反映了惟鉴法师多次来唐、善用汉语讲经说法、老而始归的情况。

越南的汉文文学成就在历史上留下了浓墨重彩的一笔。越南汉文文学作者大多是具有汉文化知识的官员、文人和僧侣，以及喜爱汉文文学的君主。据越南学者陈文玾统计，从公元10世纪至1945年，共有850名作家见于越南的历史记载，其中汉文作家735名[①]，占比达86.5%，由此可见汉文作家及汉文文学在越南文学史上的重要地位和重大影响。汉文文学创作就是汉语言文字的高级使用方式，汉文文学的繁荣有利于汉语言文字传播长期保持较高水准。

五、日本汉语言文字传播的黄金时期

1. 日本开始派遣遣唐使

古代汉语言文字的传播与交通技术的发展密切相关。中国秦代时已经出现了比较成熟的航海技术，出海寻仙的徐福就是当时擅长航海术的齐人。秦始皇也曾先后四次巡海，其中最后一次航迹跨经东海、黄海、渤海，可以说是中国航海史上的一次壮举。但彼时中国和日本之间并没有直接的海上航路。到了汉代，日本群岛小国林立，“通与汉者三十许国”，中国与日本群岛当有一些初步的海上交往，但主要还是通过朝鲜半岛的陆路，经百济而至日本。到了隋代，日本的航海技术也有了一定的提高，圣德太子派遣的遣隋使即是从海路直接到达中国的。所以从隋代开始，中国和日本之间已经形成了海上航线。到了唐代，中日之间的海上往来已经比较频繁了，不必再经过朝鲜半岛。可以说，航海技术的进步以及中日之间海路的开辟，为汉语言文字的传播提供了有利条件。

“日本”这个名称出现在入唐以后。《新唐书・东夷列传・日本》记载：“日本，古倭奴也。……后稍习夏音，恶倭名，更号日本。……或云，日本乃小国，为倭所并，故冒其号。”[②]唐代是汉语言文字对日本传播的黄金时期，考察这一时期汉语言文字对日本的传播情况，当注意遣唐使这一重要群体。

---

① 此数据来源于越南陈文玾的统计，原载于《越南作家传略》，越南社会科学出版社，1971年。参见刘玉珺《越南汉喃古籍的文献学研究》，北京：中华书局，2007年，第363页。

② 欧阳修《新唐书》，上海：上海古籍出版社、上海书店，1986年。

公元623年，日本曾到访过隋朝的学问僧、留学生等上奏建议："大唐国者，法式备定，珍国也，常须达。"[①]自此拉开了日本大批派遣遣唐使的序幕。自630年至834年的二百余年间，日本正式派遣到达中国的由使臣、留学生、学问僧组成的遣唐使团共12批次。由于当时技术的限制，走海路的风险依然很大，日本每派遣一次，事先都要经过长期的准备。遣唐使船队初期有一艘或两艘船，中后期一般有四艘船，但每次都有船只遇难或折返，最后成功到达中国的往往只有一艘。可以说，当时日本人为了达到学习中国的目的，也是经历了千辛万苦。

日本派往唐朝的历次遣唐使中，留学生和学问僧都是使团中的重要组成人员。他们来中国的目的很直接，就是学习唐朝的先进文化为日本服务。他们中出现了很多为中日交流和汉语言文字传播做出杰出贡献的人物，其中有名者如吉备真备和阿倍仲麻吕。

吉备真备在唐开元五年（717年）随遣唐使团来华，其时22岁。他共在唐留学17年，期间还依照唐朝规定取得了户籍。吉备真备在唐不仅饱读经史子集，还学习了唐朝先进的科学知识和技术，学术精深，涉猎广博，成为了难得的全才。开元二十二年（734年），吉备真备返回日本，归国时带回了大量的经史典籍，其后在日本传授从中国学来的所有科目和新知识。《大日本史·吉备真备传赞》在评价吉备真备对日本的贡献时说，他"研究坟典，旁通星历，定释奠之礼，开申诉之路，建耕战之议，讲阵营之法，此皆裨益国家，表见于世者也"[②]，足见他对日本的影响。唐天宝十一年（752年），吉备真备作为遣唐副使再次来唐，受到了唐玄宗的接见。使团归国时，唐玄宗对还赋诗《送日本使》相赠：

日下非殊俗，天中嘉会朝。

---

① 周一良主编《中外文化交流史》，郑州：河南人民出版社，1987年，第315页。

② 安积觉《大日本史赞薮》，赖襄辑，东京：大正书院，大正五年（1916年）。

念余怀义远，矜尔畏途遥。
涨海宽秋月，归帆駛夕飙。
因惊彼君子，王化远昭昭。

阿倍仲麻吕也是公元717年来唐的日本留学生，在唐入太学读书，后改名晁衡，在唐科举及第并留唐任职。晁衡共留居唐朝50余年，他博学多才，屡受重用，与李白、王维、储光羲、包佶、赵骅等交谊深厚，相互之间多有诗歌赠咏。天宝十二年（753年），晁衡随遣唐使回日本，众好友纷纷写诗赠别，晁衡也留诗一首《衔命还国作》表达离别之情：

衔命将辞国，非才忝侍臣。天中恋明主，海外忆慈亲。
伏奏违金阙，騑骖去玉津。蓬莱乡路远，若木故园林。
西望怀恩日，东归感义辰。平生一宝剑，留赠结交人。

而当晁衡归途多舛，渡海未果，李白以为晁衡已经遇难时，还写了一首《哭晁卿衡》表达悲痛的心情：

日本晁卿辞帝都，征帆一片绕蓬壶。
明月不归沉碧海，白云愁色满苍梧。

这些唱和与赠答作品，留下了汉语言文字对日传播史上的佳话。

日本在宽平六年（894年）正式停止了向中国派遣遣唐使。一方面，此时已至唐朝末期，经过安史之乱和黄巢起义的接连打击，中国国力已经走向衰微，对日本的吸引力已经大幅减弱；另一方面，日本经过近300年向中国的悉心学习，政治、经济、文化发展诸方面受益良多，社会已经有了很大进步，向中国学习的需求已经不那么迫切了。到了五代十国时期，中国出现了多个短命的封建王朝和割据政权，社会动荡，战乱频仍，在对外交流上难有作为，与日本之间的邦交遂愈加冷落下来。但是在民间，由于贸易和宗教界的往来，语言的接触和传播并没有停止。

2. 汉字影响下日本文字的发展

现在的日语书面语，常见的是三种符号混用：汉字、片假名和平假名。在假名出现之前，日本长期把从中国传入的汉字作为记录语言的符号。使用汉字来书写日语时，既有用于表意的，也有用于表音的。到唐代时，汉字在日本的传播已经将近一千年了。日本虽然借助吸收汉文化获得了社会的快速发展，但是汉字对于日本人来说，毕竟是一种外族文字。掌握汉语言文字需要大量的精力和时间，对于普通大众来说是不现实的，所以掌握汉语汉字的大部分是具备优越学习条件的社会上层人士，这就导致汉语言文字很难大范围向社会推广，其学习和使用并没有深入到庶民阶层中，汉字的使用场合比较有限。同时，日语和汉语是两种性质、特点截然不同的语言，在语音、词汇、语法方面差别很大，汉字作为外来符号系统很难完全适应日语。因此，日本在引入及使用汉字的过程中，逐渐不满足于只用汉字书写汉语，他们不断尝试把汉字改造成为适应本民族语言的符号系统。从一些史料来看，这种改造汉字的努力一直都存在。唐以前日本除了存在比较纯正的汉文文本以外，还存在着在不同程度上夹杂日语和汉语的、具有“日本味儿”的汉文。比如推古十五年（607 年）法隆寺金堂药师如来像铭文；

> 池边大宫治天下天皇，大御身劳赐时，岁次丙午年，召于大王天皇与太子而誓愿赐，我大御病太平欲坐故，将造寺药师像仕奉诏。然当时崩赐造不堪者。小治田大宫治天下大王天皇及东宫圣王大命受赐而岁次丁卯年仕奉。[①]

这段话如果用汉语去解读，有些文字是不通的，原因在于有些汉字表示的是日语，如“大御身劳赐”“誓愿赐”“大御病”“太平欲坐”“崩赐造不堪

① 陆锡兴《汉字传播史》，北京：语文出版社，2002 年，第 377 页。

者”“受赐而”等。这些表达多是日语特有的敬语、助词和助动词之类，这说明汉文已经在一定程度上日本化了。

日本对汉字的改造，在字音和字义两个方面分别形成了字音和字训。“音”和“训”是中国古代训诂学的术语，被日本借用来解释日语中的汉字使用现象。太安万侣于和铜五年（712年）整理成书的《古事记》序言中提到了早期日语中“音”和“训”的问题：

> 上古之时，言意并朴，敷文成句，于字即难。已因训述者，词不逮心。全以音连者，事趣更长。是以今，或一句之中，交用音训，或一事之内，全用训录。①

“音”指汉字只表示某某读音，此读音即是具体日语词语的读音；“训”即用一个词或字来注解另外一个词或字。《古事记》是日本第一部文学作品，全书用汉字写成，但其行文有些地方夹杂了日语的词语和语法结构，多用音注和训注来解释，体现了序言中所说的“交用音训”或“全用训录”的特点。

日本化的汉文（也称“和化汉文”）在奈良时期（710—794）得到了充分的发展。成书于奈良末期的《万叶集》是使用和化汉文的典型作品。《万叶集》是日本最早的诗歌总集，收录了自4世纪到8世纪日本各阶层人士创作的和歌4500余首，与中国的《诗经》类似，但时间上要晚得多。这部诗集完全用汉字写成，但又与汉诗毫无联系。它较完善地改造和利用了汉字的音义，采用了多样化的字音和字训的处理方法，把汉字用作本民族的语言符号，记录了日本的文学创作成果。《万叶集》不仅取得了汉字日本化的初步成功，还发展出了日本民族化的诗歌形式，为日本后世的诗歌创作树立了典范。《万叶集》使用的这种语言文字被称为“万叶假名”。直到现在，一些日本人进行文学创作时依然乐于采用此形式。

① 陆锡兴《汉字传播史》，北京：语文出版社，2002年，第378页。

和化汉文出现以后，尽管得到了日本社会的认可，但是汉字的固有性质和标志日本民族语言的内在矛盾始终存在，日本创制自己民族文字的潜在需求也随着社会发展日益突出。实际上，把汉字作为表音工具来标志日语的行为就已经突破了对汉字的固有认识。“借唐土之字音，以之表达本邦语言，不问其字意如何”[①]的现实，说明日本在文字观念上已经发生了飞跃，也体现了寻求表音文字的内在愿望。由于汉字系统从根本上遵循一种“意合”体制，用作表音工具显得十分牵强，因此日本民族迫切需要寻求一种字母式的表音文字。在这样的历史条件下，片假名和平假名应运而生。

吉备真备在前人经验的基础上，根据汉字偏旁字形创制了片假名作为日语的表音符号。平安时代中期之后，片假名逐渐为整个日本社会所接受，从此日本开始有了自己的民族文字。片假名的诞生对于推动日本的社会进步和文化发展起到了巨大的作用，从另一个角度来看，这也是汉语言文字长期在日本传播的成果。片假名笔画平直，源于汉字的楷书。吉备真备如果没有对汉字形、音、义的深刻理解和对书写方法的熟练掌握，是不可能创制出片假名的。

3. 日本学问僧与东渡唐朝僧人的贡献

佛教在公元538年从百济传到日本[②]，从此在日本逐渐兴盛起来。唐朝来华的日本学问僧人数众多，据统计，仅有姓名可查的就有近百人。他们来中国后，为了同中国僧人交际并学习已经翻译成中文的佛教典籍，必然需要学习和掌握汉语言文字。空海是学问僧中最为知名者之一。

空海俗名佐伯真鱼，31岁时皈依佛门，来唐前在汉学、佛学、书法等方面都已经具有较深造诣。空海于贞元二十年（804年）来唐后，在修习佛法的同时，还遍访书法名家，潜心摹习名家墨迹，书法技艺大幅精进。《续

① 陆锡兴《汉字传播史》，北京：语文出版社，2002年，第379页。
② 周有光《世界文字发展史》，上海：上海教育出版社，1997年，第124页。

日本后纪》中评价他的书法“与张芝齐名，见称草圣”[①]，可见其不凡的书法功力。空海于元和元年（806年）回国，除带回一批佛典之外，还带回了大批诗文集和书法珍品。他回日本后创立佛教真言宗，著书立说，弘扬佛法。难能可贵的是，空海的著述中既有研究书法的著作《性灵集》，也有研究中国古代文字的《篆隶字书》，甚至还有专门研究中国南北朝以来骈俪文体的理论著作《文镜秘府论》，其中亦介绍了用汉语写作诗文的方法。这些著作不但推动了汉语言文字在日本的传播，也为后世的相关研究留存了宝贵资料。空海对日本的另一贡献在于他于公元828年创办了“综艺种智院”，在日本首开平民就学之路。在他之前，日本能够就学的大多是官宦子弟，普通平民几乎没有受教育的机会。综艺种智院倡导佛家“众生平等”思想，对普通僧侣及平民开放，为日本教育史书写了浓墨重彩的一笔。该校除宣讲佛法外，还教授儒家经典和中国诗文，为汉语言文字在日本社会的深入传播做出了卓越贡献。

作为草书大家，空海在日本文字发展史上也有不凡的历史功绩。唐代时，汉字的字体楷、草并重，王羲之父子的草书尤其受到推崇。空海从王羲之的草书中选取适当的字样，创制了日语平假名，从而使日本的假名文字趋于完备。“平”是“全”的意思，因其所制假名全假借汉字草书为之：一部分是直接借用完整的草书字形，一部分是截取一部分草书字形，还有一些是对草书形体略加变化。[②]平假名的创制同日本人掌握汉字，尤其是同空海精通汉字书法有着深刻联系。

假名字母是一种表音文字，完全符合日本固有的语音系统，因此被日本人视为不同于汉字的民族文字。但是，唐代是日本大规模吸收中国文化的时期，汉语汉字作为唐文化的载体深度融入日本社会，日本即使有了自己的文字系统也难以彻底摆脱汉字的使用。所以在假名文字形成之后相当长的历史

① 藤原良房等《续日本后记》，东京：吉川弘文馆，昭和四十九年（1974年）。
② 陆锡兴《汉字传播史》，北京：语文出版社，2002年，第388页。

时期内，日本使用的文字始终包括汉字和假名两个部分。

片假名和平假名的产生同是日本文字发展史上的重要里程碑，自此日本开始有了自己独立的文字系统。片假名和平假名都产生于唐代，均出自来唐留学生和学问僧之手，充分说明了汉语言文字对日本文化发展的影响，也是汉语言文字传播成就的体现。从此，日语和汉字的渊源以文字的形式固定下来。后世的日本人虽然不一定学习过汉语汉字，但是可以借助书写与中国人交流，称作“笔言”或“笔谈”。比如日本高僧圆仁，公元 838 年随遣唐使来唐，求访天台宗名师，847 年返回日本。他所作《入唐求法巡礼行记》被称为东方的《马可·波罗游记》，书中详细记载了入唐求法的经历和所见所闻。根据其游记的叙述，他刚到中国时语言不通，和中国人交谈都是靠“笔言通情”[①]。假名文字作为日本的民族文字，不仅是珍贵的文化遗产和历史遗产，也是两国友好交流的历史见证。

总体来看，日本来唐学问僧有四大特点[②]：一、在唐居留时间长，一般在数年之间，十年、二十年的也不乏其人。据唐制，“九年不还者编诸籍”，因此至少有 17 位僧人被编入了唐朝僧籍。二、同唐朝文化名人接触广泛，互相唱和酬答的诗作比比皆是。三、从唐朝携归大量典籍。除数以千计的佛教典籍外，还有数量巨大的汉诗文集和各种杂书。四、回国后著书立说。他们所撰写的书籍切实推进了汉语汉字在日本的传播。

唐朝时中日两国佛教界之间的交流途径多样，互动性强。在日本僧人来唐修学的同时，唐朝也有不少僧侣应邀赴日弘法。唐玄宗时，日本相国长屋王子曾制作袈裟一千件施赠大唐佛教界，袈裟上绣有偈语云：“山川异域，风月同天；寄诸佛子，共结来缘”（《全唐诗》卷七三二）[③]。这充分反

① 高明士编《东亚文化圈的形成与发展：儒家思想篇》序言，上海：华东师范大学出版社，2008 年。

② 董明《古代汉语汉字对外传播史》，北京：中国大百科全书出版社，2002 年，第 400—403 页。

③ 彭定求等编《全唐诗》，延边：延边人民出版社，1999 年。

映了两国佛教界的友好往来。正因为有感于两国的佛缘以及日本僧侣的盛情邀请，唐朝出现了一批赴日高僧。这其中最著名的当属鉴真大和尚。

鉴真少年出家，曾担任扬州大明寺住持，成为“一方宗首”（《宋高僧传·唐扬州大云寺鉴真传》）[①]。开元中，鉴真受日本僧人之邀东渡。在五次东渡受挫之后，终于在天宝十三年（754 年）第六次东渡成功，其时已经双目失明。鉴真在日本受到皇室和佛教界的隆重欢迎，为之建造寺院，奉其开坛弘法。鉴真是我国第一位到日本开创佛教律宗的高僧，被尊为日本律宗初祖。同时，鉴真还是一位著名的中医药学家。他在日本传授医学，行医治病，并把我国的中药鉴别、炮制、配方、收藏、应用等技术带到了日本，在日本医药界也享有崇高的威望，被称为汉方医药始祖。据《续日本纪·淳仁天皇》天平宝字七年（763 年）五月戊申条记载，鉴真不但“博涉经论，尤精戒律”，能“校正一切经论”，而且精通医药，在他失明的情况下，别人“以诸药物，令名真伪”，他“以鼻别之，一无错失”。[②]日本著名作家淡海三船曾用汉语撰写《唐大和尚东征传》，详细记载了鉴真六次东渡的曲折经历以及他在日本用汉语讲经说法的情景，留下了研究鉴真和中日文化交流的宝贵史料。这部著作本身也是唐代日本文人及僧侣精通汉语、擅长汉语写作的有力证据。

六、汉语口语传播初现端倪

唐以前相当长的历史时期内，汉语言文字对外传播以书面语为主是一种常态，称为汉字传播也不为过。到了唐代，汉语口语语料在海外的出现成为一种新现象。

由于唐代汉语言文字对日传播异常兴盛，较早发现的海外汉语口语语料也出现在日本。比如在桓武天皇延历廿四年（805 年）六月乙巳的一份遣

---

① 赞宁《宋高僧传》(《高僧传合集》)，上海：上海古籍出版社，1991 年。

② 藤原良房等《续日本后记》，东京：吉川弘文馆，昭和四十九年（1974 年）。

唐使书面报告中有这样一些词句：1.“所奉进物，极是精好，朕殊喜欢”中的“喜欢”一词，是之前未出现过的口语表达法；2.“时寒，卿等好在”中的“好在”一词，应为“善自珍重”义，如此表达稍显蹩脚，但明显是浅白的说法；3.“却回本乡……好去好去者”中的“好去”，亦非文言（见《日本后记》卷十二）。另外，还有一些口语词如“袄子”（见《续日本纪·仁明天皇》五月辛丑条）、“吃饭”（见《续日本纪·仁明天皇》承和元年九月戊午条）、“厨子（指家具）”（见《续日本纪·仁明天皇》嘉祥二年十月癸卯条）。[①] 这些口语词在日本的汉字文本中出现，夹杂在文言中，虽然显得不甚协调，但却是一个新现象。这种现象的出现不是偶然的，而是汉语自身发展演化的进程在对外传播中的反映。汉语口语融入对外传播的潮流，使得汉语言文字的对外传播更加完整。

王力在《古代汉语》绪论中说，古代汉语有两个系统：“一个是以先秦口语为基础而形成的上古汉语书面语言以及后来历代作家仿古的作品中的语言，也就是通常所谓的文言；一个是唐宋以来以北方话为基础而形成的古白话。”[②] 实际上，古代汉语发展到汉代已经开始出现分流的端倪。

白话是一个与文言相对而并存的反映了东汉至今历代口语成分的汉语书面语系统。[③] 书面语虽然是口语的记录，但经过不断的加工形成一个独立的系统之后，就会与口语脱离而独立发展，不再随口语的变化而变化。秦至汉初的某些书面语，大致是和当时的口语一致的。到了汉代，特别是汉武帝“罢黜百家，尊崇儒术”之后，语言复古的倾向导致书面语逐渐开始与口语脱离，形成了一种文献语言。六朝的骈文讲究骈偶、对仗、辞藻和用典，则更脱离口语实际。同时，汉代的文学创作中口语的使用也不断曾多，汉乐府

---

① 董明《古代汉语汉字对外传播史》，北京：中国大百科全书出版社，2002年，第419—422页。

② 王力主编《古代汉语》（修订本）（第一册），北京：中华书局，1981年，第1页。

③ 徐时仪《汉语白话发展史》，北京：北京大学出版社，2007年，第1页。

诗歌采用了民间很多通俗易懂的口语，风格也较为朴实。汉末至魏晋，古白话逐渐由微而显自成一体。《世说新语》之类半文不白的作品即体现了一种过渡状态。另外，"白话的兴起跟佛教大有关系"[①]。东汉时期佛教传入中国之后，译经事业逐渐勃兴，而宗教是以群众为传播对象的。翻译佛经往往力求简单易懂，便于传播，所以翻译文字中采用了很多口语或接近口语的表达方式。到了唐代，俗文化开始兴盛，语言的通俗化、口语话倾向越来越明显，古白话语体逐渐成熟。唐代诗人喜欢以白话入诗，许多名篇达到了老妪能解的地步。唐代变文、传奇小说、禅宗语录等，都属于白话系统。关于唐代白话的盛行，章太炎在《国学概论》中曾举例说："唐代史思明（夷狄）的儿子史朝义称怀王，有一天他高兴起来，也咏一首樱桃的诗：'樱桃一篮子，一半青，一半黄；一半与怀王，一半与周贽。'那时有人劝他，把末两句上下对调，作为'一半与周贽，一半与怀王'押韵。他怫然道：'周贽是我的臣，怎能在怀王之上呢？'"[②]我们今天看到的京剧，书生小姐说话文绉绉的，丫鬟书童说话则通俗活泼，正是古代书面语和口语两种不同系统的写照。

唐代以前，口语体一直被认为是不登大雅之堂的语言，缺少相应的文字记录而很少流传，所以汉语言文字对外传播也一直以典雅的书面语为主。到了唐代，由于实行了较为开明的政策，形成了较为开放的社会风气，国家富强安定，人民生活也比较富足，人们的娱乐生活也逐渐多样化，俗文学开始勃兴，过去高雅的文学也开始走向市井，吸收了大量口语。唐代末期，出于宴饮歌乐的需要而产生的词，也是一种俗文学样式。在这样的背景下，大量的汉语口语文本逐渐产生并广为流传。

由于中日两国宗教界的密切交往，大批汉译佛经传到日本，一些口语体也随之传入。因此这一时期在日本出现汉语口语体语料并不是偶然的，而是汉语言文字自身的发展状态在域外的反映。

---

① 吕叔湘《语文常谈》，北京：生活·读书·新知三联书店，1998年，第83页。
② 章太炎《国学概论》，上海：上海古籍出版社，1997年，第66页。

七、唐与西域的人员往来及语言交流

唐代汉语言文字对西域的传播也进入了新的历史时期。自西汉开辟丝绸之路以来，中国与西亚、中亚、南亚乃至欧洲国家的交往绵延不绝，丝绸之路上常年来往着各路商队，东西方商业交往日益勃兴。公元787年的时候，在首都长安已经有四千户外国人居住，主要来自安息和其他西域国家。他们中的一些人甚至出仕朝廷，有的还当了武官。唐朝诗人鲍昉有一首《杂感》反映了西域人来唐的盛况：

汉家海内承平久，万国戎王皆稽首。
天马常衔苜蓿花，胡人岁献葡萄酒。

唐朝时，东罗马帝国曾七次通使中国，经贸往来也十分频繁。东罗马的珍异名产通过丝绸之路不断流入中国，而后又经粟特人之手把中国的丝绸、瓷器、茶叶带回东罗马。波斯（今伊朗）是丝绸之路的必经之地，通过丝路贸易，波斯生产的宝石、乳香、波斯锦和玻璃传入中国。

唐代有很多善于经商的波斯商人来华，当时的波斯商人以富豪著称。唐末诗人李商隐《义山杂纂》卷上“不相称”条中说“穷波斯。病医人。……肥大新妇。先生不识字。屠家念经。……老翁入娼家”[①]，列举了世间种种不相称事件，其中就有“穷”和“波斯”不相称，说明了当时在唐的波斯商人相当富有。有一些入了唐籍的波斯人在文学艺术上也颇有造诣。五代时期何光远《鉴诫录》卷四中记载：“宾贡李珣，字德润，本蜀中土生波斯也。……所吟诗句，往往动人。”[②]李珣是晚唐诗人，为波斯人后裔，安史之乱后定居于四川。《全唐诗》收有他的诗词作品五十余首，如《渔父歌三首》：

---

① 李商隐《义山杂纂》，长沙：岳麓书社，2005年。
② 何光远撰、邓星亮等校注《鉴诫录校注》，成都：巴蜀书社，2011年。

水接衡门十里余，信船归去卧看书。
轻爵禄，慕玄虚，莫道渔人只为鱼。
避世垂纶不记年，官高争得似君闲。
倾白酒，对青山，笑指柴门待月还。

棹警鸥飞水溅袍，影侵潭面柳垂绦。
终日醉，绝尘劳，曾见钱塘八月涛。

很多唐朝文人的作品也反映了波斯人在唐的情况。如白居易《胡旋女》中描述了波斯女子的美妙舞蹈：

胡旋女，胡旋女。心应弦，手应鼓。
弦鼓一声双袖举，回雪飘飖转蓬舞。
左旋右转不知疲，千匝万周无已时。
人间物类无可比，奔车轮缓旋风迟。
曲终再拜谢天子，天子为之微启齿。

唐宋所谓的胡人，也包括波斯和大食的商人。唐诗中的胡姬就是胡人酒家的侍酒女。如李白《少年行》之二：

五陵年少金市东，银鞍白马度春风。
落花踏尽游何处？笑入胡姬酒肆中。

王绩有《过酒家》：

有客须教饮，无钱可别沽。
来时长道贳，惭愧酒家胡。

中亚地区曾分布着诸多粟特人建立的城邦国家，如撒马尔罕，位于今乌兹别克斯坦，是唐时中亚地区重要的粟特人城市。其城中心的“大使厅”

建筑内，发现了绘于7世纪的壁画，描绘了大唐、突厥、波斯、白匈奴、印度、吐蕃、高丽等使臣与粟特贵族济济一堂的景象。唐太宗的昭陵中，有新罗等四个部族和国家的石像；西安博物院有一个七国人物银盒，上面刻有七个国家的铭文和人物画像，反映了唐朝与各国广泛交往的史实。

丝绸之路不仅是一条商路，还是一条文化交流之路、语言交流之路。丝绸之路沿线多有使用汉语言文字的记载，比如："公元6世纪到8世纪，通往中国的丝绸之路上的伊兰名城撒马尔罕，该城使用的语言是粟特语……粟特商人当时家财万贯，但仍选择使用顾客的语言——阿拉伯语、汉语、回纥突厥语和藏语。"[①]这说明汉语在丝绸之路商圈中是具有经济价值的语言。

唐代时，在蒙古高原和中亚地区活跃的民族集团统称突厥。公元540年，突厥一词始见于中国史册。根据19世纪的考古发现，唐时西突厥部落之间通行的货币上面除了突厥文以外还有汉文，说明了唐王朝政治经济上的强大，也证明了汉语言文字在唐代传入中亚地区的事实。突厥文和汉文并用的情况除货币外还有碑铭。建于唐玄宗开元二十年（732年）的阙特勤碑和二十二年（734年）的苾伽可汗碑都有两种文字，一面是突厥文，一面是汉文。而碑铭的形制也大体依照唐的式样，下有石龟，上有盘龙，碑文也是从上而下、从右至左的。[②]在语言接触中，汉语在突厥语中也留下了痕迹，比如今天土耳其语中的"茶叶（Cay）、水（Su）、冻（Don）、榻（Tahta）、衣（Ipek）、白布（Bez）"等词语，发音与汉语完全相同，或者极为相似。[③]

八、宗教活动对汉语言文字传播的推动

佛教在唐代的发展达到了一个鼎盛时期，新宗派不断产生，出现了唯识

① 尼古拉斯·奥斯特勒《语言帝国——世界语言史》前言，章璐等译，上海：上海人民出版社，2016年，第16页。

② 周一良主编《中外文化交流史》，郑州：河南人民出版社，1987年，第533页。

③ 周一良主编《中外文化交流史》，郑州：河南人民出版社，1987年，第534页。

宗、律宗、贤首宗、禅宗、净土宗、密宗六个佛教派系，高僧辈出，理论体系也日益庞大，译经成就空前。一方面，大量的外国僧人来华传法、留学；另一方面，又有不少中国僧人远赴西域留学、求经。在这一互动过程中产生了大量的语言接触和交流，也为汉语言文字对外传播开辟了广阔的空间。

在中外佛教交流过程中，译经工作是重要的弘法行为。唐代的译经水平已经达到了一个高峰，译场的组织已经实现了制度化，中外合作也形成了一定的成熟机制，产出了一大批译经成果。从唐初到德宗贞元十六年（800年）的180多年间，有记载的译经师有46人，所译佛经435部、2476卷。[①]这些来华译经僧侣仍以印度为多。《宋高僧传》《续高僧传》中记载了大量来华印度僧人，他们中的一些人来华之前就精通汉语，来华后或独立或与中国僧人合作翻译了大量经书，其中不乏具有高超汉译水平的人才，比如史称“开元三大士”的善无畏、金刚智和不空。这说明当时梵语和汉语之间的语言接触和交流已经非常深入。金刚智是南印度人，善无畏是东印度人，不空则是师子国（今斯里兰卡）人。他们是唐代密宗的创始人，同时都是著名的译经家，精通汉语言文字，所译经文无论质量还是数量皆堪彪炳史册。另外，这一时期中国也有许多兼通梵语的僧人。如义净曾组织西域僧人共同进行译经工作，还编著了中国最早的梵汉双语词典《梵语千字文》。书中收录了995个常用梵文单词，并以汉字对注。该书序言中说：

> 为欲向西国人，作学语样，仍各注中，梵音下题汉字。其无字者，以音正之，并是当途要字。但学得此，则余语皆通，不同旧千字文。若兼《悉昙章》，读梵本，一两年间即堪翻译矣。[②]

这部词典不仅为中国人学习梵语提供了工具，而且也为懂梵文的西域僧人学习汉语提供了重要帮助。

---

① 张西平主编《世界汉语教育史》，北京：商务印书馆，2009年，第29页。

② 义净《梵语千字文》，上海：上海佛学书局，1940年。

受到梵语的长期影响，唐末的守温和尚从梵文字母得到启发，给汉语的每一声类规定了一个代表字，创造了三十字母；后人增加六母，称为“守温三十六字母”，见表 2-1：

表 2–1　守温三十六字母

发音部位		全清	次清	全浊	次浊	清	浊
唇音	重唇音	帮	滂	并	明		
	轻唇音	非	敷	奉	微		
舌音	舌头音	端	透	定	泥		
	舌上音	知	彻	澄	娘		
齿音	齿头音	精	清	从		心	邪
	正齿音	照	穿	床		审	禅
牙音		见	溪	群	疑		
喉音		影			喻	晓	匣
半舌音					来		
半齿音					日		

这是汉语音韵学的又一大进步。这一成果反映在对外传播中，对日语假名以及后来朝鲜训民正音的语音系统都产生了一定的影响。

除佛教以外，唐时还有一种西方宗教进入中国并有所发展，这就是源于今叙利亚的景教。景教本是基督教的聂斯托利派，由于其教义与正统基督教教义相左而受到东罗马皇帝的驱逐，后向东发展到伊朗，又由伊朗传入中国。我们今天对唐时景教的了解，是来自明代出土、现存西安碑林的一块“大秦景教流行中国碑”。景教基督徒在初唐时得到了中国较为宽宏的接纳（约在 635 年到 845 年）。景教碑文记载了当时景教在唐朝流传的情况。自唐太宗贞观九年（635 年）开始，景教在唐盛行了 200 余年，先后得到从太宗至德宗六位皇帝的扶持，如碑文中提到高宗“于诸州各置景寺，仍崇阿罗本为镇国大法主。法流十道，国富元休，寺满百城，家殷景福”，反映了当时景教在唐朝流传的盛况。中国人认为景教源于波斯，因此其寺院也被称为波斯寺。从景教碑文来看，为了宣讲教义，景教采取了“汉化”的策略。碑文行文中引用《易经》和《诗经》各 30 处、《春秋》20 处，涉及经书达 150 处、史书 100 多处、子书 30 处，充分反映了来华布道的景教教士们汉语语言水平之高。

除来华僧侣以外，唐朝僧人赴西方游学求经的亦有不少，一度出现西行求法的盛况。这些西行僧中最著名的就是玄奘。贞观元年（627 年），玄奘自长安启程赴天竺游学，一路上历尽艰险，途经中亚多国到达天竺，往返历经 17 载。在天竺期间，他遍访名师，精研佛法，成为天竺佛教界公认的权威。玄奘不但精通梵语，还在与当地佛教界的交流和译经过程中传播了汉语，为中国文化和汉语言文字的传播做出了卓越贡献。

九、汉语言文字在阿拉伯世界的传播

中国和阿拉伯世界交往的最早记载始于唐代。阿拉伯地处欧、亚、非三大洲的交界之处，自古以来在东西交通中起着重要的作用。7 世纪中叶，阿拉伯人建立了雄跨亚、欧、非三洲的大帝国。唐代根据波斯语音译的城市“没巽”，就是中世纪海湾地区的名城苏哈尔，此地长时间被称为“通往中国的门户”①。唐代称阿拉伯世界为“大食”,也是采用了波斯语的称谓。唐代中国与西亚保持着相当频繁的往来。公元 651 年，阿拉伯使者初次到达长安。唐朝物产大批输入阿拉伯半岛，再经由阿拉伯帝国传入欧洲。阿拉伯商人则多沿海路将珠宝、香料、良马种等带到长安和洛阳。

中阿之间很少有冲突，只发生过唯一的一次战役，而战役的结果也对双方文化交流产生了深远影响。唐玄宗天宝十年（751 年），刚刚建国的阿拉伯阿拔斯王朝与唐朝分别应中亚地方王公的请求出兵怛逻斯（今哈萨克斯坦

① 周一良主编《中外文化交流史》，郑州：河南人民出版社，1987 年，第 745 页。

的江布尔城）。对峙五日之后，唐军因葛逻禄部的倒戈而告失败。此次战役对双方的疆域和两国关系没有产生实质性影响，但其意义远远超越了战役本身的胜负，因为战后大批汉族士兵被俘并押往阿拉伯地区。这些士兵中有不少技术工匠，包括织匠、金银匠、画匠、造纸工匠等，这批工匠把中国的技术尤其是造纸技术传到了阿拉伯世界，大约 9 世纪末时传入埃及，此后又传播到了非洲。这一过程必然会助推汉语言文字的传播。

8 世纪后期，阿拔斯王朝的巴格达城崛起，在其鼎盛时期与唐长安遥相辉映，成为世界上两大最令人瞩目的文明中心，两国之间的交往也书写了光辉的篇章。这一时期大食人多经海路来华，侨居广州从事贸易。唐朝也设置了专门的官职市舶使，处理外国侨民和商人事宜。由于唐朝重视与番商的贸易，提供了很多便利措施，所以定居于南部沿海的阿拉伯人、波斯人数以千万计。他们不仅数量大，而且与当地汉族人通婚，一些人还定居中国，称为“住唐”。这些住唐的番客长期受到汉文化熏陶，并在唐接受教育，其中的佼佼者还能考取功名，如李彦昇。他本是阿拉伯人，精通汉语，才学出众。唐宣宗大中元年（847 年），曾任岭南节度使的卢钧向朝廷推荐李彦昇，次年（848 年）他即进士及第，可见其汉语言文字水平已经与中国人无异。此事也侧面说明了汉语言文字在阿拉伯人中间的传播已延绵日久。

唐与阿拉伯帝国之间的密切交往，也反映在了文学当中，而且可以发现语言之间的交互影响。阿拉伯诗歌有严格的韵律，一般一韵到底，韵脚不变，这和中国四、五、七、八言诗歌的韵脚是不同的。但是我们发现，唐诗中也出现了每行押韵的诗歌，如杜甫的《饮中八仙歌》：

知章骑马似乘船，眼花落井水底眠。汝阳三斗始朝天，道逢曲车口流涎，恨不移封向酒泉。……李白一斗诗百篇，长安市上酒家眠。天子呼来不上船，自称臣是酒中仙。张旭三杯草圣传，脱帽露顶王公前，挥毫落纸如云烟。焦遂五斗方卓然，高谈雄辩惊四筵。

杜甫还写有其他类似的诗歌。这种每行押韵的诗歌，明显受到了阿拉伯诗歌的影响。①

唐代通过大食，也与非洲特别是北非和东非产生了一定的交往。约从9世纪开始，阿拉伯商人把东非地区的黑人奴隶作为“商品”运往中国，卖与广州富人家为奴，长安也有一些。唐时买奴蓄奴之风极盛，我国古籍中称这些黑人奴隶为“昆仑奴”。蓄昆仑奴的风气一直延续到宋代。朱彧在《萍州可谈》卷二中记载：“广州富人多蓄鬼奴（作者注：指黑人奴隶）……久蓄能晓人言，而自不能言。有一种近海野人，入水眼不眨，谓之昆仑奴。”②唐代的一些文学作品对这一群体也有反映，比如诗人张籍就有一首《昆仑儿》：

> 昆仑家住海中州，蛮客将来汉地游。
> 言语解教秦吉了，波涛初过郁林洲。
> 金环欲落曾穿耳，螺髻长卷不裹头。
> 自爱肌肤黑如漆，行时半脱木绵裘。

“秦吉了”是一种鸟，可以模仿人说话。该诗形象地反映了昆仑奴在中国生活并学说汉语的情况。

十、汉语言文字在东南亚、南亚其他国家的继续传播

柬埔寨，汉时称扶南国。东汉章帝元和元年（84年），中国与柬埔寨开始了最初的交往（据《后汉书·章帝纪》卷三）③。从公元2世纪到6世纪的400年中，扶南在政治、经济、军事上实力强大，是东南亚影响最大的国家。扶南不仅物产丰饶，而且处于中国和印度、东方和西方（东罗马）之间的交通要冲。汉末以后，中国和扶南的文化交流不断增加。扶南长期受印度

① 宋岘《中国阿拉伯文化交流史话》，北京：中国大百科全书出版社，2000年，第77页。
② 陈师道、朱彧《后山谈丛 萍州可谈》，李伟国点校，上海：上海古籍出版社，1989年。
③ 范晔《后汉书》，北京：中华书局，1965年。

文化濡染，佛学研究水平很高。南朝梁陈之际，有四位扶南高僧先后到中国弘法、译经，他们是：僧伽婆罗（又名僧铠）、曼陀罗（又名曼陀罗仙）、须菩提（又名山吉）、真谛（又名亲依）。他们在中国翻译的佛经数以百（卷）计，尤其是真谛，译经近三百卷，与高僧鸠摩罗什、唐玄奘三人在佛教史上并称“三大译家”。从译经成就来看，扶南僧人的汉语言文字水平已经达到了相当精深的程度。在唐代，中印之间佛教交流频繁，扶南作为两国交流的中转站起到了十分重要的作用。

老挝原为“哀牢”，在汉光武帝时期与汉朝建立了关系。老挝在三国东吴时期称“堂明”或“道明”。吴黄武六年（227 年），堂明遣使来贡，揭开了中老关系的序幕。[①] 在唐代，文单国曾四次来朝，也曾接受唐政府所赐封号。文单即今天的老挝首都万象。中国对老挝的影响是多方面的。现在的老挝语中，还可以找到与汉语言文字之间的渊源。老挝语中有很多汉语借词，如称中国皇帝为“天旺”，就是“天朝皇帝”的谐音。汉语的“一、二、三、四”在老挝语中对应的发音是“能、颂、山、虽”，颇为接近。

泰国境内在历史上建立过很多小国家。中国和泰国自汉代开始有所交往，隋代曾正式派遣使者出使泰国地区，唐代时交往更加密切。唐贞观十二年（638 年）和二十三年（649 年），泰国中部的堕罗钵底国曾两次遣使至长安，交换了两国国君的书信和礼物。泰国的泰佬族人过去一直沿用中国的干支纪年法和十二属相纪年，只是十二属相的具体内容有所不同。泰国的苗、瑶族与中国文化的关系尤其密切，他们至今还用汉字书写对联及祷文、婚书、请柬等重要文书，使用中国出版的辞书。日本学者岩田庆治也认为，泰国“瑶族的文化基本上是以汉族文化为基础的。他们自认为本民族的文化属于中国文化的范畴”[②]。

唐朝时，中国与缅甸之间的通路已经通行多年。唐朝僧人普遍注意到，

---

① 周一良主编《中外文化交流史》，郑州：河南人民出版社，1987 年，第 722 页。

② 岩田庆治《泰国与老挝几个民族的风俗》，赵苏恩译，《东南亚资料》1981 年第 3 期。

从蜀川经缅甸到印度是大唐与五天竺陆路的捷径，因此中国僧人也不断通过缅甸陆路到印度，而且还从海路到达下缅甸。如唐代高僧智岸、义辉和义朗等人曾到下缅甸的朗伽戍求经弘法。[①]而玄奘和义净虽未曾到过缅甸，但在他们的著作中都提到过下缅甸沿海的古地。可见这一时期，伴随着宗教交流，汉语汉字在古缅甸周边地区也有所传播。

唐代称尼泊尔为“泥婆罗”或“尼波罗”。公元639年，尼泊尔国王将女儿嫁给中国西藏的松赞干布，由此开启了中国西藏与尼泊尔之间大规模的往来，并开辟出一条新的国际通道——吐蕃—泥婆罗道。这条通道大大缩短了中国与南亚各国之间往来的时间，对促进中尼之间以及中国与南亚地区之间的交流起到了重大作用。之前中国前往印度和尼泊尔访问的高僧多走通西域的丝绸之路，路途艰难且费时，往往历时数年方至。吐蕃—泥婆罗道开通之后，在相当长的时期内成为了中国西行求法高僧的主要通道，而汉语言文字在这条通道周边也有所流布。

本章小结

魏晋南北朝至隋唐时期是中国文化发展的重要时期，从魏晋风度到盛唐气象，充分体现了中华文化的突出个性和丰富内涵。在文化发展中，汉语言文字的词汇量、表现力、文化内涵也相应地得到了大幅提升，中国国内文学艺术的繁荣和汉文学在海外的发展都证明了这一点。

始于隋代的科举制度在当时是一种具有历史先进性的人才选拔制度，被多个国家效仿。由于这一制度需要完善的儒家教育体系作为支撑，因此它发挥了维持和巩固汉语言文字海外传播的重要作用。科举制度作为汉语教育体系的引领和抓手，保证了汉语言文字在周边国家的持久传播。

唐代国力强盛，文化繁荣，在政治、经济、外交上都开创了新局面，国

---

① 周一良主编《中外文化交流史》，郑州：河南人民出版社，1987年，第8页。

际影响力强大，汉语言文字的传播途径更加多样，传播成就也更加辉煌。从整体上看，唐代的汉语言文字传播有这样几个特点：一是全方位推动。唐代强大的国力和国际影响力使得汉语言文字传播得到了政界、学界、商界、宗教界的全方位支撑，获得了前所未有的动力。二是多领域使用。在海外尤其是周边国家的文学创作、佛经翻译、政令发布、教育教学、口语交际、经贸交往、政府往来等各领域，汉语言文字均得到了使用。汉语成为中国与周边国家乃至更远距离国家交往中的“高阶语言”，在一定程度上发挥了国际通用语言的作用。他国与中国往来的“国书”很大一部分都是用汉文写就的。三是深层次影响。汉语言文字在一些国家经过长期传播，已经与当地的社会生活和语言生态密切结合，出现了“你中有我，我中有你”的交融，渗入了其文化基因。比如朝鲜、越南、日本等国均有用汉字记录的历史，他们的国史已经与汉字紧密联系在一起而难以剥离，这使得汉语汉字对他们来说无法完全作为他国语言文字来看待。另外，有些国家民族文字的创制也受到了汉字的影响，比如日语的片假名、平假名分别借用汉字的偏旁和草书形式，且世世代代延续使用至今。在唐代末期，越南已经开始出现“喃字”的雏形。喃字是越南人仿照汉字，根据汉字的近似读音以及会意、假借等方法创造出的记录越南语（京语）的方块字，其后大约在宋元时期走向成熟。喃字与汉字有着千丝万缕的联系。这些都是汉语言文字长期深度传播的结果。

值得一提的是，这一时期的汉语言文字海外传播形成了世界文化史和语言传播史上的独有景观：一是“汉字文化圈”的形成，二是“语文分传”的现象。

唐代末期，汉语言文字在东亚、东南亚地区的传播已经延续了 1000 余年，周边国家朝鲜、日本、越南以共同使用的汉字为基础，与中国共同构成了一个文化共同体，也就是我们通常所说的“汉字文化圈”。这是一个单以文字而不以宗教文化、民族文化为基础形成的文化共同体，在世界范围内也极具独特性，成为以国家群为单位的世界文化多极中的一极，为世界文明和文化的多元化发展做出了贡献。

经过汉唐盛世，汉语言文字传播过程中“语”“文”分离的特点已经十分明显了。汉字是一种表意文字，自象形文字发展而来，虽然在发展过程中其形体不断向抽象化演化，但始终没有改变其表意的本质。汉字可以不借助语音而单独以形表意，甚至以形交际，这就使得文字脱离语音单独传播成为可能。索绪尔也注意到“语言和文字是两种不同的符号系统”[①]，对于汉语，索绪尔认为“对汉人来说，表意字和口说的词都是观念的符号；在他们看来，文字就是第二种语言”[②]，这使得语言和文字发展和传播的不同步成为可能，汉语言文字的传播历程也可以清楚地证实这一点。“语”“文”分传形成了世界语言传播史上的独特景观，这也提醒我们关注汉语言文字传播的独特规律。

同时我们也注意到，汉语言文字在海外的使用，大部分仍然集中在上层社会，而且以书面语使用居多，除了政治领域，还有宗教、经贸、文学等一些特殊领域使用也较为深入，但在普通民众日常生活中的运用尚少。难得的是，唐代出现了汉语口语传播的端倪，现在也发现了一些汉语口语在海外使用的情况，值得进一步研究。

---

① 索绪尔《普通语言学教程》，北京：商务印书馆，1982年，第47页。

② 索绪尔《普通语言学教程》，北京：商务印书馆，1982年，第51页。

第三章 汉语言文字海外传播持续期

（宋代—清代中期）

宋代的武力虽不及强汉盛唐，但经济发达，文化繁荣，在当时的世界上仍然居于领先地位。北宋时期的国都东京（今开封）是全国政治、经济和文化的中心，继长安之后在公元1000年前后成为“万国咸通”的国际大都市，是当时世界文明的中心所在，堪比2000年的纽约。[①]东京还是全国漕运枢纽，水系庞大，内外互通。水路可以东连高丽，南接海上丝绸之路。水路交通不仅保证了国内物资的流通，还促进了宋朝与海外的联系。

有宋一代，既有庙堂、市井的雅俗融汇，也有惠泽世界的科技发明。陈寅恪称:“华夏民族之文化，历数千载之演进，造极于赵宋之世。”[②]有文化力量的支撑，汉语言文字得以继续在朝鲜、越南、日本深入传播，与当地社会生活的结合更加紧密；各国不断培养出大批适应本国社会需求的高级汉语人才。元朝实现了中国历史上规模空前的大统一，疆域超越汉唐，打通了亚欧之间的交通，在一定程度上为汉语言文字传播扫除了地理上的障碍，使传播获得了更加有利的条件。 元代、清代虽非汉族掌握政权，但仍以汉文化作

---

① 克里斯托夫（Nicholas D. Kristof）《从开封到纽约——辉煌如过眼烟云》，美国《纽约时报》2005年5月22日。

② 陈寅恪《邓广铭〈宋史职官志考证〉序》，载陈寅恪《金明馆丛稿二编》，北京：生活·读书·新知三联书店，2001年，第277页。

为立国之本，汉语言文字本身的发展并没有停滞，传播的基础依然扎实。朝鲜、越南、日本经过长期向中国的学习，各自国内都已经形成了成熟的汉语言文字教育体制和人才培养体系。明清时期中国日益走向封闭，西方势力开始进入亚洲，汉语和西方语言开始发生实质性的接触。这一时期以欧洲传教士汉学家为桥梁，汉语言文字开始传播到西方国家，传播区域得到了极大的拓展，这是一个历史性的变化。

第一节　宋代的汉语言文字海外传播

一、高丽的科举制度与汉语文人才

两宋时期，朝鲜半岛上与宋并存的是高丽王朝。高丽建国于公元918年，并于936年统一了朝鲜半岛，时值中国的五代时期。高丽国继承了朝鲜三国时期的汉语教育传统，积极采取相关举措推动汉语文的学习。公元930年，高丽太祖王建“幸西京，创置学校”（《高丽史节要》卷一）①，958年，到达高丽的后周文士双冀帮助高丽国建立了科举制度②。高丽科举基本上沿用唐制又稍有变化。

北宋建立后，与高丽的关系极为密切，多有遣使互访、相互馈赠。北宋宣和五年（1123年），徐兢出使高丽，受到高丽政府的隆重接待，他回国后写成《宣和奉使高丽图经》四十卷，详尽描写了高丽国的“建国立政之体，风俗事物之宜”。其中也记载了高丽派遣留学生入宋学习的情况。《宣和奉使高丽图经》卷十九中说：“自政和间遣学生金端等入朝，蒙恩赐科第，自是取士间以经术、时务策，较其程试优劣，以为高下。故今业儒者尤多，

① 朝鲜史编修会编《高丽史节要》，首尔：朝鲜总督府影印京城帝国大学藏旧奎章阁本，昭和七年（1932年）。

② 董明《古代汉语汉字对外传播史》，北京：中国大百科全书出版社，2002年，第76页。

盖有所向慕而然耳。”（《进士》）[①] 这里记载的是宋徽宗政和五年（1115 年）高丽睿宗派遣金端来宋学习的事件。金端在宋登科后归国，成为国内学生竞相仿效的榜样。由此也可看出高丽对于汉语言人才的重视。高丽为了推进政治建设和文化建设，不断在国内推行和完善科举取士制度，“高丽实行的科举制度，只是在唐朝的科举制度上稍加改动，主要有制述科、明经科和杂科”[②]。科举制度实行多年,培养和选拔了一批又一批的汉语言人才走上仕途，从而使汉语言文字在上层社会的使用基础更加稳固。

高丽的汉语言文字传播是自上而下推动的，历代国王都受过良好的汉语文教育，熟悉儒家经典，有些还擅长吟诗唱和。如《高丽史节要》中有多处关于睿宗赋诗的记载：睿宗元年（1106 年）五月，御嘉昌楼，赋诗，“令侍臣许庆、柳仁著等十余人和进，赐帛有差”；三年（1108 年）四月，“谒昌陵，制诗以寓平女真之意，宣示扈从儒臣，令和进”；四年（1109 年）八月，“王以仲秋，率文臣玩月于重光便殿，御制咏月诗”；六年（1116 年）九月,“设重阳宴。王赋诗,令从臣和进”（《高丽史节要》卷八）[③]。君臣唱和俨然已成为一种宫廷风气。

高丽国重学崇教的风气为汉语文教育的开展提供了保证。成宗十一年（992 年），高丽仿效唐制设立了全国最高学府国子监，设国子学、太学、四门学、律学、书学、算学共六学，按照阶级和身份分层次招收官吏和平民子弟入学。关于其规模和人数，据《宋史・外国传》记载，“(高丽）有国子监、四门学，学者六千人”[④]，可见高丽人学习汉语文的人数之多。

《宋史・外国传》还记载了高丽“宾贡”的情况。所谓“宾贡”，即外国向中国举荐人才，中国准予就学于国子监，以宾礼相待，而后参加科举考

---

① 徐兢《宣和奉使高丽图经》，上海：商务印书馆，1937 年。
② 张西平主编《世界汉语教育史》，北京：商务印书馆，2009 年，第 190 页。
③ 朝鲜史编修会编《高丽史节要》，首尔：朝鲜总督府影印京城帝国大学藏旧奎章阁本，昭和七年（1932 年）。
④ 脱脱等《宋史》，上海：上海古籍出版社、上海书店，1986 年。

试，谓之宾贡科。如北宋开宝年间（968—976），高丽人康戬来到宋朝，“随宾贡肄业国学”。太平兴国五年（980年），康戬登进士第，在宋为官。他在宋朝前后生活了30多年，辗转多地为官，政绩卓著，“历官以清白干力闻”[①]。作为一个受汉语文教育的外国人，康戬是一个难得的人才。公元976年，高丽国又派遣金行成来宋就学于国子监，一年后“擢进士第”，后一直在宋为官，直至在四川安州为官时病死于任上。金行成死前曾泣言：“行成外国人，为朝官，佐郡政，病且死，未有以报主恩，虽瞑目固有遗恨。”宋太宗念其子幼家贫，无亲可依，在其死后“诏以宗敏（作者注：金行成之子）补太庙斋郎，令安州月给其家钱三缗，米五斛，长吏岁时存问”[②]。这也是两国间人才交流的一段佳话。

高丽不断“遣士宾贡”，悉心向中国学习，推进了整个国家汉文化水平的提升。这些留学生有些留在中国，大部分还是回国。那些归国的汉语言人才往往受到重用，对本国文教发展的巨大影响难以估量。

汉语言在高丽的深入传播，使高丽涌现出了一大批精通汉诗文的作家，他们的诗文作品水平甚至不输中国作者。比如著名诗人郑知常（？—1135）于1114年参加高丽国的科举考试，获文科状元及第。郑知常喜爱老庄思想，善诗文书画，留下了很多脍炙人口的名作，尤其是他的《送人》一诗被誉为高丽朝七言绝句的“压卷之作”：

雨歇长堤草色多，送君南浦动悲歌。
大同江水何时尽，别泪年年添绿波。

另外，高丽朝知名作家还有李奎报（1169—1241）。他9岁即能属文，22岁时考中状元。李奎报不仅有诗文、诗论传世，在哲学研究上也颇有建树。他的作品集有《东国李相国集》53卷，其中收录了2000多首诗和700

① 脱脱等《宋史》，上海：上海古籍出版社、上海书店，1986年。
② 脱脱等《宋史》，上海：上海古籍出版社、上海书店，1986年。

多篇散文。哲学代表作则有《问造物》《理屋说》。李奎报写了很多追和唐人的诗歌。他非常尊崇白居易，在诗歌创作上也深受白居易的影响，“和答”白居易的诗作有20多首，包括《次韵和白乐天病中十五首并序》《次韵白乐天负春诗》《又和乐天心身问答》《次韵白乐天在家出家诗》《次韵白乐天老来生计诗》等。如其中的《次韵白乐天老来生计诗》：

残身不省老侵寻，度日唯知觅句吟。
但有忘忧盈瓮酒，何思遗子满籯金。
一钱勿蓄尘情少，万事都抛道味深。
谁道吾生无长物，本来明镜在中心。

高丽文人写诗的很多，但写词的很少。朝鲜文人金宗直在《青丘风雅》的序中指出这一有趣的现象说，朝鲜半岛的文学与中国存在着时代错位：与唐朝对应的新罗文坛，流行的却是汉魏风骨；与宋朝对应的高丽王朝文坛，则竭力模仿唐朝。[①] 这种现象说明：第一，一代有一代的文学，文学体式在代表当朝人文精神、审美取向的同时，也体现着语言本身的变化和语言运用的艺术化形式，这些都在域外有所反应。第二，汉语言文字传播如波浪一样由中国向周边传递，文学体式由产生到波及海外，可能存在一定的“时间差”，或曰“滞后性”。因此，其他国家使用汉语言文字的特点，有可能并非同期中国的情况，而是对应中国上一个朝代或时期。这种情况出现在海外某些国家是一个值得注意的规律。

另外值得一提的是，高丽文人金富轼的《三国史记》是朝鲜半岛最著名的史书，该书完全仿照司马迁《史记》的体例编著，是中国与朝韩史传文学交流的典型成果。

① 金宗直《青丘风雅》，刘永奉编，首尔：以会文化社，2000年，第1页。

二、越南的汉语文人才培养和汉文学成就

中国北宋、南宋共历 319 年，其间交趾（安南）经历了丁、前黎、李、陈诸王朝的统治。这些王朝基本上与宋朝和睦相处，友好往来，保持着名义上的“宗藩”关系，接受宋朝的“封号”，在给宋朝的国书中始终自称“王”而不称“帝”。无论宋朝发往交趾的“制书”“诏书”，还是交趾诸朝写给宋朝的“奏章”“表文”，都使用汉语汉字。汉语汉字是交趾各朝官方正式使用的语言文字。

汉唐以降，越南历代王朝皆以儒学作为统治的精神支柱，举凡一切政令、建制、律典均效法中国，各种公私文牍皆依据中国文体。他们大力推广汉字并规定其为全国通用文字，汉字也由此被长期借用为越南官方文字。越南统治者建文庙，塑周公、孔子及四配像，兴建国子监、国子院，诏天下学子入院学习四书五经，还仿照中国科举形式开科取士，其科目用中国唐诗、古体赋、汉体诏、四六体制、表等。[①] 这种自上而下的全面推行方式，使汉语言文字在越南的传播更加广泛和深入。

唐代中国的对外经济文化交流主要是通过西北陆路，到了两宋，东南海路成为对外交流的主要途径。宋朝政府历来重视海外贸易，早在宋太祖开宝四年（971 年）就在广州设置了市舶司，其职责就是“掌番货、海舶、征榷贸易之事，以来远人，通远物”（《宋史·职官志》）[②]。到南宋时期，东南海外贸易达到了空前繁荣的程度。交趾、占城都是重要的通商地区。广州辟有专供外国人居住的“番坊”，大批交趾商人常驻于此。民间的密切往来无疑加快了不同语言的接触和传播。

从传播成就来看，交趾产生的汉文学艺术无疑是一个亮点。宋太宗雍熙四年（987 年），国子监博士李觉出使交趾。归国时，当时的黎朝皇帝命僧

---

① 梁立基、李谋主编《世界四大文化与东南亚文学》，北京：经济日报出版社，2000 年，第 71 页。

② 脱脱等《宋史》，上海：上海古籍出版社、上海书店，1986 年。

人匡越制曲以饯行，匡越作词曰：

祥光风好锦帆张，遥望神仙复帝乡。万重山水涉沧浪，九天归路长。

情惨切，对离觞，攀恋使星郎。愿将深意为边疆，分明奏我皇。（《大越史记全书·黎纪》）①

这首作品明显是学习宋词的韵律格调，深得宋词风韵。

交趾李朝时期，在朝廷的推动下大兴尊孔崇儒之风。据记载，李朝圣宗神武二年（1070年）秋八月，“修文庙，塑孔子、周公及四配像，画七十二贤像，四时享祀。皇太子临学焉”（《大越史记全书·李纪二》）②。英武昭胜二年（1077年），在文庙旁设立国子监，完全仿照中国将孔庙与国子监毗邻而建、“左庙右学”的传统规制。这是越南历史上第一所以学习汉语言文字和儒家经典为主要内容的国家高等学府，为汉语言文字传播提供了制度保证。

南宋孝宗隆兴元年（1163年），宋朝封越南李朝英宗为安南国王，自此交趾亦称安南国。安南陈朝太宗、圣宗时期与南宋并立。这一时期，随着安南科举制度的逐步完善，汉语言人才培养取得了重要成就，在史籍中可以发现不少关于科举取士的记载。如天应政平十六年（1247年）二月，“大比取士。赐状元阮贤、榜眼黎文休、探花郎邓麻罗、太学生四十八名出身有差”（《大越史记全书·陈纪一》）③。这是越南史书中首次出现状元、榜眼、探花的名号，标志着安南的科举制度已经建立并且基本完备。④科举制度的建立给读书人提供了奋斗的目标和晋身的机会，吸引了大批学子积极学习汉语言文字。

---

① 吴士连等《大越史记全书》，东京：埴山堂反刻本，明治十七年（1884年）。
② 吴士连等《大越史记全书》，东京：埴山堂反刻本，明治十七年（1884年）。
③ 吴士连等《大越史记全书》，东京：埴山堂反刻本，明治十七年（1884年）。
④ 董明《古代汉语汉字对外传播史》，北京：中国大百科全书出版社，2002年，第268页。

除安南国外，汉语言文字在当时的占城也广泛传播。占城隋时叫林邑，唐时叫环王，位于今越南中南部。位于今越南中南部占城与安南长期处于对峙状态。为了增加对峙的筹码，占城与安南均与宋朝保持着密切的关系。政治上往来的突出证据就是占城王写给宋朝皇帝的表文。表文皆是用古雅的汉文写就，铺排对仗，韵律和谐，颇有唐宋散文之风。《宋史·外国》中载有至道元年（995 年）正月占城王杨波写给宋太宗的表文，代表了当时占城人的汉语水平，节录如下：

> 臣生长国外，夐远天都。窃承皇帝圣明，威德广大，臣不惮介居海裔，遣使入朝。皇帝不弃蛮夷小国，曲加优赐。然臣自为土长，声势尚卑，常时外国颇相侵扰。况以前庶民如芥，随风星散，流离各不相保。近蒙皇帝赐臣内闲驵骏及旗帜兵器等，邻国闻之，知臣荷大国之宠，而各惧天威，不敢谋害。今臣一国安宁，流民来复，若非皇帝天德加护，何以至此！臣之一国仰望仁圣，覆之如天，载之如地。臣思惟鸿恩不浅。且自天子之都至臣所居之国，涉海绵渺，不啻数万里，而所赐之马及器械等并安全而至，皆圣德之所及也。
>
> 自前本国进奉，未尝有旌旗弓矢之赐，臣今何幸，独受异恩！此盖天威广被，壮臣土疆。臣虽殒身无以上报。兼臣贡使往复，资给备之。恩重山岳，不可具陈。①

通篇表现出甘愿俯首称臣的谦恭姿态，充满对宋朝的仰慕、膜拜和依赖之情。如表示占城“荷大国之宠”，使邻国“不敢谋害”，称颂中国“恩重山岳”。中国作为一个区域大国，显然对于周边国家之间关系的稳定具有重要的制衡作用。

占城的汉诗文也很兴盛。严从简在《殊域周咨录·占城》中称“占城

① 脱脱等《宋史》，上海：上海古籍出版社、上海书店，1986 年。

制文吏五十余员，有郎中、员外、秀才之称，……其国虽无科举之事，而亦知文教之崇久矣，故国人多有能词翰者”。书中还列举了一些作品，如援引《濯缨亭笔记》中记载的占城王为宋亡国之臣沈敬之所作挽诗：

> 恸哭江南老钜卿，春风拭泪为伤情。无端天下编年月，致使人间有死生。万叠白云遮故国，一抔黄土盖香名。英魂好逐东流去，莫向边隅怨不平。

严从简对此评论说：“观此则占城不惟粗通文墨，而且敦重节义；不惟其臣有诗才，而其主亦善篇章。彬彬乎声名文物，匹于朝鲜，超于日本远矣。”[①]这些历史留存的表文及诗作充分体现了占城人的汉语言文字应用水平。

三、贸易和宗教交流对日本汉语言文字传播的推动

贸易活动有史以来就是不同族群间发生联系和交流的重要途径，而宗教又具有天然的传播属性，信仰的力量使得信徒为求法和弘法而不惜远行跋涉，从而易于在不同文化间打开通途。

自从唐末日本停止派遣遣唐使之后，中日政府间的交流就进入了低潮。唐之后中国方面经历了五代十国之乱，入宋后又先后有辽、金的威胁，已无余力与周边国家修好。北宋时期，日本方面大致处于平安时代，也在一段时期内采取了禁止私人海外贸易和闭关锁国的政策。因此，宋代中日两国并没有正式交往。汉语言文字在日本的持续传播主要依赖两国的民间交流，贸易和宗教是两条最重要的渠道。正如黄遵宪所说：“有宋一代，聘使虽罕，而缁流、估客来往日密。频年上书献物，非由僧侣，即出商人之手。”（《日本国志·邻交志二》）[②]日本学者评价这一时期的中日交流说：“盖非纯粹之公开

---

① 严从简《殊域周咨录》，余思黎点校，北京：中华书局，1980 年。

② 黄遵宪《日本国志》，浙江：浙江书局重刊本，清光绪二十四年（1898 年）。

国际，亦全无政治意味。”[①]

据《宋史·日本传》记载，中国两宋与日本平安、镰仓时代存在不少民间往来。这些记载改变了以往以官方正式往来的史实为主的写法，大量记述了一般平民的交往活动，尤其是商人的活动，反映出两个国家、两个民族的关系发展进入了一个新阶段。在当时两国官方交往式微的情况下，《宋史·日本传》对商人在中日交往中的作用和地位做了肯定。

宋代是中国古代文化与科技发展的巅峰时期，这一时期众多的科技成果通过漕运和海上丝绸之路传播到海外诸国。日本印刷术、历学、医学、建筑、工艺美术、茶道的发展与盛行，都有宋文化的浸润之功。北宋欧阳修《日本刀歌》中有“宝刀近出日本国，越贾得之沧海东”“徐福行时书未焚，逸书百篇今尚存”的诗句，反映了宋代两国之间经济交往的频繁和相互之间文化理解上的深入。

进入南宋，日本也改变了闭关锁国的政策，鼓励海外贸易。由于地理原因，南宋在外交上与西北陆上国家基本没有往来，而主要与由海路而来的诸国发展朝贡关系。中日两国的商船较前代往来更加频繁，交易商品中包括大量汉文书籍。日本人喜爱汉文书籍并往往将其作为礼物相赠，因此不少日本人将从宋商处购得或者获赠的汉文书籍带到日本，从而继续丰富着传入日本的汉文书面语语料。这是两国海上商贸对汉语言文字传播的贡献。如《历代征倭文献考》中记载：宋真宗景德三年（1006年），宋商曾文令向日本摄政藤原道长赠送《白氏文集》及五臣注《文选》；宋仁宗（1022—1063年在位）初年，日本文人大中臣辅亲从宋商处购得《唐音》《玉篇》《白氏文集》等，献于朝廷；高宗绍兴二十年（1150年），宋商刘文冲将《五代史记》《唐书》《东坡指掌图》等作为礼物献给日本左大臣藤原赖长；宋孝宗（1162—1189年在位）时，日本权臣平清盛从宋商处购得《太平御览》三千部。[②]

---

① 木村泰彦《中日交通史》（三），陈捷译，太原：山西人民出版社，2015年，第338页。
② 王婆楞《历代征倭文献考》，重庆：正中书局，1940年，第66页。

北宋时来华的日本僧侣不多，来华目的也与唐代的学问僧有较大差别。此时日本僧人向中国佛教界学习佛法的需求已经降低，更多的是为了共结善缘、加强自身修行及朝拜圣地。如中国的五台山是传说中文殊菩萨显圣之地，天台山则是五百罗汉常驻之地，这些都对日本僧人具有极高的吸引力。

《宋史·日本传》中记载，雍熙元年（984年），“日本国僧奝然与其徒五六人浮海而至，献铜器十余事，并本国《职员今》《王年代纪》各一卷。……奝然善隶书，而不通华言，问其风土，但书以对云：国中有《五经》书及佛经、《白居易集》七十卷，并得自中国”[①]。奝然至汴梁晋谒宋太宗，进献了一些中国业已亡佚的典籍，太宗给奝然以极高的礼遇，“赐紫衣，馆于太平兴国寺”（《宋史·日本传》）[②]。奝然在中国拜谒了五台山，并向宋太宗求赐了印本《大藏经》归国。之后，又派弟子嘉因等携带礼物及谢表随商船来华，其谢表中充溢着对大宋的感恩和仰慕之情，体现了高超的汉语言文字运用水平，节选如下：

> 伤鳞入梦，不忘汉主之恩；枯骨合欢，犹亢魏氏之敌。虽云羊僧之拙，谁忍鸿霈之诚。……奝然附商船之离岸，期魏阙于生涯。望落日而西行，十万里之波涛难尽；顾信风而东别，数千里之山岳易过。妄以下卑之根，适诣中华之盛。于是宣旨频降，恣许荒外之跋涉；宿心克协，粗观宇内之瑰奇。……奝然空辞凤凰之窟，更还蝼蚁之封。在彼在斯，只仰皇德之盛；越山越海，敢忘帝念之深。纵粉百年之身，何报一日之惠。染笔拭泪，伸纸摇魂，不胜慕恩之至。(《宋史·日本传》)[③]

行文情深意切，溢于言表。如此精通汉语文的尖端人才的出现，必然有一个

① 脱脱等《宋史》，上海：上海古籍出版社、上海书店，1986年。
② 脱脱等《宋史》，上海：上海古籍出版社、上海书店，1986年。
③ 脱脱等《宋史》，上海：上海古籍出版社、上海书店，1986年。

扎实的底座，也就是汉语文学习人群的广泛存在。

到了南宋，由于中国的禅宗、律宗颇为兴盛，来华的日本僧人有专为学习禅宗、律宗而来的，数量又较北宋为多。来华日僧是一个重要的汉语言文字学习和传播群体，其中一些僧人的汉语文修养非常之高，他们在两国交流中起到了重要作用。

除来华日僧外，东渡宋僧对于汉语言文字的传播也做出了不可磨灭的贡献。尤其在南宋时期，宋朝佛教僧侣大量东渡日本，日本有些学者甚至将13世纪前后的一百年称为日本的“渡来僧世纪”。宋僧多在日本的镰仓、博多和京都等地主持禅寺，当时日本的建长、圆觉等著名寺院，竟因为历代主持以“渡来僧”居多，乃至寺内以汉语为日常用语。[①] 木宫泰彦认为：“宋僧和入宋僧传到日本的宗教，其内容和外形全都是中国化了的禅宗，因此，他们的日常生活自然也就事事按照宋朝的方式，这就很快要影响到日本人的生活方式方面。例如从他们的语录便可看出，他们宣扬禅宗的宗旨时，也用中国语言；表达见解时也用中国语言做成的偈，这就大大丰富了日本语的词汇，而中国诗歌文学，在日本也同时渐渐兴盛起来。”[②]

与宋同期的日本形成了崇尚汉文学的世风，并已经仿照中国的科举考试，建立起本国侧重诗赋取士的人才选拔制度。“每岁春秋二时集贡士，所试或赋或诗，凡及第者，常三四十人。”[③] 这使得当时的日本社会对诗词歌赋趋之若骛，以至于青木武助在《日本历史》中谈到平安朝风俗时批评说“当时因文学而发达者，诗歌管弦之流也。花晨月夕，必有此举。举朝之臣，不知政治，唯弄弦作诗歌而已”[④]。这种担忧倒是反衬出当时日本吟诗作赋风气

① 何新华《中国外交史（从夏至清）》（上册），北京：中国经济出版社，2017年，第433—434页。

② 木宫泰彦《日中文化交流史》，胡锡年译，北京：商务印书馆，1980年，第387页。

③ 周凤《善邻国宝记》（卷上）（罗振玉辑《殷礼在斯堂丛书》），东方学会印，1928年。

④ 青木武助《日本历史》（卷下），张枫译，南京：金陵江楚编译馆书局，清光绪三十二年（1906年）。

兴盛、汉语言人才辈出的情况。

宋代文化政策宽松，文人士大夫的审美情趣也与前代不同。随着城市经济的繁荣与发展，世俗文化崛起，文学艺术创作愈发关注平民生活，形成了雅俗共赏的文化面貌，“话本”小说即是宋代俗文学的代表形式。日本一条天皇时出现了文学的盛世，这也是受到了宋朝俗文学风气一定的影响。这一时期日本出现的紫式部的《源氏物语》被尊为古典文学名著，书中大量使用中国的史实和典故，如引用白居易的诗句有近百处之多。

第二节 元代的汉语言文字海外传播

一、高丽的汉语文人才培养

入元之后，汉语言文字的海外传播进入了一个相对低潮期。众所周知的原因之一，即元朝统治者并非汉人，对汉语汉文化也有一个吸收的过程。从元朝的相关文化政策来看，科举制度曾经长期停滞，统治阶级对汉族知识分子也存在一定程度的轻视，以至于明人有“九儒十丐”之讥——汉族知识分子的地位几与乞丐并列。这种情况不但降低了汉语言文字的地位，也削减了其对外传播的动力。但是另一方面，元朝统治者在文治上也存在内外有别的情况：对内轻视儒生，忽视汉语言人才培养；但作为大国，对外仍希望臣服外族之心，以彰显大国国威，因此对在高丽推广汉语言文化方面也有一定的主动性和积极性。

忽必烈建立元朝之前，蒙古与高丽已经进行了多年的战争，至元宪宗七年（1257 年），蒙古曾七次征伐高丽。忽必烈即位后，才宣布从高丽撤兵罢征，从此中国与高丽的关系进入了新时期。高丽作为元朝的属国，始终受到元朝的严密控制。

元朝建立初期，元世祖忽必烈至元二十六年（1289 年）九月，元政府即“置高丽国儒学提举司，秩从五品”（《高丽史节要·忠烈王》）[①]，这是一个专门负责向高丽推广、普及儒学的机构。元仁宗延祐元年（1314 年），元朝遣使赴高丽“颁科举诏”（《高丽史节要·忠肃王》）[②]，欢迎高丽人来元参加科举考试，博取功名。元朝关于高丽人来中国留学的记载虽然很少，但是依然断断续续存在。当时高丽的读书人先在本国进士及第，然后由政府派遣到元朝再参加科举，已经成为一种制度。[③]

元朝的科举制度也有一定的时代特色。元制把国人分为蒙古人、色目人、汉人、南人四等，自仁宗皇帝以后，科举考试在内容和形式上做了区分，对蒙古人和色目人降低标准和难度。按照常理，高丽人作为外国人也应该参加难度较低的考试才对，但是，据《中国古代教育史资料》的注释，“按元制，……契丹、女真、高丽、渤海均称汉人……国子学生概称汉人，无汉人、南人之别”[④]，所以高丽人在元是随汉人、南人一起参加难度较高的考试的，可见高丽人的汉语言文字水平。元代的 98 年间（1271—1368），高丽坚持推行科举考试制度，共举行科举考试 34 次，取“明经”315 人、“恩赐”19 人、“及第”860 人[⑤]，共计 1194 人。

为培养汉语言文字人才，高丽国于忠烈王二年（1276 年）设立了专门教授汉语的政府机构——通文馆，在此基础上，又设立了专门负责翻译事务的司译院。高丽通文馆和司译院的设立，是汉语言文字海外传播史上的大事，在汉语教育史和汉语学习史上具有重要意义。从汉语言文字的海外传播

---

① 朝鲜史编修会编《高丽史节要》，朝鲜：朝鲜总督府影印京城帝国大学藏旧奎章阁本，昭和七年（1932 年）。

② 朝鲜史编修会编《高丽史节要》，朝鲜：朝鲜总督府影印京城帝国大学藏旧奎章阁本，昭和七年（1932 年）。

③ 董明《古代汉语汉字对外传播史》，北京：中国大百科全书出版社，2002 年，第 111 页。

④ 孟宪承等《中国古代教育史资料》，北京：人民教育出版社，1961 年，第 233 页。

⑤ 董明《古代汉语汉字对外传播史》，北京：中国大百科全书出版社，2002 年，第 119 页。

实际来看，历来重“文”而轻“语”。通文馆和司译院的设立，则“标志着高丽人对汉语学习规律有了进一步的认识，表明高丽的汉语教学在一定程度上跳出了只重读写的藩篱。它是高丽人总结长期以来汉语学习经验的结果，也是其同中国长期交往的必然产物，对提高教学效率，更多更快地培养高素质汉语人才，发挥了积极作用”[①]。

在这样的背景下，高丽培养出了许多著名的汉语文人才，李齐贤便是其中的一位。元成宗大德二年（1298 年），李齐贤随高丽忠宣王王璋（初名王謜）入侍元朝，前后在元朝生活了 20 多年，期间与姚燧、赵孟頫、吴寿山、汤炳龙等著名文人、书画家交往，其诗文、书画水平受到姚燧等人的称赞，是高丽后期著名的儒学家之一。如他的《巫山一段云·北山烟雨》：

万壑烟光动，千林雨气通。五冠西畔九龙东。水墨古屏风。岩树浓凝翠，溪花乱泛红。断虹残照有无中。一鸟没长空。

李齐贤不仅有诗文传世，归国时还带回了不少赵孟頫的真迹，把赵孟頫的书体传入了高丽。所以在 14 世纪以后，高丽在书法艺术方面开始流行赵孟頫的“松雪体”。

从后人所谓的“三僧四道”来看，宗教人士在元代社会阶层中的地位还是比较高的，宗教因素对汉语言文字传播的影响也不可忽视。元朝以藏传佛教（喇嘛教）为国教，但同时并不废除中国原有的汉地佛教，这也使得佛教界与周边国家的交流没有中断。高丽方面自建国之初，就仿照士人科举，实行僧侣考试制度，称“僧科”，每三年举行一次，考试内容为汉文佛教经典，这就使得高丽出现了大批识汉字、通汉文的僧人。元朝因书写《金刚经》的需要，自元世祖至元二十七年（1290 年）到元成宗大德九年（1305 年），多次向高丽征调写经僧，前后有数以百计的高丽“善书僧”来

① 董明《古代汉语汉字对外传播史》，北京：中国大百科全书出版社，第 117—118 页。

华写经。这不仅说明汉语言文字在宗教界传播的深入，也说明了中国书法艺术在高丽僧侣中的普及。

二、越南的尊儒重教及“喃字”的出现

13 世纪初期，蒙古国在漠北兴起，在灭南宋之前就曾入侵安南。1271 年元朝建立以后，又先后三次征伐安南，使汉语言文字在安南的传播受到了严重影响。所幸的是，从元成宗开始情况有了变化，“成宗即位，命罢征”（《元史 · 安南传》）[①]，开始推行睦邻友好政策，与安南之间的文化交流开始有了一些恢复。尽管受到这样那样的影响，但由于安南本身有着汉语言文字学习的深厚传统，加上陈朝历代统治者的重视，汉语言文字的传播并没有断绝。安南统治者一方面不断推行科举考试，一方面重学兴教，不断促进汉语言人才的培养。元人汪大渊对此有评曰：“（交趾）俗尚礼仪，有中国之风。……凡民间俊秀子弟，八岁入小学，十五入大学。其诵诗读书，谈理性，为文章，皆与中国同，惟言语差异耳。”（《岛夷志略 · 交趾》）[②]

陈朝历代国君不但尊儒重教，而且以好学垂范国人，其本身都有着深厚的汉语文修养。如《大越史记全书 · 陈纪一》中记载了陈朝第二代皇帝圣宗的诗作《游天长故乡》：

> 景清幽物亦清幽，一十仙洲此一洲。
> 百部笙歌禽百舌，千行奴仆橘千头。
> 月无事照人无事，水有秋涵天有秋。
> 四海已清尘已净，今年游胜去年游。[③]

---

① 宋濂等《元史》，上海：上海古籍出版社、上海书店，1986 年。

② 汪大渊《岛夷志略》（影印《文渊阁钦定四库全书》史部十一，地理类十），台北：商务印书馆，1986 年。

③ 吴士连等《大越史记全书》，东京：埴山堂反刻本，明治十七年（1884 年）。

此诗作于安南经历了元军的两度征伐之后，抒发了解甲罢兵、终享太平的感慨。陈朝第三代皇帝仁宗有《山房漫兴》二绝句，其一云：

是非言逐朝花落，名利心随夜雨寒。
花尽雨晴山寂寂，一声啼鸟又春残。
（《南翁梦录·诗意清新》）①

第四代皇帝陈英宗著有御制诗集《水云随笔》，惜未流传。第五代皇帝陈明宗曾赐大臣陈邦锦画像并题诗云：

形容骨格耐冬寒，相貌宁宁亦可看。
风流一段浑描尽，心里难描耿耿丹。
（《大越史记全书·陈纪二》）②

有了这些国君的垂范，安南国汉语文学习的风气累世不绝。

汉语言文字在安南的传播，改变了当地的语言生态，也改变了当地人使用语言的习惯。在很长一段时期内，出于当地有语而无文的现实需要，汉语言文字被借用、代用的情况较多。汉字在越南是传播儒学最重要的工具，所以汉字又被称为“儒字”，就是“圣贤的字”。但是，汉字毕竟是外来语言文字，与越南的语言不一致，这就导致越南人的书面语言与现实生活和日常用语产生了严重脱节的现象。随着越南社会的发展，尤其是陈朝时期政治上的巨大成就，越南人的民族意识大大增强，迫切要求用适合自己民族语言的工具来记录语言，以便流畅地表达自己的思想感情，由此逐渐产生了创制自己民族文字的需求。约在13世纪时，越南产生了一种在汉字基础上创造出来的文字，即“喃字”（或称“字喃”）。喃字是根据汉字的

---

① 黎澄《南翁梦录》（沈节甫《纪录汇编》），商务印书馆据明万历本影印，1938年。
② 吴士连等《大越史记全书》，东京：埴山堂反刻本，明治十七年（1884年）。

近似读音并运用汉字造字法中的形声、会意、假借等方式创造的越南民族语言文字。

与汉字的“形”相比，喃字并不具有原创性，可以说是二次创作或二次加工。喃字是一种复合体的方块字，每个字都由一个或几个汉字组成，其中一部分表音，另一部分表意。如汉字的“天”字，喃字写成“天上”（两字相叠，上下结构），上半部的“天”是表意部分，下半部的“上”是表音部分。还有些喃字是借音字，只借用汉字的音，不用其意，如汉字的“塘”被喃字借用来表示“路”，已经失去汉字原本的意义。

喃字是越南人民对汉字的一种改造和利用，它虽然已经成为越南的民族文字，但与汉字还是有着密切的关系，因为如果不先懂得汉字，就无法认识喃字。与汉字相比，喃字显得笔画繁多、组合繁复、结构复杂，比汉字还难记、难写、难认，但其优点是能够与越南的民族语音相契合。

越南语中有 70% 的词源于汉语[①]，喃字记录的实际上主要是汉源词语以外的越南语词语，在语法结构上则完全依照越南语口语。历史上留存了不少使用喃字的文献。据记载，安南国陈朝仁宗年间（相当于中国元朝初年），已经有人“能国语赋诗。我国赋诗，多用国语，实自此始”（《大越史记全书·陈纪一》）[②]。但是，由于喃字借用的汉字未被简化，书写复杂，导致难以普及，所以彼时汉语言文字仍然是安南国的官方语言文字。安南国内的诏书是用汉语汉字写成的，宣读时用汉语发音，辅之以京语的解释，以使识汉字有限的人理解。“凡宣德音，则翰林预送诏稿于行遣，使先肄习。至宣读时，兼讲音义，令凡庶易晓者。”（《大越史记全书·陈纪一》）[③]

由于喃字的出现，自 13 世纪以后，越南出现了大量以喃字进行创作的作家以及文学作品，产生了独具特色的喃文文学。喃文文学虽然可以说是越

---

① 文庄《中越关系两千年》，北京：社会科学文献出版社，2013 年，第 58 页。

② 吴士连等《大越史记全书》，东京：埴山堂反刻本，明治十七年（1884 年）。

③ 吴士连等《大越史记全书》，东京：埴山堂反刻本，明治十七年（1884 年）。

南的民族文学，但其发展却仍然与中国传统文学有着密切的关系，主要表现在：第一，越南喃文诗的创作形式学习、借鉴了中国诗歌的格律形式；第二，越南叙事文体“诗传（喃传）”有不少袭用了中国传统文学的题材和内容，脱胎于中国的各类著作和民间传说，通常是在中国文学题材和故事内容的基础上进行具有越南本土特色的改造。

三、元朝与日本之间的“僧人外交”

元世祖忽必烈称帝之初，就多次遣使日本，诏谕日本“来朝”，但遭到了日本的拒绝。元朝于至元十一年（1274 年）和至元十八年（1281 年）两次出征日本，但都没有成功。据《明史》记载：“（日本）宋以前皆通中国，朝贡不绝，事具前史。惟元世祖数遣使赵良弼招之不至，乃命忻都、范文虎等，帅舟师十万征之，至五龙山遭暴风，军尽没。后屡招不至，终元世未相通也。”（《明史·日本传》）[①]从这段记载可以得知，元代中日一直没有建立正式的政府间关系。日本屡次拒绝元朝的通好要求，表现出了某种种族主义思维逻辑。日本怀良亲王曾对明太祖派遣的使臣说：“吾国虽处扶桑东，未尝不慕中国。惟蒙古与我等夷，乃欲臣妾我，我先王不服……”（《明史·日本传》）[②]由此可见，日本人认为蒙古人是蛮夷，从而不愿向元朝称臣纳贡。这与中国南北朝时日本只与南朝通好而不与北朝交往是同样的原因。

尽管如此，双方的民间贸易仍然在不断进行，而且更重要的一点是，僧人在文化交流中起到了重要作用，所以汉语言文字在日本的传播依然不绝如缕。

元世祖企图使日本臣服的初衷虽未大改，但经过群臣和僧侣的劝谏，他吸取了失败的教训，在对日政策上有所转变。至元年间，普陀禅师长老如智等陈奏：“若复兴师致讨，多害生灵。彼中亦有佛教、文学之化，岂不知大

① 张廷玉等《明史》，上海：上海古籍出版社、上海书店，1986 年。
② 张廷玉等《明史》，上海：上海古籍出版社、上海书店，1986 年。

小强弱之理？如令臣等赍圣旨宣谕，则必多救生灵也。”[①] 其意思不言自明：虽然两国国交难兴，但宗教是相通的。由此开启了元朝“僧人外交”的序幕。至元二十年（1283 年）、二十一年（1284 年），元朝两次遣僧侣同官员出使日本不至之后，大德三年（1299 年），元成宗再遣普陀山僧人一山独自出使日本，终于顺利到达。一山是有道高僧，博学多识，还精于书画，在日本颇受尊崇。他虽不通日语，但善于利用笔谈弘扬佛法，解答疑问，授徒众多。一山在日本生活了 20 年，对僧俗两界都影响广泛。一山在日本圆寂后，日本后宇多天皇亲题其画，赞曰：“宋地万人杰，本朝一国师。”日本佛教界在一山的影响下又出现了一波留学中国的热潮，有力地推动了汉语言文字在日本的持续传播。

元代来华的日本僧人很多，规模和水平堪比盛唐。根据《日中文化交流史·入元僧一览表》中的统计，仅留名者即达 220 人。[②] 这些日僧在华往往数年，有的甚至超过 20 年，浸润日久，学养深厚。

佛教交流活动使得宋元俗语体文学也传入了日本。因为日僧修习禅宗，而禅宗是完全中国化的佛教，全用汉文表达其思想，所以修禅的日僧必须先修汉文学。禅宗语体也受到宋元俗语体文学的影响，解释教义更多地采用口语体。在五山学派的影响下，由禅宗而至儒学，由禅语而至诗文，日本的口语体文学逐渐发展起来。这也是日本文学史上的一个重要阶段。日本物语文学的兴起，即受到了中国宋元白话小说的影响。

所谓“五山文学”，是指以日本京都天龙寺等五大寺院为首的学术集团和文学流派，“五山”即五大寺院。五山学派以五山为中心进行汉诗文创作活动，是日本文学史上的一个重要派别。他们得到幕府支持，汇集了一大批优秀学者，佛学和文学并重。推动形成这一文学派别的领军者正是一山。如日本著名的五山文学家雪村友梅即是一山的弟子。他于大德十一年（1307

---

① 周凤《善邻国宝记》（卷上）（罗振玉辑《殷礼在斯堂丛书》），东方学会印，1928 年。

② 木宫泰彦《日中文化交流史》，胡锡年译，北京：商务印书馆，1980 年。

年）来华，在中国度过了22个春秋，著有诗集《岷峨集》，书法也达到了很高的水平，曾受到元朝大书法家赵孟頫的赞赏。以雪村友梅为代表的来华日僧从中国带走了大量的汉语典籍，除佛教经典外，又使得一大批儒、道、诸子百家之书及历史书等流入日本，在日本刊印传播。

黄遵宪在评价宋元僧人对语言文化传播的贡献时指出，日本自幕府执政以后，"王纲解纽，学校渐废，……源平迭起，互争雄霸，一切以武断为治，无暇文字。……尔时惟湽流略习文字，国家有典章辞令，皆命僧徒充其役。斯文一线之传，仅赖浮屠氏，得不坠地者三百余年"（《日本国志·学术志一》）①。清代陈家麟在谈及古代日本汉学延绵不绝的原因时也肯定了僧人的贡献："通国肆力汉学，始于魏而盛于唐，衰于宋元，……当宋元之世，数百年中海内纷扰，割据称雄，士大夫无暇学问，其未至泯灭者，赖一二儒僧探讨相传，以维持之。"（《东槎见闻录·杂载》）②

元代除了僧侣的贡献以外，还有少数原南宋流亡人士在日本从事着汉语言文字的传播工作。比如《广东新语》中所记载的李竹隐："东莞李竹隐先生，当宋末，使其婿熊飞起兵勤王，而身浮海至日本，以诗书教授，日本人多被其化，称曰夫子。比死，以鼓吹一部送丧返里。至今莞人送丧，皆用日本鼓吹，号'过洋乐'，乐人皆倭衣倭帽以像之。"③

四、元朝时期西方人对汉语言文字的初步认识

成吉思汗及其子孙建立的蒙古帝国包括中国本土的元朝以及窝阔台汗国、察合台汗国、钦察汗国和伊利汗国四大汗国，征服的版图涵盖今天世界上三十多个国家，横跨亚欧，将游牧、农耕和海洋三个相异世界有机整合成

---

① 黄遵宪《日本国志》，浙江：浙江书局重印本，清光绪二十四年（1898年）。

② 陈家麟《东槎见闻录》（王锡祺辑《小方壶斋舆地丛钞》），江苏：南清河王氏铸板，清光绪二十年（1894年）。

③ 屈大均《广东新语》，北京：中华书局，1985年。

一体[①]，还联结起了中华文明、波斯文明、印度文明和罗马文明四大文明体系。在元朝和四大汗国统治的广大区域内，各种疆界壁垒被打通，有了初步的洲际交通，元人形容说“适千里者如在户庭，之万里者如处邻家”（《麟原文集》卷六《义冢记》）[②]。高丽、安南、占城、爪哇等国都向元朝称臣纳贡，保持政治、经济上的密切关系。元朝在文化上实行多元并存、兼收并蓄的政策，佛教、道教、伊斯兰教和基督教同时盛行，改变了独尊儒学的文化格局；在外交上也开启了海陆全方位联通的新局面，中国和西方的交通也进入了前所未有的畅通阶段。因此西方有学者认为：“正是在蒙古时代，中国才第一次真正为欧洲所了解。”[③]

在16世纪大航海时代来临之前，西方文献中关于中国的记载极少。元代时，虽然丝绸之路已经通行多年，但是通过这一途径的中西方直接交流非常有限。“（汉代以前）最初东来之商人，阻于黄河，未能深入中国本土；中国溯黄河而西去之商人，阻于沙漠，亦不克出国门，故双方之接触仅限于甘肃兰州附近一带。”[④]人员难以到达导致缺乏实质性的交流，所以丝绸之路未能较大改变彼此的经济文化格局。同时，间接的交流和器物的传播难以满足东西方国家对彼此的想象。

统一蒙古后，成吉思汗发动了一系列战争，蒙古铁骑一直打到了欧洲，“他们从亚洲的一端到另一端开辟了一条宽阔的道路，在他们的军队过去以后，他们把这条大道开放给商人和传教士，使对方和西方在经济上和精神上

---

① 杉山正明《忽必烈的挑战：蒙古帝国与世界历史的大转向》，周俊宇译，北京：社会科学文献出版社，2013年，第138页。

② 王礼《麟原文集》（影印本《四库全书珍本初集》），上海：商务印书馆，1935年。

③ H. 裕尔撰、H. 考迪埃修订《东域纪程录丛》，张绪山译，昆明：云南人民出版社，2002年，第119页。

④ 方豪《中西交通史》，郑阿财编，杭州：浙江大学出版社，2016年，第45—46页。

进行交流成为可能”[①]。东西方陆上交通的开辟使得一些零零散散的外国使者、商人、教徒和旅行者有机会到达中国，在他们的书信或报告中留下了关于汉语汉字的最早记录。这也是西方对汉语言文字最早、最朦胧的认识，可以说是汉语言文字西传的序幕。这一时期来华传教士的主要路线是横跨欧亚的陆路而非海路，这是与明末清初来华传教士的一个不同之处。

13世纪中叶，蒙古的入侵引起了欧洲国家的严重不安和忧虑。罗马教廷作为欧洲天主教的领袖，开始积极谋求与蒙古建立某种交流渠道，力图阻止蒙古骑兵对欧洲的入侵，保卫欧洲文明的完整。而派遣传教士来华，也有为在蒙古人中传教做铺垫的意图。于是从公元1243年开始，教皇英诺森四世派遣多个使团访问蒙古，希望能够达到与蒙古君主直接沟通的目的。公元13—14世纪正是欧洲方济各会最活跃的时期，于是方济各会修士首先担负起了出使蒙古的使命。

在西方文献中第一次出现关于中国文字的描述，是在方济各会修士柏朗嘉宾（Jean de Plan Carpin，约1182—1252年）的《蒙古行纪》中。1247年，柏朗嘉宾作为罗马教皇的使节，奉命出使东亚，见到了当时蒙古最高统治者贵由汗。1247年返回罗马后，他写了一份出使报告，被称为《蒙古行纪》。报告是用拉丁文撰写的，其中描述被成吉思汗击败的所谓“契丹人”时有这样几句话：

> 他们拥有自己特殊的字母……他们所操的语言也甚为独特。……他们的国土盛产小麦、果酒、黄金、丝绸和人类的本性所需要的一切。[②]

“契丹”是中世纪时西方人对中国的称谓，实际指中国北部地区，至今俄文

① 道森（C. Dawson）编、吕浦译、周良霄注《出使蒙古记》，北京：中国社会科学出版社，1983年，第29—30页。

② 耿昇、何高济译《柏朗嘉宾蒙古行纪、鲁布鲁克东行纪》，北京：中华书局，1985年，第49页。

中的"Kitai"仍指中国。柏朗嘉宾对汉语言文字的简短描述体现了西方人对中国语言文字的最初印象。这是目前在西文文献中我们能够找到的最早的有关中国汉字的描述。法国著名汉学家韩百诗（Louis Hambis，1906—1978）认为，柏朗嘉宾"是第一位介绍中国语言和文献的人"①。

1253年，另一位方济各会修士鲁布鲁克（William of Rubruk，约1220—1293）受法国国王路易九世派遣，也到达了蒙古。他的报告《鲁布鲁克东行纪》中提到了中国的文字，其认识显得比柏朗嘉宾更为形象、深刻。他写道：

> 他们（即契丹人）使用毛刷写字，像画师用毛刷绘画，他们把几个字母写成一个字形，构成一个完整的词。②

"毛刷"令人联想到的是汉人用的毛笔。

由于蒙古实行文化多元、宗教多元政策，罗马教廷经过努力，最终与元朝建立了官方关系，元朝允许天主教派人来华传教，自此揭开了西方人入华的序幕。

1271年元朝建立以后，由于交通的便利，东西交往日益频繁，又出现了一些西方人关于汉语言的珍贵记录，而其中影响最大的当属《马可·波罗行纪》。马可·波罗跟随父亲陪同教皇派遣的宣教士来华，1275年达到元大都，在中国生活了17年（有人认为是15年），颇得忽必烈信任。返回意大利后，马可·波罗在一次战争中被俘，在狱中口述了有关中国的故事，被狱友记录下来，写成了著名的《马可·波罗行纪》。书中记录了中国元代的社会生活、政治、物产、城市等情况，内容十分丰富，对后来新航路的开辟产生了影

① 耿昇、何高济译《柏朗嘉宾蒙古行纪、鲁布鲁克东行纪》，北京：中华书局，1985年，第129页。

② 耿昇、何高济译《柏朗嘉宾蒙古行纪、鲁布鲁克东行纪》，北京：中华书局，1985年，第280页。

响。然而，其中关于中国语言文字的描述却非常少，仅有以下一段：

> 该城市的居民使用一种语言。但是，你应该知道在蛮子（作者注：指原南宋统治地区）全境通用一种语言和一种书写文字，尽管各地的方言是不同的……蛮子全境的居民操着不同方言，但是能够彼此交流。①

显然，马可·波罗已经注意到，中国境内存在多种方言，但通用一种文字，不同地区的人可以利用通行的文字互相交流。西方学者认为，从其记述来看，马可·波罗虽然在中国多年，但是很可能并不懂汉语汉字，其《马可·波罗行纪》完全是基于商人视角对中国的观察。虽然马可·波罗使欧洲人了解了繁华、富庶的中国，但是“他在中国逗留长达15年之久，竟然创下了奇迹：从未提及孔子、老子、庄子、墨子、孟子的名字，甚至也未曾提起朱熹的名字，我们不得不承认，他对汉语一窍不通，他对哲学思想又是何等的无动于衷”②。从这一点上来说，马可·波罗对于中国哲学和语言文化的传播实际上贡献不大。究其原因，由于元朝实行严格的人口等级制度，真正的汉人称为“南人”，地位最为低下，而马可·波罗长期生活在元朝宫廷和上流社会，很少接触当时属于下层居民的汉族人，所以他难以对汉语言文字做出更多的了解和描述。可见，即使元代有马可·波罗这样在中国长期生活、对中国社会有广泛了解的欧洲人，传达到西方的有关中国的信息仍然十分有限，总的来说，只是一些粗浅、朦胧的认识。这对于汉语言文字传播不能不说是一种遗憾。

另外值得一提的是来自阿拉伯世界的学者拉施德丁（Rashid-al-Din Hamadani，1247—1318）。蒙古军队西征胜利后，旭烈兀曾在西亚地区建立

---

① 马可·波罗《马可·波罗行纪》，冯承钧译，上海：上海书店出版社，2000年，第375—377页。

② 艾田蒲《中国之欧洲：从罗马帝国到莱布尼茨》（上卷），许钧、钱林森译，桂林：广西师范大学出版社，2008年，第85页。

过伊利汗国，并与元朝长期保持往来，使得阿拉伯世界与中国在很多领域产生了交流。拉施德丁在其所著《伊利汗中国科技珍宝书》一书中介绍了中国历代的医学成就，其导言涉及中国的文字、书法和绘画等内容。他认为，中国文字是象形文字，其优越性在表意而不是表音。中国虽有许多方言，但写出来的字是一样的，无须翻译，虽然难学，但不会引起误解。[①]显然，作为学者的施拉德丁对汉语言文字的认识比前人深刻得多，他准确指出了汉字是表意文字的性质，并且发现了汉字的某种"公式"性，也就是即使说不同方言的人也都能看懂。

综上所述，在蒙古人统治中国时期，得益于蒙古王廷的宗教宽容政策，西方人对中国的语言文字有了一定的接触，也展开了一些介绍，但大部分是散见于各种书籍中的、比较肤浅的感性认识，也没有相关的汉语言文字学习记录。元末农民起义爆发后，西方世界与中国交往的宗教一途也随之中断。1368 年明朝建立后，奉行"守边自固"的方针，与西方国家的交往依然难以恢复；同时，奥斯曼帝国在小亚细亚兴起，阻隔了中西之间的陆路交通，使中国与西方国家的交往陷入停滞。这种状况一直持续到 15 世纪末新航路的开辟。

第三节　明代的汉语言文字海外传播

一、朝鲜的汉语文人才培养

1368 年明朝的建立结束了非汉族政权对中国的统治，开始重建以华夏国家为中心的华夷国际体系，历经太祖、成祖两代，汉文明在东亚世界的宗主地位得到恢复，也建立起了新的国际秩序。今北京故宫博物院藏有一方明

① 祈剑飞《世界的中国观》，上海：学林出版社，1996 年，第 78 页。

代“万国来朝”石印，体现了明代重建朝贡体系的信念。

明朝重视与高丽国的修好。洪武元年（1368年），明太祖遣使谕告高丽国王明朝建立。次年，高丽国王王颛遣使上表庆贺明朝开国，并请封号。洪武三年（1370年），明太祖封王颛为高丽国王，正式确立了封建宗藩关系。高丽“自是贡献数至，元旦及圣节皆遣使朝贺，岁以为常”（《明史·外国传》）①。

明朝一反元代国风，从立国之初就重视文教事业。《明史》记载当时设立教育机构的情况说：“盖无地而不设之学，无人而不纳之教，庠声序音，重规叠矩，无间于下邑荒徼，山陬海涯。此明代学校之盛，唐宋以来所不及也。”（《明史·选举志一》）②这一特点必然会使汉语言文字海外传播得到充分的滋养。当时高丽王朝已经进入统治末期，但依然重视汉语文学习，继续实行科举取士的制度。明朝对此显然也大为支持。洪武三年（1370年）六月，明太祖“颁科举诏于高丽”（《明史·外国传》）③，诏其国“如有行修明经之士，各就本国乡试，贡赴京师会试，不拘额数选取”（《殊域周咨录·朝鲜》）④，鼓励高丽士子赴京参加会试。高丽还向明朝派遣留学生，不少高丽留学生在明朝经过科举入仕。

洪武二十五年（1392年），高丽大将李成桂推翻高丽王朝，自立为王，并于1392年冬遣使来明，表请更改国号。明太祖“命仍古号曰朝鲜”，从此朝鲜李朝与明朝正式建立了国交。在两国交往中，朝鲜遣使频繁，而“明朝对朝鲜所进表文要求非常严格，礼式自不必说，甚至遣词造句也丝毫不迁就”⑤。《明史·外国传》中记载了两件事：洪武二十八年（1395年），明太祖以“表文语慢”诘责朝鲜来使，并命朝鲜将撰写表文的郑总等三人

---

① 张廷玉等《明史》，上海：上海古籍出版社、上海书店，1986年。
② 张廷玉等《明史》，上海：上海古籍出版社、上海书店，1986年。
③ 张廷玉等《明史》，上海：上海古籍出版社、上海书店，1986年。
④ 严从简《殊域周咨录》，余思黎点校，北京：中华书局，1980年。
⑤ 董明《古代汉语汉字对外传播史》，北京：中国大百科全书出版社，2002年，第136页。

遣送京师，惩其“乱邦构衅，留不遣”。洪武三十年（1397年）冬，明太祖复以“表涉讥讪，拘其使建文”。可见明朝对朝鲜人口语沟通能力的要求很高，似乎完全不考虑其异族、异国人的身份。洪武三十年（1397年）三月辛酉，朝鲜使节从明朝带回的圣旨中有这样不客气的话：“你那里使臣再来时，汉话儿省的着他来，一发不省的不要来。”[①]意思是，会说汉语的派他来，不会说的不要派来，颇有居高临下的味道。这里不但有对书面语的要求，而且更加重视口语沟通能力。

在这样的邦交环境之下，朝鲜从建国之初就重视培养汉语文人才，并设立了司译院。从名称上看，司译院除了汉语文教育，还担负着培养翻译人才和为国家提供翻译服务的职能。在院内学习通过考试者，可赐“通事”出身。[②]

朝鲜政府向明朝派遣留学生的态度十分积极。但是，随着明朝日益走向保守，派遣留学生多次受到明朝皇帝的拒绝而未能成行。如天顺四年（1460年），朝鲜国王奏请派人到中国学习，遭到了明英宗的拒绝。明英宗为此所下的“敕谕”中说：“盖由当时（作者注：指宋、元时期）彼处文学未盛，又中国好大之君，取为美观而已。我祖宗以来，不行此制。……（朝鲜）虽未能尽通汉音，而通事传译，未尝不谕，又何必弟子来学，然后为无误哉？”（《明实录·天顺实录》）[③]面对明朝政府的态度，朝鲜方面也不免产生了一些猜疑。朝鲜中宗十年（1515年）十一月，中宗就遣子弟入学一事征求大臣们的意见时，就有人提出看法：这对朝鲜虽然是好事，“但遣子弟入学，自前朝以来，旷世不行。在世宗朝，据历代旧规，曾为奏请，而中朝终不准许，盖不喜外人久留京师，窥觇中国事而然耳。况今中原多故，朝政渐乱，

---

① 吴晗辑《朝鲜李朝实录中的中国史料》，北京：中华书局，1980年，140页。

② 吴晗辑《朝鲜李朝实录中的中国史料》，北京：中华书局，1980年，129页。

③ 姚广孝等《明实录》，梁氏影印南京国学图书馆藏抄本，1940年。

如国子监育养学生，必多疏阙不如旧，岂欲使外国人知之?”[①] 中宗二十五年（1530 年）六月，中宗再提及此事，朝臣议曰:“藩国遣子弟入学，虽向学之美意，乃中国盛时之事也。前朝末，大明太祖时，常奏请入学，多方以防之。且闻中原之事，我国使臣之归，使不得出入，书册亦禁买卖。此虽美请，必不听从。”[②] 可见，由于明朝的保守，对汉语言文字传播持消极态度，对藩国留学生有防范之心，汉语言文字的传播已经受到了一些阻碍。朝鲜方面也认为，中国已过鼎盛时期，今非昔比了。

尽管向明朝派遣留学生未果，但朝鲜还是利用学校教育和考试制度，积极促进本国汉语言人才的培养和选拔。朝鲜设有全国最高教育机构——成均馆，教授儒学、辞赋及各种科举科目，培养高级汉语文人才，常养生员达 500 人之多。

二、朝鲜“训民正音”的出现及其与汉字的渊源

这一时期朝鲜人的语言生活中还发生了一件大事，就是“训民正音”的创制。文字的发展会经历“成长时期”“传播时期”和“再生时期”。[③] 所谓再生时期，就是新兴地区创造本民族文字，或一种文字代替另一种文字。再生不仅可以看作本民族发展的内部需要，也可以看作外来语言文字长期传播的结果。日本创造假名、朝鲜创造谚文都受到汉语言文字长期传播的影响，都属于这样的情况。

唐以后，不少民族先后成功创制自己的民族文字（如日本），而且这些文字大部分都是表音文字，这也给了朝鲜民族很大启发，使得表音文字逐渐成为其最终选择。这些都为 15 世纪世宗大王创制“训民正音”埋下了伏笔。

---

① 吴晗辑《朝鲜李朝实录中的中国史料》，北京：中华书局，1980 年，第 875—876 页。
② 吴晗辑《朝鲜李朝实录中的中国史料》，北京：中华书局，1980 年，第 1189—1190 页。
③ 周有光《世界文字发展史》，上海：上海教育出版社，1997 年，第 18—19 页。

在很长的历史时期内，朝鲜的语言和文字是分离的，汉字的传播和使用主要在社会上层，大量民众实际上并不掌握，这种情况对文化知识的传播有一定的阻碍。《朝鲜历代史略》世宗大王二十八年（1446年）载："上以外国皆有国音之文，以记其国之语，而我国独无之，遂仿篆籀，制二十八字母，演作诸字。"[①] 根据这段话，世宗大王意识到了文字对于国家文化建设的重要作用，创制了二十八字母。实际上，训民正音的创制是朝鲜君臣、学者集体智慧的结晶，同时还受惠于中国学者的帮助和汉语汉字的持久传播。有学者指出："世宗时，学者郑麟趾、申叔舟、成三问、崔恒、朴彭年等人，深入研究朝鲜语音，并总结朝鲜人民长期使用汉字和吏读文字中所积累的经验，借鉴中国的音韵学，着重研究明初的《洪武正韵》，积极吸取当时中国音韵学取得之成就，还先后13次去明辽东，向谪居在那里的翰林学士黄钻请教，与黄研究中国音韵学，经过多年的研究与探索，终于在1443年12月创制训民正音。"[②] 除了受到中国音韵学的影响，从字形来看，其方块形制也与汉字关系密切。朝鲜《世宗庄宪大王实录》中说："上亲制谚文二十八字。其字仿古篆，分为初、中、终声，合之然后乃成字，凡于文字及本国俚语，皆可得而书，字虽简要，转变无穷。"[③]"谚文"即训民正音，是通俗文字的意思。上面这段话明确指出，谚文受到了中国古代篆书的影响。周有光也指出："谚文叠成方块，跟汉字匹配，这是明显的汉字的影响。"[④]

象形是汉字的基本特点，这一特点被融汇到了谚文之中。"象形而字仿古篆"是谚文创制中的一个重要原理。有韩国学者说："正音二十八字，各象其形而制之。初声凡十七字，牙音ㄱ，象舌根闭喉之形。舌音ㄴ，象舌附上颚之形。唇音ㅁ，象口形。齿音ㅅ，象齿形。喉音ㅇ，象喉形。"[⑤] 谚

① 朝鲜学部编辑局《朝鲜历代史略》，首尔：朝鲜学部编辑局新刊本，1896年。
② 杨昭全、韩俊光《中朝关系简史》，沈阳：辽宁民族出版社，1982年，第250页。
③ 吴晗辑《朝鲜李朝实录中的中国史料》，北京：中华书局，1980年，第446—447页。
④ 周有光《世界文字发展史》，上海：上海教育出版社，1997年，第130页。
⑤ 李正浩《训民正音的结构原理及易学研究》，首尔：亚细亚文化社，1990年，附录。

文多四四方方，形制类似于汉字。对此，法国汉学家汪德迈评价说："元音字母（作者注：指谚文）取法于天、地、人象形图示，在一种充满宇宙论精神下分别将元音分为'明'（开口）元音、'暗'（闭口）元音和介于二者之间的元音。辅音则根据舌、唇、声门的对应位置的图解来划分。这是一种不同于日语的注音字母体系。但是，在记录词语时，字母以'音节字'（syllabigramme）的形式一个一个音节组合起来，音节文字不是胶着于同一线上而是在一个方块内，以组成一个像汉字一样的组合书写单位。这种书写方式使按发音记录下来的朝鲜语从形式上可任意与汉字穿插使用。没有任何事情能够比此更好说明中国文言对朝鲜的影响，朝鲜是企图在汉语的基础上建立自己的书写系统。"①

除了字形以外，从谚文的结构原理也可以看出其深受汉字中蕴含的儒家思想的影响。具体地说，就是训民正音的结构原理与儒家经典《周易》具有深刻的关系。②《训民正音·制字解》说："天地之道，一阴阳五行而已。坤复之间为太极，而动静之后为阴阳。凡有生类在天地之间者，舍阴阳而何之，故人之声音，皆有阴阳之理，顾人不察耳。今正音之作，初非智营而力索，但因其声音而极其理而已。理既不二，则何得不与天地鬼神同其用也。"③这段话说明谚文字理的依据就是《周易》中的太极、阴阳、五行等学说。

三、《老乞大》和《朴通事》

朝鲜时期，科举考试还特别设有"译科"，"译科的汉语考试不但要临文中国的四书五经，尚需背讲在当时朝鲜流行的汉语会话课本《老乞大》和《朴通事》"④。《老乞大》和《朴通事》是朝鲜时代司译院进行汉语教育的

① 汪德迈《新汉文化圈》，陈彦译，南昌：江西人民出版社，2007年，第107—108页。
② 李甦平《以韩国三国时代儒学诠释东亚文化圈》，载高明士编《东亚文化圈的形成与发展：儒家思想篇》，上海：华东师范大学出版社，2008年，第93页。
③ 韩国国立国语院编《训民正音》，韩梅译，北京：世界图书出版公司，2008年。
④ 董明《古代汉语汉字对外传播史》，北京：中国大百科全书出版社，2002年，第158页。

基本教材，后经历代使用，成为朝鲜半岛普遍流行的汉语教材。两书都编纂于高丽末期朝鲜初期，约相当于中国的元末明初，编者不详。根据内容可以大致判断，两书是1346年左右从高丽开京前往元大都旅行的高丽人的著述。[①]

《老乞大》和《朴通事》的出现和流行在汉语传播史上具有重大意义，它们是较早出现的专门为外国（族）人编写的汉语口语教材。“乞大”是“契丹（Kitai）”的转音，古代在北方民族中长期指“中国”（至今俄语中“中国”一词的发音仍然是“Kitai”，经由陆路到达中国的早期西方人也把中国称为“契丹”）。“‘老’指常年居住该地方通晓人情世故的人。”[②]而“通事”则是指从事翻译工作的人员。两本书的确切成书时间和作者均难以稽考。据《李朝实录》记载，这两本书在朝鲜李朝时设置的司译院中就已经使用了：“至国初置司译院，学徒所读不过《老乞大》《朴通事》《前后汉》等书而已。且其书所载，率皆俚近俗语，学者患之。”[《李朝实录·世宗庄宪大王二十三年（1441年）八月乙亥条》][③]其时正是明朝初期，而有学者对书中“率皆俚近俗语”颇有抱怨，说明已经使用了较长时间。同时，这两本教材的使用也反映了当时朝鲜对翻译和汉语口语能力的重视。

1515年前后，李朝学者崔世珍把《老乞大》《朴通事》两书翻译成朝鲜语，并用训民正音给汉字注音，编成《老朴集览》；后又经其他学者考校订正，编成《老乞大谚解》和《朴通事谚解》，于李朝显宗十一年（1670年）和肃宗三年（1677年）先后刊出。所谓“谚解”，就是用朝鲜语口语注解。这是我们今天参考较多的版本。

从内容上看，《老乞大》的内容以路途往返、交易买卖为主，《朴通事》

---

① 郑光、曹瑞炯《〈老乞大〉与〈朴通事〉》，载张西平主编《国际汉语教育史研究》（第2辑），北京：商务印书馆，2020年。

② 太田辰夫《汉语史通考》，江蓝生、白维国译，重庆：重庆出版社，1991年，第166页。

③ 吴晗辑《朝鲜李朝实录中的中国史料》，北京：中华书局，1980年，第422—423页。

则涉及名物制度、风俗习惯、饮食起居、休闲娱乐等诸多方面。兹分别节录两者开头部分：

大哥你从哪里来？我从朝鲜王京来。如今哪里去？我往北京去。你几时离了王京？我这月初一日离了王京。既是这月初一日离了王京，到今半个月，怎么才到的这里？我有一个伙伴落后了来，我沿路上慢慢的行着等他来，因此上来得迟了。那伙伴如今赶上来了不曾？这个伙伴便是，夜来才到。你这月尽头到的北京么？到不得。知他，那话怎敢说？天可怜见，身已安乐时，也到。（《老乞大》）①

当今圣主，洪福齐天，风调雨顺，国泰民安。又逢着这春二三月好时节，休蹉过了好时光。人生一世，草生一秋。咱们几个好弟兄，去那有名的花园里，做一个赏花筵席，咱们消愁解闷如何？

众兄弟们商量了。咱们三十个人，各出一百个铜钱，共通三千个铜钱，勾使用了。着张三买羊去。买二十个好肥羊，休买母的，都要羯的。又买一只好肥牛，买五十斤猪肉。着李四买果子、拖炉、随食去。（《朴通事》）②

这两部教材的语料很有特色，也很具时代感。有些句子读来似曾相识，颇类元末明初成书的《水浒传》《三国演义》中言不甚深、语不甚俗、文白相间的语言风格。词语和句式由简单到复杂，课文由短到长，所选话题广泛涉及日常生活而且十分具有趣味性。这两部教材在当时能够以会话体形式的课文出现，可以说是一大创举。更有意义的是，书中对话反映了当时高丽人学习汉语的情况，比如《老乞大》中的一段话：

---

① 王必成《老乞大谚解·朴通事谚解》，台北：联经出版事业公司，1978 年。

② 王必成《老乞大谚解·朴通事谚解》，台北：联经出版事业公司，1978 年。

你是高丽人，却怎么汉儿言语说的好？我汉儿人上学文书，因此上，些少汉儿言语省的。你谁根底学文书来？我在汉儿学堂里，学文书来。你学甚么文书来？读《论语》、《孟子》、小学。你每日做甚么工课？每日清早晨起来，到学里，师傅上受了文书。放学，到家里吃饭罢，却到学里写仿书。写仿书罢对句，对句罢吟诗，吟诗罢师傅前讲书。讲甚么文书？讲小学、《论语》、《孟子》。

说书罢又做甚么工课？到晚，师傅前撤签背念书。背过的，师傅与免帖一个；若背不过时，教当直的学生背起，打三下。怎的是撤签背念书？怎的是免帖？每一个竹签上，写着一个学生的姓名。众学生的姓名，都这般写着，一个签筒儿里盛着。教当直的学生，将签筒来摇动，内中撤一个，撤着谁的，便着那人背书。背念过的，师傅与免帖一个。那免帖上写着“免打三下”，师傅上头书着花押。若再撤签试不过，将出免帖来毁了，便将功折过免了打。若无免帖，定然吃打三下。

你是高丽人，学他汉儿文书怎么？你说的也是，各自人都有主见。你有甚么主见？你说我听着。如今朝廷一统天下，世间用着的是汉儿言语。我这高丽言语，只是高丽地面里行的。过的义州汉儿地面来，都是汉儿言语。有人问着，一句话也说不得时，别人将咱们做甚么人看？你这般学汉儿文书时，是你自心里学来，你的爷娘教你学来？是我爷娘教我学来。你学了多少时节？我学了半年有余。省的那省不的？每日和汉儿学生们一处学文书来，因此上，些少理会的。

你的师傅是甚么人？是汉儿人。有多少年纪？三十五岁了。耐繁教那不耐繁教？我师傅性儿温克，好生耐繁教。你那众学生内中，多少汉儿人？多少高丽人？汉儿、高丽中半。里头也有顽的么？可知有顽的。每日学长将那顽学生师傅上禀了，那般打了时，只是不怕。汉儿小厮们十分顽，高丽小厮们较好些。（《老乞大》）①

---

① 王必成《老乞大谚解·朴通事谚解》，台北：联经出版事业公司，1978年。

《老乞大》和《朴通事》的成书、传抄、刊行、使用、修订、翻译、注释等过程经历了元、明、清三个朝代，使用时间长，流传范围广，因而在历史上具有巨大影响。以今天的眼光来衡量，这两部书在很多方面具备了对外汉语教材的特征，主要有：第一，采用会话体形式，有计划地安排教学内容并组织语言；第二，正确处理外语与母语的关系，恰当地使用学生的母语作为媒介；第三，正确处理书面语与口语的关系，突出教材的实用性和实践性；第四，正确处理语言知识与交际技能的关系，注意体现语言教学的交际性原则；第五，正确处理语言与文化的关系，注意语言的文化背景和两种文化的对比；第六，课文内容丰富多彩，话题具有广泛性、趣味性和连续性。[①]从难易程度上看，两书具有一定的阶段性关系，《老乞大》相当于初级汉语教材，而《朴通事》则可以视作中级汉语教材。[②]

从对外汉语教材的发展史来看，《老乞大》和《朴通事》具有重要的地位。在两书出现以前相当长的历史时期内并没有专门的对外汉语教材，外国人学习汉语言文字也使用中国传统的第一语言教材，包括蒙学读物和儒家经典，学习方式也没有区别，从《老乞大》中的记录可以明显发现这一点。虽然这样的学习也有力地支撑了汉语传播的持续，但由于学习内容都是文言文，因此与日常生活脱节的问题比较突出。而《老乞大》和《朴通事》的编写则从第二语言学习者出发，以课文教学为中心，重视口语教学，体现了明显的交际意识，具有一定的开创性意义。

四、明朝与安南的关系及安南的汉语传播成就

明朝建立初期，安南即遣使朝贡，延续了宋元以来形成的封建宗藩关

① 程相文《〈老乞大〉和〈朴通事〉在汉语第二语言教学发展史上的地位》，《汉语学习》2001年第2期。

② 郑光、曹瑞炯《〈老乞大〉与〈朴通事〉》，载张西平主编《国际汉语教育史研究》（第2辑），北京：商务印书馆，2020年。

系，两国政治关系密切，贸易往来频繁。安南陈朝重视教育，重用汉语言人才，不断完善科举考试制度。明建文二年（1400年），陈朝王室外戚黎季犛篡位称帝，国号大虞，改姓胡。季犛曾长期担任陈朝重臣，具有相当高的汉学修养，著有《明道》十四篇，品评孔子，质疑先贤，提出了很多大胆而新鲜的见解。其观点虽难以令后人认同，但也说明其对儒学和中国文化的了解相当深入。《大越史记全书·陈纪》中还记载季犛“编《无逸篇》，译为国语，以教官家，有令则称辅政，该教皇帝”，“作国语诗义并序，令女师教后妃和宫人学习。序中多出己意，不从朱子集传”[①]。他还亲自作有《国语诗义》，令后妃和宫女学习，由此可见黎氏政权对中国文化的重视。但即使如此，由于胡氏政权是通过篡夺陈氏政权上位的，上位后又对明朝虚与应付，缺乏敬畏，所以引起了明成祖的不满。永乐四年（1406年），明成祖派遣大军80万，以“讨逆”为名出征安南，并于第二年“平定”了篡逆的黎氏政权。之后，明朝在安南恢复郡县制，设为交趾郡，增置机构，委派官员，直接进行统治。从客观上讲，明朝统治交趾郡期间网罗汉语人才，广泛设立学校，推行儒学教育，促进了汉语言文字的进一步传播；但是，明朝在交趾郡的统治加重了对当地民众的剥削，激起了交趾民众的激烈反抗。在黎利的领导下，交趾民众进行了长达十几年的武装反抗，最终迫使明朝于宣德二年（1427年）从交趾撤兵。黎利建立黎朝，国号“大越”，又恢复到与明朝保持宗藩关系的局面。

黎利被越南人奉为历史上的民族英雄，他的事迹在《大越史记全书》中屡见记载。黎利建立黎朝后，基本上取法明朝的政治制度进行统治，振兴文化，提倡儒学。值得注意的是，黎利本身即有很深厚的汉学修养。他精通中国古代兵法，并善用《孙子兵法》中的谋略战胜强大的明军。比如永乐十九年（1421年）十一月二十日，黎利率军与明朝十万大军狭路相逢，战

① 吴士连等《大越史记全书》，东京：埴山堂反刻本，明治十七年（1884年）。

前召集众将谋曰："彼众我寡，彼劳我逸。兵法所谓，胜败在将，不在乎众寡。今彼军虽众，而吾以逸待劳，破之必矣。"由于采用了正确的策略，果然以奇兵击退了明军。又如永乐二十年（1422年）十二月，黎利军被明军围困，他对部下说："此兵法所谓死地也。疾战则存，不疾战则亡。"在黎利的激励下，将士齐心，殊死拼杀，结果居然击败了明军。又如，洪熙元年（1425年）七月，黎利料到守卫顺化、新平等处的明军已经成为孤军，便对诸将说："古之善将者，舍坚攻瑕，避实击虚，则用力半而功倍。"[①] 史书的记载虽有粉饰和夸张之嫌，但也充分说明了黎利对以《孙子兵法》为代表的中国古代兵法的熟悉以及用兵谋略的高超，也说明了汉语汉文化在安南的深刻影响。

黎朝历代皇帝都好学能文，为臣民做出了榜样。其中佼佼者如黎圣宗，他曾作有《灵长海口》诗并序，其序云：

> 看山玩水，所以寓仁智之乐也。海水之傍，皆有青山岌嶪。海口之峙，山形尤异。山脚之洞，深入山中，寂不可测也，传以为龙口焉。龙口之外，别有一石，体形特奇，世传以为龙鼻焉。龙鼻之下，别有一石，圆美绝伦，世传以为颔下之珠焉。巨石嶙峋，殊色多姿，或密或疏，纷不可数，世传以为龙须焉。（《大越史记全书·黎记四》）[②]

圣宗的文笔明净清峻，颇有明代小品文的风范。圣宗还著有《九歌诗集》《春云诗集》等，留下了众多脍炙人口的汉文诗篇。不仅如此，为了便于国人学习汉字，普及儒家思想，圣宗还仿照中国儿童识字课本《千字文》亲自编写了《道庵千字》，其词云："乾健至刚，坤顺无疆。辟兼智勇，邦俾炽

① 董明《古代汉语汉字对外传播史》，北京：中国大百科全书出版社，2002年，第298—299页。

② 吴士连等《大越史记全书》，东京：埴山堂反刻本，明治十七年（1884年）。

昌。配择妃匹，懿媲任姜……”（《大越史记全书·黎纪三》）[①]。字字不重复，而且还要言之成句，这是一项极其艰难的创作，必须要有深厚的汉学积淀才能做到。

明代的中南半岛上，与中国关系密切的国家除了安南，还有与其相邻的占城。占城和安南是互不隶属的国家。明朝建立之初，占城即与明朝建立了关系。洪武三年（1370年），明朝还调解了安南与占城之间的战争，两国“皆听命罢兵”。明太祖封阿答阿者为占城国王，“又以占城通中国文字，遣使颁科举诏于其国”（《殊域周咨录·占城》）[②]。严从简对此事评价说：“我太祖科举诏之颁，真不鄙陋其人，而欲纳之于合教同文之盛也，宜哉！”（《殊域周咨录·占城》）[③] 占城自知比较弱小，且多受安南侵扰，因此频繁向明朝示好，积极发展友好关系，主动学习汉语汉文化。占城凡有新王即位，“必请命而册封焉”[④]，以使安南知道占城也为明朝“文教所被”，从而有所忌惮而不敢欺凌。

明朝末年，随着清军的南压，明朝移民纷纷逃往安南。这一时期的移民最终在越南形成了一个特殊的华人群体——“明乡人”，顾名思义，就是“以明朝为故乡”的人。今越南胡志明市明乡嘉盛会馆有一副对联“耻做北朝臣，纲常郑重；宁为南乡客，竹帛昭垂”，就是对这一批移民的描述。这批移民对于汉语言文字和中华文化的南传起到了重要作用。

五、明朝与日本的关系及日本的汉语传播成就

明朝存在的270余年（1368—1644）正值日本的南北朝时代，中日关系变化不定，错综复杂。自元末开始，中国沿海地区就频繁遭到倭寇的侵

---

① 吴士连等《大越史记全书》，东京：埴山堂反刻本，明治十七年（1884年）。

② 严从简《殊域周咨录》，余思黎点校，北京：中华书局，1980年。

③ 严从简《殊域周咨录》，余思黎点校，北京：中华书局，1980年。

④ 黄省曾《西洋朝贡典录》（别下斋丛书），上海：涵芬楼影印清蒋氏本，1923年。

扰，所以从明朝建立之初两国之间就存在不和谐因素。明太祖即位之后，通过两次遣使，终于说服“日本王良怀”（实际应为“怀良亲王”）与明结好，奉表称臣。但此时的日本对中国的敬畏之心已经减弱，与明朝保持关系主要是因为贸易的需要。同时，明朝对建立与日本的贸易关系也持不甚积极的态度。日本不断入寇中国东南沿海，对明朝廷的警告置若罔闻；来贡时往往傲慢无礼，或无表，或“表词不诚”，多次受到明太祖的诫谕。洪武十四年（1381 年），怀良亲王遣使“来贡”，当时明太祖以其表文不恭，责其“妄自尊大，肆侮邻邦，纵民为盗”，并警告“若叛服不常，构隙中国，则必受祸”（《明实录·太祖实录》）[①]。没想到怀良亲王毫不示弱，回复了一封针锋相对的信：

> 臣闻三皇立极，五帝禅宗。惟中华之有主，岂夷狄而无君？乾坤浩荡，非一主之独权；宇宙宽洪，作诸邦以分守。盖天下者，乃天下之天下，非一人之天下也。臣居远弱之倭，褊小之国，城池不满六十，封疆不足三千，尚存知足之心。陛下作中华之主，为万乘之君，城池数千余，封疆百万里，犹有不足之心，常起灭绝之意。夫天发杀机，移星换宿；地发杀机，龙蛇走陆；人发杀机，天地反覆。昔尧舜有德，四海来宾；汤武施仁，八方奉贡。臣闻天朝有兴战之策，小邦亦有御敌之图。论文有孔孟道德之文章，论武有孙吴韬略之兵法。又闻陛下选股肱之将，起精锐之师，来侵臣境。水泽之地，山海之洲，自有其备，岂肯跪途而奉之乎？顺之未必其生，逆之未必其死。相逢贺兰山前，聊以搏戏，臣何惧哉！倘君胜臣负，且满上国之意；设臣胜君负，反作小邦之羞。自古讲和为上，罢战为强，免生灵之涂炭，拯黎庶之艰辛。特遣使臣，敬叩丹陛，惟上国图之。（《明史·日本传》）[②]

---

① 姚广孝等《明实录》，梁氏影印南京国学图书馆藏抄本，1940 年。

② 张廷玉等《明史》，上海：上海古籍出版社、上海书店，1986 年。

从言辞上看，此信不仅酣畅通达，而且气势凌厉，咄咄逼人，直陈中国皇帝的“不足之心”。与其说是上表，不如说是反击和威胁。明太祖览表后虽然甚为愤怒，但考虑到元朝征日失败的前车之鉴，最终没有兵戈相向。

此后，中日关系虽不甚亲密，倒也没有断绝来往。日本虽每隔几年便“遣使来贡”，但显得敷衍应付，不够主动。明朝遣使赴日也较少。两国这种热度不高的交往一直持续到嘉靖二十六年（1547年）。前后150年间，经济文化上的交流使“在日本衰落多时的汉文学又复兴起来；唐宋元明的诗文不断传入日本，也输入不少宋元著名字画。……两国僧侣来往增加；日本著名的绘画家、诗人雪舟等杨随日使团来到中国度过了两个春秋……”[①]汉语言文字在日本持续传播，也算颇有成果。值得注意的是，日本此时的汉语言文字学习也表现出启蒙教育和口语教育的需求。日本的来明使者从中国所求图书，除传统的儒家经典外，还包括一些较为通俗的启蒙读物，如多次索要的《兔园策》。该书的正式名称为《兔园册府》，唐代杜嗣先撰写，是民间儿童学习汉字和日常知识的启蒙读物，类似于《千字文》《百家姓》《三字经》之类的书籍。据王国维考证，“《兔园册》者，乡校俚儒教田夫牧子之所诵也”[②]。由此可以发现，日本不仅重视汉语言文字的普及，而且也重视汉语口语的学习。

随着日本国力的提高的和民族自主意识的增强，其对外扩张之心也日益膨胀。万历十三年（1585年），丰臣秀吉担任日本的关白（即大将军）后，穷兵黩武，力主对外扩张，“并欲侵中国、灭朝鲜而有之”（《明史·日本传》）[③]，于万历十九年（1591年）悍然发布“征韩令”，派兵侵入朝鲜。明朝政府应朝鲜之请派兵援助，与日本进行了长达七年的战争。丰

---

① 杨考臣主编《中日关系史纲》，上海：上海外语教育出版社，1987年，第59页。

② 王国维《唐写本兔园册府残卷跋》（“广仓学窘丛书”卷七《仰视千七百二十九鹤斋丛书》），会稽赵氏刻本，清光绪六年（1880年）。

③ 张廷玉等《明史》，上海：上海古籍出版社、上海书店，1986年。

臣秀吉出兵之时，日本国内有人“劝秀吉尽以善汉文者从之”，秀吉听后哂笑说:“此行也，吾欲使彼用我文耳”[①]。可见此时以丰臣秀吉为代表的日本扩张派完全明了语言文字的作用和象征意义，也非常清楚语言文字的教化力量。

日本南北朝统一以后，历代将军都重视文化教育，德川家康创立幕府之初，就大力提倡文治，推崇儒家思想。宋元时期传入日本的宋儒理学（朱子学）此时进入兴盛时期，成为德川幕府时期的官学。语言和文化两者是互为载体的：要学习文化必须学习语言，学习了语言才能了解文化。所以宋明理学在日本的兴盛期，同时也是汉语言文字传播的兴盛期。

除此之外，明代来华日僧中也有对汉语言文字传播做出巨大贡献之人，其中佼佼者如桂庵玄树。他于成化四年（1468 年）来华，居留六年之久，师从苏州名儒攻朱子学，并对日后朱子学在日本的传播产生了重要影响。桂庵玄树做出的历史性贡献在于创制了“桂庵标点”。一直以来，中国典籍传入日本后，日本学者完全是用中国的读音读法来阅读的，因此只有具备了相当汉语文修养的学者才有能力从事中国文化研究。这无疑使汉文化的普及局限在少数人当中，成为汉语言文字在日本传播的障碍。大约在平安时代出现了“汉文和训”，即用假名标注汉字的读音，成为在没有日译之前克服汉字读音问题的一种变通办法。而经过桂庵玄树的修正，不再按照读音标注假名，而是根据注释者理解的意义标注假名，这就便于读者直接理解汉文著作，使得汉文修养不高的日本人也能够较为容易地看懂。这就是“桂庵标点”，它的出现使得汉文化在日本的普及大大前进了一步。[②]

① 王婆楞《历代征倭文献考》，重庆：正中书局，1940 年，第 231 页。
② 董明《古代汉语汉字对外传播史》，北京：中国大百科全书出版社，2002 年，第 489 页。

六、西方人对汉语言文字的进一步认识[①]

明代之前，中国古代王朝一般都把欧洲国家也笼统地纳入“西域”的范畴。随着明代中期以后与欧洲国家接触的增多和了解的深入，中国逐渐将欧洲看作一个独立的地理单元，出现了“泰西”“大西”“极西”“西海”“西洋”“西国”“西土”“西方”等称谓。

15世纪，随着西班牙和葡萄牙通往亚洲的新航道的开拓，西方和中国开始了真正的接触。这是一个伟大的时代，新航路的开辟和新大陆的发现揭开了全球化的序幕，东西方关系的新格局开始形成。与陆上丝绸之路相比，海上航线的贯通对中西方的经济、文化和社会生活产生了更加重要的影响。比如北美洲的甘薯和玉米、南美洲的花生和马铃薯正是在明代传入中国的，原产于拉丁美洲的烟草则经过欧洲辗转传入中国。从语言传播的角度来看，这一时期对西方人来说不但是发现新大陆的时代，也是发现汉语的时代。

葡萄牙是最早在沿海方向与中国交往的欧洲国家，西班牙则紧随其后。1511年，葡萄牙人征服马六甲，这是西方人入侵远东的开始。在这之后，西班牙、荷兰、英国、法国、美国、丹麦、瑞典等国纷至沓来。在通往东方的新航路不断开辟的背景下，欧洲的耶稣会也不断寻求向国外发展，他们派遣的传教士陆续到达亚洲，向未开垦的“处女地”扩大宗教势力，中国这个东方大国很自然地成为了他们觊觎的对象。最早沿着新航路抵达亚洲的是葡萄牙人和西班牙人，他们留下了不少关于中国和汉语汉字的记录。

大航海时代以来第一位来华的传教士是西班牙的耶稣会士沙勿略（Franciscus Xaverius，1506—1552）。他先后到达印度、日本，还一度设法进入中国内地，并用汉字写出他们的信仰条文，为在中国传教做准备。但他还没有进入中国就逝世了。他留下的记述中体现了对汉语汉字的初步认识。

---

① 本节内容主要参阅龚缨晏等《西方人东来之后——地理大发现后的中西关系史专题研究》（杭州：浙江大学出版社，2006年）第二章。

沙勿略首先认识到了汉字在东亚地区广泛使用这一事实，只要“会讲中文，可以毫无顾忌、安安全全地走遍各地……从占婆到日本陆地的京都，人们都读汉字书籍”[①]。这是后来西方人到亚洲以后的共同感受，也是其后的传教士强调学习汉语是进入中国的关键环节的原因。沙勿略曾进入日本，他对汉语汉字在日本的使用也有一些新的观察：

> 中国人与日本人的口头语言有很大不同，所以说话不能相通。认识中国文字的日本人可以理解中国人的书面文字，但不能说。因为日本人认识中国文字，汉字在日本的大学中被教授。而且认识汉字的僧侣被作为学者而受到人们的尊敬。中国汉字有许多种类，每一个文字意为一个事物。[②]

沙勿略对进入中国传教充满热情并做好了充足的准备。他曾说：“我们还用汉字写了相同的书，希望在去中国时，在能够说出中国话之前，让他们（中国人）理解我们的信仰条文。”[③]但由于他没有进入中国，所以这一计划没有实现。

1556年，葡萄牙多明我会修士克鲁士（Gaspar da Cruz，1520—1570）来到广州居住了数月，后被驱逐出境。1570年，他根据亲身经历及相关资料写了一部《中国概说》在葡萄牙出版。这是在欧洲刊行的第一本有关中国的专著。书中对汉语汉字有了更具体的描述：

---

① 费尔南·门德斯·平托《葡萄牙人在华见闻录——十六世纪手稿》，王锁英译，海口：海南出版社，1998年，第3—4页。

② 沙勿略1549年11月5日致罗耀拉的信，见《沙勿略全书简》，第555页。转引自戚印平《日本耶稣会士对于中国语言文字的若干认识与研究》，《清华学报》（台湾）2004年新34卷第1期。

③ 沙勿略1552年1月29日致罗耀拉的信，见《沙勿略全书简》，第555—556页。转引自戚印平《日本耶稣会士对于中国语言文字的若干认识与研究》，《清华学报》（台湾）2004年新34卷第1期。

> 中国人的书写没有字母，他们写的都是字，用字组成词，因此他们有大量的字，以一个字表示一件事物……在谈话中交趾支那人不懂中国人的话，日本人也不懂，但他们都可以通过文字互相理解。举个例来说，表示“天”的字，他们写出来都一样，有的发这个音，有的发别一个，但“天”的含义对他们来说是一样的。[①]

这些欧洲人对汉语言文字的观察非常客观。正因为如此，他们敏锐地发现了汉语言文字的独特之处。

另外，西班牙传教士艾斯加兰蒂（Bernardion de Escalante，1537—？）的《记葡萄牙人向世界东部国土和省份的航行及他们获得的有关中国境内重大事物的知识》一书中，也有论述中国语言和文字的部分。他并没有到过东方，主要通过与到过东方的商人、传教士的交谈以及阅读前人的著作来搜集资料。书中写道：

> 中国人没有使用字母，通常以绘画代替书写。……他们使用了5000多个字符，就非常容易地把这些事物表达出来。……在中国的大部分省份，不同地区的人说不同的语言，彼此之间都听不懂，但是可以通过书写来交流。……日本人和琉球群岛的居民，以及交趾支那人，彼此之间语言不通，都是通过文字来交流。[②]

在当时的欧洲人眼里，汉字的书写就是一种绘画。

其后，西班牙人门多萨（Juan González de Mendoza，1545—1618）搜集了大量前人的使华报告、信札和著述，予以编辑整理，于1585年在罗马出版了《中华大帝国史》。书中对中国的语言文字和学校教育情况有

---

① 博克舍编《十六世纪中国南部行纪》，何高济译，北京：中华书局，2006年，第111—112页。

② 龚缨晏等《西方人东来之后——地理大发现后的中西关系史专题研究》，杭州：浙江大学出版社，2006年，第57页。

这样的论述：

他们没有跟我们一样的字母，只有用图形书写。他们学会这门文字也要花费很长的时间，而且相当的不容易，因为每个事物对应一个字符。……他们一共有六千多个不同的字符，但他们书写很快。这是一种书面比口语更容易理解的语言（如希伯来语），因为每个字表示不同的含义，但在口语中不太容易区分。他们书写的顺序和我们截然不同，因为他们是从上往下写，但很整齐；他们同样从右边开始朝左边写，跟我们的相反……该国人们说着不相同的语言，他们通过文字来沟通，难以对话。①

可以看出，这段话对汉语言文字的描述更加细致，观察到了篇章的书写顺序和单个汉字的书写顺序，这些都是一种语言最为基本的矢量特征。《中华大帝国史》第一次使中国在西方文本中呈现出较为清晰完整的印象，汉语言文字的基本面貌也被初步勾勒了出来。

还有一个人需要提及，就是目前所知的第一个提出汉语汉字难学的西方人，他是西班牙传教士拉达（Martinus de Rada，1533—1578）。拉达利用1575年、1576年两次出使中国福建的机会完成了一份有关中国的报告，其中有关中国语言文字的记述体现了他的一些看法：

他们的文字是最不开化和最难的，因为那是字体而不是文字。每个词或每件事物都有不同字体，一个人哪怕识得一万个字，仍不能什么都读懂。所以谁识得最多，谁就是他们当中最聪明的人。②

这种汉字难学的论调基本得到了后来西方人的认可，影响深远。他们之所

① 门多萨《中华大帝国史》，何高济译，北京：中华书局，1998年，第75—76页。
② 门多萨《中华大帝国史》，何高济译，北京：中华书局，1998年，第11页。

以说汉语难，首先是因为汉字数量庞大。艾斯加兰蒂提到有 5000 多，门多萨提到有 6000 多，而到了拉达这里，认为至少有 1 万个。显然，这些对汉字数量的估计并没有切实的依据而只是一种感性的认识。但是，汉字的图形特征以及一个字表达一个事物的特征，使他们认为汉字的数量应该与世界上的事物一样多，因为他们并不了解汉字的造字法、用字法以及字与字之间的关系。

1590 年，西班牙耶稣会士阿科斯塔（Jose de Acosta，1540—1600）出版了一部《印度群岛的自然和道德史》，其中有一个章节专门讨论了“中国人使用的文字与书籍”。他写道：

> 因为他们（作者注：指中国人）既没有字母表，也没有使用任何字母文字书写，而且差异还不仅仅在于文字的形态。他们的文字主要由图画或符号组成，不同于我们的文字那样表达含义，而是直接描绘事物的外形，比如太阳、火、人、大海等等。事实证明：尽管中国人口头语言有无数种，彼此各异，但是他们的著述和印刷品都能被说着任何语言的人读懂。这正如阿拉伯数学符号，无论在法语、西班牙语和阿拉伯语都表示同样的含义。例如数字 8，无论在哪儿都表示 8，即使法国人和西班牙人对它有各自的读音。以此类推，万事万物的数量是无限的，而中国人表示这事物的字符或图形也有无数个。像中国官员必须会读和写，他们至少要掌握 85000 个图形或字符。如要阅读熟练，则必须认识 120000 个字。这简直让人难以置信。现在我们的神父正在中国学习他们的语言和文字，他们已经不分昼夜地学习了十余年，凭借着超人的毅力和上帝的保佑，克服了重重困难。……那种被称为官话的语言，孩子们只有掌握了它才标志着进入成年。……
>
> 也许聪明的人会问，他们（作者注：指中国人）如何用图画来表示抽象的概念？因为仅用图画不可能表达抽象的思想，比如说太阳是热

的，或者他见到了太阳，或者今天是晴天；最后，他们还会问仅仅用图画如何表达其他语言和文字当中所谓的格和连接。我们对此类问题的回答是，他们通过打圆点或打手势或词汇在语言中的不同位置来表达这所有的各种意思。难以置信的是他们如何正确书写名字，尤其是外国人的姓名。因为那是他们从来没有遇到过的，也不可能发明一个图画来表达。为此，当我在墨西哥与几个中国人在一起的时候，我就要求他们用自己的文字写下一句话，意思为：阿科斯塔来自秘鲁。一位中国文人想了很长时间，最后才书写出来了。[①]

这段话的信息量很大，值得仔细分析。首先，他们明确地认识到汉语并非他们所熟悉的字母文字，汉字本身并不能表音，而是以形表意，即汉字直接描绘事物的外形，是一种象形字。这就造成一种结果：事物的数量是无限的，因而汉字的数量也是惊人地多，达到了120000个。这个数字足以让学习汉语的人望而却步，因为这会导致学习的时间成本极其高昂。但同时，汉字犹如阿拉伯数字一样，具有一种“公式”的性质，无论不同地区的发音如何不同，所有人都能看懂，这是汉字的神奇之处。他也提出了一个疑问：象形字如何表示抽象概念？他敏锐地观察到，汉语可以通过词汇在语言中的不同位置来表达较为复杂的意思。这一发现是值得称道的。虽然他不是语言学家，但是这一看法非常具有专业性，这正是我们今天常说的汉语的重要语法手段之一——词序。

经过一批又一批传教士对汉语言文字的持续观察，他们对汉语汉字的认识在逐步深入。当然，他们的结论也包含了想当然的主观臆测，从他们对汉字数量的猜测中就可以看出这一点。从五六千、1万个到12万个，并没有科学准确的认识。总体而言，上述人士对汉语的看法和描述都有正确

① 龚缨晏等《西方人东来之后——地理大发现后的中西关系史专题研究》，杭州：浙江大学出版社，2006年，第60页。

的成分，但是由于传教士还没有能够真正深入中国内地，也尚未展开真正的汉语学习和研究，因此他们传达给西方民众的有关汉语言文字的形象是不全面的。

七、西方传教士的汉语学习

明嘉靖三十二年（1553年），葡萄牙人以租借的名义占据澳门，其后多年，澳门成为传教士进入中国内地的主要据点。16世纪80年代，随着入华耶稣会士开始学习汉语，西方人对汉语的认识进入了一个新阶段。

耶稣会与其他宗教团体不同的是，他们极其重视并热衷于学校教育。耶稣会派往东方的传教士大都是受过良好教育且接受过系统学术训练的人，文化水平较高。他们在中国的传教之路非常艰难，首先遇到的问题就是语言障碍。为了打开通往中国的传教大门，耶稣会提出传教士“必须不单单要学会广州话，还要学官话，而且不单单会讲，还得会认方块字，会写”[①]。为此，意大利人罗明坚（Michel Ruggieri，1543—1607）于1579年被安排到澳门开始学习汉语。

刚开始，罗明坚的处境很艰难，不但要克服学习上的种种困难，还要应对来自其他传教士的反对，因为他们认为，浪费大好光阴学习中国语言是一个毫无希望的工作。罗明坚力排众议，以惊人的毅力坚持学习汉语，即使如此，他也曾几乎要打退堂鼓。后来他自己回忆说：

> 因为这种语言有着几乎无限的词汇，所以学会它是很困难的，即使是中国人自己，也要花费许多时间。[②]

他还曾在一封信中写道：

---

① 李向玉《澳门圣保禄学院研究》，澳门：澳门日报出版社，2001年，第36页。

② 裴化行《天主教十六世纪在华传教志》，萧濬华译，上海：商务印书馆，1936年，第183页。

> 汉语非常难学，超出其他任何国家的语言。因为它无字母，字数又极其多，即使要达到阅读的程度也需要花费很长的时间。据说即使中国人也要读书15年后方能读通书写文章，阅读书籍。由此可知是何等的难学了。因此开始时我没有信心能把它学好。①
>
> 世界上有多少事物，就有多少中国字，它并无字母可循，……葡萄牙人及神父们学习简直是不可能的事。②

尽管如此，经过艰苦努力，罗明坚终于掌握了汉语，成为了知名的汉学家，并首次将《大学》翻译成拉丁文。

1582年，利玛窦（Mathieu Ricci，1552—1610）来到澳门，在罗明坚的指导下开始学习汉语，为进入内地传教做准备。正是因为会说汉语并遵从中国礼俗，利玛窦终于得以留居传教，并于1583年获准在肇庆建立教堂。由此可见，对汉语的掌握使西方传教士打开了通往中国内地的大门。

我们来看一下利玛窦对汉语的描述：

> 您要知道中国语文较希腊文和德文都难，在发音上有很多同音而义异之字，许多话有近千个意义，除掉无数的发音外，尚有平上去入四声。在中国人之间，有时还须借笔写以表达他们的思想，但文字在他们之间并无分别。不过中国文字的构造实难以形容。有多少话、多少事，便有多少字，好像七万左右，彼此都不一样，非常复杂……所有的话皆是单音的，他们的书法几乎等同于绘画。因此他们用刷子（笔者按：指毛笔）写字，正如我们用它画画一样。虽然说话大不一样，也没有我们所有的字母，但在书写上或在书籍上，不少国家使用它，如日本、越南

① 《1581年11月12日罗明坚致麦尔古里亚诺神父书》，载利玛窦《利玛窦书信集》（下），罗渔译，台北：光启出版社、辅仁大学出版社，1986年，第426页。

② 《1583年2月7日罗明坚致总会长阿桂委瓦神父书》，载利玛窦《利玛窦书信集》（下），罗渔译，台北：光启出版社、辅仁大学出版社，1986年，第31—32页。

与中国，彼此国籍不一，语言也大不相同，但在文字方面却相同。……中文没有冠词、性别、单复数、时间的区别，不过他们用副词作补救，表达得十分清楚。在中国谁识字最多便是最有学问的人，只有这些人才能担任官职，在社会中才有地位。①

利玛窦在整个20世纪都被称为“西方汉学之父”，他的汉语水平和中国文化造诣很高。作为一个学习者，他对汉语言文字的描述深入且专业，不仅提到了平上去入四声，还认识到了汉语没有性、数、格、时、体而采用副词作为语法手段的特点。但有些认识与大部分西方初学汉语的人士一样，是比较粗陋的，比如对汉字数量的认识，认为“有多少话、多少事，便有多少字，好像七万左右”，而且把写汉字等同于绘画。但是，他清楚地指出了汉字在东亚、东南亚地区通行的情况。

利玛窦还对汉语书面语和口语的差异以及汉语音节、汉字等问题进行了评论：

在风格和结构上，他们的书面语言与日常谈话中所用的语言差别很大，没有一本书是用口语写成的。一个作家用接近口语的体裁写书，将被认为是把他自己和他的书置于普通老百姓的水平。然而，说起来很奇怪，尽管在写作时所用的文言和日常生活中的白话很不相同，但所用的字词却是两者通用的。因此两种形式的区别，完全是个风格和结构的问题。所有中国的字词无一例外都是单音字。我从来未遇到过双音或多音字，虽然有些字可能包含两个甚至三个元音，其中有些是双元音。

我说到双元音时，心里想的是我们欧洲的术语。中国人不习惯说元音和辅音，因为每个字正好像每个对象一样，都是用它自己的汉字或

① 《1583年2月7日罗明坚致总会长阿桂委瓦神父书》，载利玛窦《利玛窦书信集》（下），罗渔译，台北：光启出版社、辅仁大学出版社，1986年，第446页。

符号来表示的，用于代表一个意思。因此汉字符号的数目就等于字的数目，措辞的单位不是字而是音节。在本书中，读者会碰到一个以上音节的中国字词。但是必须牢记中文的一个音节就是一个单独的字，因为所用的各个音节就指同一个对象，所以我们按照欧洲方法把它们组成一个多音节的字。

虽然每个对象都有它自己恰当的符号，但由于许多符号所组成的方式，所以总数不超过七万或八万。一个人掌握了大约一万个这样的符号，他受的教育就达到了可以开始写作的阶段。这大概是写作通顺所要求的最低数目。在整个国家或许没有一个人掌握了所有的符号，或者可以说对于中国语文有了完全的文字知识。有很多符号发音相同，写出来却很不一样，意思也很不同。所以结果是，中文或许是所有语言中最模棱两可的了。①

在这段评论中，利玛窦认识到了汉语书面语和口语的巨大差异，并表达了对汉字特点和数量的认识。而对于音节问题的论述，语焉不详，令人摸不着头脑；对于汉字数量的估计，也显得过于夸张。其原因在于，汉语言文字和西文是完全不同的体系，在语言接触之初，传教士们难免套用西文体系的标准来观察汉语言文字，比如把音节和汉字、词组和单字等概念混淆在一起，导致其结论有些令人啼笑皆非。

随着越来越多的传教士相继来华，他们对汉语的观察更加细致，从更多角度提出了对汉语的认识。关于汉字的起源，他们认识到汉字是世界上最古老的文字之一，甚至比埃及象形文字更为古老。许多人认为中国人使用的语言是"巴别塔"（Tower of Babel）72 种语言之一。关于汉字的字形和结构，他们认识到汉字有单体字和复合字之分，认识到汉字的偏旁和表义性，并初

① 利玛窦、金尼阁《利玛窦中国札记》（上），何高济、王遵仲、李申译，何兆武校，北京：中华书局，1983 年，第 27—28 页。

步意识到了汉字的造字法。比如，任何表示与树木有关的字，都要和“木”字结合；任何表示与金属有关的字，都要和“金”字结合；等等。而且他们也认识到了真书、草书、行书等字体的区别。

曾德昭（Alvare de Semedo，1585—1658）于1613年进入中国内地传教，在中国各地共生活了22年，他是利玛窦“合儒”传教路线的坚定支持者。他所作的《大中国志》于1642年在西班牙出版，其中对于汉语词汇的丰富性有这样一段表述：

> 他们用许多华丽的辞藻以表示尊敬、谦逊，以及赞扬别人的优点。虽然这门语言言辞精密，但音调甚美，几乎超过我所知的其他语言。我们说“拿一样东西”，要么用整只手，要么用几根特殊的指头，我们不得不重复说“拿”这个动词。但他们不是这样。每个动作都有对应的词汇，例如：捏，用两根手指；抓，用所有指头；垂，整个手朝下；托，整只手都朝上。同样，动词“在”，如：他在房里，他在吃饭，或在睡觉。他们有这一类既表示动作，同时也表示怎样动作的词。我们说人的足、鸟的足或任何动物的足，不得不重复说一个“足”字，但中国人各有不同的词，如：人的“足”，鸟的“爪”，动物的“蹄”。①

这段话生动地列举了汉语词汇的多种表达，对汉语的赞美溢于言表。

与曾德昭几乎同期、在中国生活了20多年的安文思（Gabriel de Magalhães，1609—1677），对中国文字和音韵也有相当深入的研究。1688年安文思遗作《中国新史》在巴黎出版，他在书中赞赏汉字有极强的构词能力，并认为汉语是完善而奇妙的语言。他一反汉语难学的论调，认为“中国语言是所有语言中最简明的，它由二百二十个单音节组成，而希腊语和拉丁

---

① 曾德昭《大中国志》，何高济译，上海：上海古籍出版社，1998年，第39—40页。

语则有无数的词、时态、语态、数、人称，等等”[①]。

传教士是西方最早对汉语言文字进行实质性研究和学习的群体，从初次接触到较深入地了解，他们的态度由困惑、好奇到赞美、欣赏，一而足。他们坚持学习汉语的动因可以归结为虔诚的宗教信仰和狂热的传教热情。

八、西方传教士对汉语音韵学的贡献及其学习成就

整个16世纪，准备进入中国的天主教传教士始终受到抵制，明王朝对他们紧锁国门，使他们仅仅只能在澳门一处滞留。为了顺利进入中国内地开展传教工作，利玛窦采取了一套适应性的传教策略。他认为，传教士只有通过汉语传播天主教教义才能吸引中国人，从而进入他们的心灵深处。因此，他努力学习汉语，研习中国文化典籍，在汉语学习和研究方面取得了突出的成就。

明朝时期学习汉语的传教士以耶稣会士为主，他们都受过良好的教育，有的还受过专业的学术训练，有足够的学习能力和思考能力。在学习汉语的同时，他们发现了汉语不同于西文的独特之处后，为了自己学习的方便，采取了一些创造性的辅助手段。最为突出的是利玛窦和金尼阁创建的汉语罗马字母注音系统。也许是“无心插柳柳成荫”，当初为了辅助学习和满足传教需要而采取的方法，竟然直接影响了汉语言文字注音系统的产生和发展。

大约在1586年，罗明坚与利玛窦合作编写了一部辞典，后来被命名为《葡华辞典》。这部辞典尝试为汉字标注罗马字母拼音，虽然显得有些简单粗糙（比如没有表示声调的符号），但这可以说是第一个汉字拉丁字母拼音方案。1605年，为了宣传宗教教义的需要，利玛窦采用拉丁字母拼写了四篇注音读物，名为《西字奇迹》，包括《信而步海，疑而即沉》《二徒闻实，即

① 安文思《中国新史》，何高济、李申译，郑州：大象出版社，2004年，第49页。

舍空虚》《淫色秽气，自速天火》《述文赠幼博程子》四篇配有宗教画的短文，皆是《旧约》中的宗教故事。这是汉语音韵史上第一个拉丁字母汉语拼音方案的实际应用，里边使用了 25 个字父（声母）、44 个字母（韵母）、4 个次音字母和 5 个声调符号；另外还设计了送气音符号，即希腊语中惯用的 [C] 符号。

1626 年，金尼阁在杭州出版了《西儒耳目资》一书，这是在利玛窦汉字拉丁字母拼音方案的基础上，参考《洪武正韵》编纂而成的一部分析汉语语音的韵书。全书分为三编：第一编《译引首谱》，讲解拼音的基本原理；第二编《列音韵谱》，按照拉丁字母拼音顺序排列汉字；第三编《列边正谱》，按照汉字的部首笔画排列汉字，并标注罗马字母拼音。这本书显示了作者比较专业的学术素养，构拟了一个比较完备的汉语拼音体系。书中记"同鸣字父"20 个、"自鸣字母"45 个、声调符号 5 个，进一步完善了利玛窦的方案。①

利玛窦和金尼阁的拼音方案是西人创制的两个最早的汉字拉丁字母拼音方案，成为后来汉语拼音方案的鼻祖。

至于当时传教士的汉语水平，我们可以用《燕京开教略》中的记载来考察。明万历二十九年（1601 年），利玛窦等人为了进入内地传教，曾设法觐见明神宗。利玛窦亲手书写并呈上了一张表文，引录如下：

> 大西洋陪臣利玛窦谨奏。为贡献土物事：臣本国极远，从来贡献所不通。逖闻天朝声教文物，窃欲沾被其余，终身为氓，庶不虚生。用是辞离本国，航海而来。时历三年，路经八万余里，始达广东。缘音译未通，有同喑哑，僦居学习言语文字。淹留肇庆、韶州二府十五年，颇知中国古圣先贤之学；于凡经籍，亦略诵记，粗得其旨。乃复越岭，由江西至南京，又淹留五年。伏惟堂堂天朝，方且招徕四夷，遂奋志径趋

① 金尼阁《西儒耳目资》，北京：文字改革出版社，1957 年。

阙庭。谨以原携本国土物，所有天主图像一幅，天主母图像二幅，天主经一本，珍珠镶嵌十字架一座，报时自鸣钟二架，万国图志一册，西琴一张等物，敬献御前。此虽不足为珍，然自极西贡至，差觉异耳。且稍寓野人芹曝之私。臣从幼慕道，年齿逾艾，初未婚娶，都无系累，非有望幸。所献宝像，以祝万寿，以祈纯嘏，佑国安民，实区区之忠悃也。伏乞皇上怜臣诚慤来归，将所献土物，俯赐收纳。臣益感皇恩浩荡，靡所不容，而于远人慕义之忱，亦少伸于万一耳。又臣先于本国，忝与科名，已叨禄位，天地图及度数，深测其秘，制器观象，考验日晷，并与中国古法吻合。倘蒙皇上不弃疏微，令臣得尽其愚，披露于至尊之前，斯又区区之大愿，然而不敢必也。臣不胜感激待命之至。谨奏。（《燕京开教略》中篇）①

据记载，利玛窦上书后“皇上甚喜，优待利玛窦等，准其在京居住，又命礼部待以上宾之礼”②，利玛窦从此打开了在中国内地传教的大门。利玛窦奉行的是走中国上层知识分子路线的传教策略，他学汉语，穿“儒服”，结交中国名士，传播西方科技，努力消除中国人对欧洲人的排斥心理，积极寻找中国文化与西方宗教教义的契合点，较好地调和了西学和儒学的冲突。利玛窦的汉语学习成就也使他成为西方人学习汉语的先驱和楷模。遗憾的是，1610年利玛窦去世后，他“合儒”的传教路线被逐渐抛弃，一些传教士采取了较为激进的传教方式，排斥儒家思想，禁止中国教徒祭天、祭地、祭孔子，引起了一些上层人士和社会群众的不满。1616年发生“南京教案”，明万历帝下达禁教令，逮捕了一些传教士，同时把一些传教士驱逐出境。此事件的发生导致中西交流暂时陷入低潮。

---

① 樊国梁《燕京开教略》，北京救世堂印本，清光绪三十一年（1905年）。
② 樊国梁《燕京开教略》，北京救世堂印本，清光绪三十一年（1905年）。

第四节　清初到清中期的汉语言文字海外传播

一、汉语言文字在朝鲜的持续传播

1616年，努尔哈赤建立后金；1636年，皇太极改国号为大清。清代鼎盛时期是中国历史上实际控制疆域最为广阔的时代，形成了真正的多民族“大中国”。清代与农耕世界、草原世界、海洋世界都建立了密切的宗藩或外交关系，在明朝“万国朝贡”理想主义的基础上建立了更为宏大的世界体系。从皇太极、顺治帝、康熙帝到雍正帝，完成了“华夷一体”“天下一家”思想的重构。所谓“天下”，非但指中国国内，还将周边宗藩国家纳入了其中。

清朝在入关定鼎北京之前，就曾经对朝鲜用兵，并于1637年迫使朝鲜同清建立了封建藩属关系。清夺取全国政权之后，为确立自己天朝大国的形象，积极推进汉化，尊孔崇儒，重教兴学，并加强了与周边国家的友好往来。据记载，自1637年至1850年的213年间，朝鲜李朝以各种名义向清朝派遣了615次使节团；同一时期，清朝向李朝派遣的使节团为160次。[①] 在这样的频繁交流之下，朝鲜的汉语言文字传播得到了持续的推进。

朝鲜时期设有司译院，是高丽时期通文馆的沿革，作为语言教学机构，专门为国家培养翻译人才，主要是汉语言人才。朝鲜政府高度重视汉语文学习，对半岛长期使用的汉语教材《朴通事》和《老乞大》进行了多次修订，这说明朝鲜国内依然存在着汉语学习的需求。汉字学习则多以梁朝周兴嗣所撰《千字文》为教材。朝鲜肃宗十七年（1691年），肃宗曾亲自为《千字文》作序。其中说：“每当诵读之际，不惟只识字训而已，必须反复䌷绎，

---

① 朴真奭《中朝经济文化交流史研究资料选集》，载朴真奭《中朝经济文化交流史研究》，沈阳：辽宁人民出版社，1984年。

触类而长之。如读‘孝当竭力’之句，则思文王之日三朝，而必也愉愉怡怡，洞洞属属。读‘尺璧寸阴’之句，则如舜投珠璧，禹惜寸阴，而必也贱宝贵德，学如不及。”[①]可见学习《千字文》的目的不仅仅是识汉字，还要体味其中的儒家精神，借以修身养德。汉语语音的学习多用《洪武正韵》，汉语口语学习则沿用《老乞大》《朴通事》，其他作为教材的汉文典籍还有四书、五经、《小学》、《资治通鉴》等等。

虽然朝鲜的民族文字（谚文）于 1443 年已经创制完成，但是直至清朝末年，朝鲜政府在与中国、日本等国的正式交往中，都还坚持使用汉语汉字。而清朝皇帝对于朝鲜送来的国书中的行文用字也有较高的要求。朝鲜使臣多次由于国书中用语不当或犯讳而受到清政府的诘责。据朝鲜史书记载，赴清的使臣曾上奏肃宗：“近年以来，以资奏表笺间文字被责于彼，非止一再。一字半辞之误，皆辱归于国家。”[②]清政府对于朝鲜的汉语文学习也颇为重视，频繁派至朝鲜的使节常有意无意对朝鲜的汉语文学习给予引导和督促。清朝赴朝鲜使节常主动提出与朝鲜善诗文的人见面、交流、唱和，而朝鲜赴清朝的使节也常被要求向皇帝“制进”诗作。这些行为无形之中带给朝鲜很大的汉语文学习压力。在这种情势下，朝鲜政府实行了不少鼓励政策推动汉语文的学习，以保障对汉语文人才的需求。

另外，清朝时朝鲜来华的文人和留学生群体也与汉语言文字的传播密切相关。朝鲜来华使节和随员一般都是读书人，很多都是文采出众的汉语文人才。但他们并非每个人都有较高的汉语口语水平，因此与中国文人间的交流很多时候是以笔谈的方式进行的。朴趾源是这些人才中的佼佼者。他是朝鲜 18 世纪著名的学者和汉文学家，乾隆四十五年（1780 年）六月随使团来华，在华游历多地，并与清朝多位文人、学者进行过笔谈，回国后用汉语著成《热河日记》，介绍在中国的见闻及经历。《热河日记》语言流畅华美，内

① 吴晗辑《朝鲜李朝实录中的中国史料》，北京：中华书局，1980 年，第 41—49 页。
② 吴晗辑《朝鲜李朝实录中的中国史料》，北京：中华书局，1980 年，第 42—43 页。

容涉及中国文化及中国社会的方方面面，极为丰富。书中多处涉及两国间的语言交流问题，甚至提到了中国和朝鲜的汉语教学方法。比如其中的《盛京杂记》篇记载了与李龟蒙、裴宽笔谈关于教育的问题：

裴宽曰："……现今黉塾之间，惯是念书，不曾讲义，故耳闻了了，目视茫茫，口宣则百家洋洋，手写则一字戛戛。"李生曰："贵国如何?"余曰："临文训读，音义兼讲。"裴生打圈曰："此法尽是。"①

清朝著名学者纪昀曾与多名朝鲜文人相交，在他的《纪文达公遗集》中收录有多篇寄赠或赠别朝鲜友人的诗作，记录了两国文人的友情。如其寄赠朝鲜汉文学家洪耳溪的诗：

金门握别惜匆匆，白首论交二老翁。
圣代原无中外别，迂儒恰喜性情同。
长吟消夜青灯下，远梦怀人紫澥东。
两遇归鸿都少暇，缄情惟藉一诗筒。
(《纪文达公遗集·诗集》卷十二《寄怀洪良浩》)②

又如《忆朴齐家》：

偶然相见即相亲，别后匆匆又几春。
倒屐常迎天下士，吟诗最忆海东人。
关河两地无书札，名姓频年问使臣。
可有新篇怀我未，老夫双鬓渐如银。
(《纪文达公遗集·诗集》卷十)③

---

① 朴趾源《热河日记》，韩国：民族文化促进会，1968 年。
② 纪昀《纪文达公遗集·诗集》，清嘉庆十七年（1812 年）刻本。
③ 纪昀《纪文达公遗集·诗集》，清嘉庆十七年（1812 年）刻本。

除了来华使节和文人外，清朝时朝鲜也向中国派遣留学生，但他们的学习目的已经发生了明显的变化，由历史上重视学习儒家经典转变为重视学习科学技术与军事。如顺治五年（1648年），朝鲜首次向中国派遣留学生宋仁龙学习西洋历法，当时任清朝钦天监监正的西洋传教士汤若望是他的老师。但是，由于汉语口语水平不够，他与汤若望的交流只能“画字质问，辞不达意”[①]，学习效果并不理想。光绪六年（1880年），为帮助朝鲜抵抗日本，清朝还接受过学习军事和科技的朝鲜留学生。

这一时期西学东渐已成潮流，亚洲诸国对于西方科技的力量已经有所认识，公认其为强国之途。基于向中国学习的传统，朝鲜仍然从中国学习西洋科技。这一情况虽然似乎不属于汉语言文字传播，但两国密切依存的关系仍然为汉语言文字在朝鲜的持续传播提供了良好条件。

二、越南汉语言文字的继续使用

清朝建立之后，安南于顺治十七年（1660年）遣使“奉表贡方物”（《清史稿·安南传》）[②]，表示对新政权的承认与恭从，中国与安南的封建藩属关系得以延续。嘉庆七年（1802年），阮福映建立新政权，史称“阮朝”。阮朝建立之初即遣使来华，恳请赐号恩封。清朝统治者赐号“越南”，从此安南改称越南。

清代时，喃字已经创制了数百年，在安南的社会生活中与汉字并用。据清人姚文栋记载：“（越南）国语有两种：一则公文史志所用，多是中国古昔之语，文字亦用中国文字；一则日常个人所谈话，或用中国语，或原本中国而杂以古昔交趾各部族之土语，此别为一种，虽亦用中国文字，而大变书

① 吴晗辑《朝鲜李朝实录中的中国史料》，北京：中华书局，1980年，第3801页。
② 赵尔巽等《清史稿》，上海：上海古籍出版社、上海书店，1986年。

体，其音不用中国音，全用土音。”[①]这段话说明了当时安南社会语言实际存在的一种层级体系，即官方使用汉字汉音，民间使用喃字土音。

喃字是仿照汉字（繁体）创造出来的，有的与汉字形、音、义完全相同，有的同形、同音（近音）而不同义，有的同形而音义皆有别，还有的是运用汉字的独体字或者偏旁、部首另行组合而创造出来的。由于喃字与汉字有着千丝万缕的联系，所以即使越南人使用喃字，学习汉语汉字的需求依然存在。

入清之后，越南黎朝晚期仍然坚持着三年一次的科举考试制度。阮朝开国以后，国王阮福映也重视在全国发展教育，培养人才。他认为“为国必本于人才，行政莫先于教化”[②]，并制定了通行全国的教育条例，规定平民子弟年8岁以上入小学，次及《孝经》《忠经》；12岁以上，先读《论语》《孟子》，次及《庸》学；15岁以上，先读《诗》《书》，次及《易经》《礼记》《春秋》，旁及子史。同时，还积极恢复因战乱而停止的科举考试制度。

当时，越南还仿照中国童蒙识字教材《三字经》和《千字文》，编有《四字经》，取“经”之名，仿“文”之内容，对越南的地理民俗、族源国脉、历代沿革、神话传说、杰出人物、重大事件等进行全面的介绍，是一本典型的以认识汉字、了解越南民族历史文化为目的的蒙学教材。其文四字一句，合辙押韵，文笔流畅，朗朗上口，计194句、1176个汉字，可与中国的《千字文》相媲美。更为难得的是，其中大量记载了与中国相关的历史事件和典型人物，使我们可以从中了解这些事件和人物对汉语言文字传播的功绩。比如：

---

① 姚文栋《安南小志》（王锡祺辑《小方壶斋舆地丛钞》），江苏：南清河王氏铸板，清光绪二十年（1894年）。

② 中国社会科学院历史研究所《古代中越关系史资料选编》编辑组《古代中越关系史资料选编》，北京：中国社会科学出版社，1982年，第621页。

丑会之初，阴凝为地；东西南北，五方各异。洪惟我越，位在午丁；星分翼轸，地接杨荆。东抵合浦，西邻大理；北极宣邕，南包乌哩。……自鸿庞氏，曰泾阳王；系出神农，首肇封疆。……在成周时，重译献雉；周锡輧车，向南之制。……赵武称帝，都语番禺；奄有岭表，与汉并雄。……三国吴时，士王为牧；教以诗书，熏陶美俗。……逮至唐朝，常为内地；二百余年，都护建置。……永乐年间，置交州府；法令烦苛，民心不附。……慈廉翁仲，身长三丈；威震匈奴，秦人铸像。唐姜公辅，爱州名儒；平章登用，屡矢嘉谟。（《越南辑略》卷二）①

在清政府的支持和越南政府的努力下，越南也涌现出了不少出色的汉语文人才，一些著名诗人的诗作不仅在越南广为流传，还受到了中国文人的赞赏。康熙二十六年（1687 年），康熙帝曾出一上联命各国来华使节应对："春宵风月月添花色风送花香香生色色生香香香色色满春宵相思客兴相思客"，以试各国使节文才。越南使节阮登道对出"夏日琴诗诗富我情琴和我性性爰情情爰性性性情情娱夏日知音人识知音人"②，深得康熙皇帝赞赏。康熙五十七年（1718 年），越南使节阮公沆出使中国期间写有《简朝鲜国使俞集一、李世瑾》诗两首，其一曰：

沧海扬尘几度三，炎邦自昔宅交南。
六经以外无他道，一岁之中熟八蚕。
万户鱼盐常给足，四时花木共敷覃。
归来宣室如前席，似与观光助一谈。
（《皇越诗选》卷五）③

---

① 徐延旭《越南辑略》，梧州：梧州刊本，清光绪三年（1877 年）。

② 卢蔚秋《越南士子与汉文化：汉文化圈的一个例证》，载季羡林等《东方文化研究》，北京：北京大学出版社，1994 年，第 126 页。

③ 裴辉璧《皇越诗选》，希文堂刊，越南阮圣祖明命六年（1825 年）。

诗中极言安南声教之盛、物产之丰，令人神往。

值得注意的是，类似这样的越南文人与朝鲜文人的唱和、赠别之作是一种特殊的存在，它们在一定程度上体现了汉字文化圈中不同国家的文化共同体意识。早在明万历年间，安南使臣冯克宽与朝鲜使臣李睟光曾相遇于北京，李睟光赋诗《赠安南国使臣两首》，其中有“休道衣冠殊制度，却将文字共诗书”[①]；冯克宽则有《答朝鲜国使李睟光》，其中有“彼此虽殊山海域，渊源同一圣贤书”（《皇越诗选》卷五）。到了清代，越南使臣有更多这样的诗作。如阮公沆《简朝鲜国使俞集一、李世瑾》两首，其二中有“威仪共秉周家礼，学问同尊孔氏书”（《皇越诗选》卷五）；段阮俶《饯朝鲜国使尹东升、李致中》中有“旅况有心皆尚友，文光无地不同伦”（《皇越诗选》卷六）；胡士栋的《赠朝鲜国使李珖、郑宇淳、尹坊回国》中有“敷文此日车同轨，秉礼从来国有儒”（《皇越诗选》卷六）[②]；武辉珽的《赠朝鲜国使诗并引》中有“已喜衣冠无异制，更征图牒有同文”[③]。这些诗作不但体现了国家之间的友好，也体现了对儒家文化德泽广被、各国声教相通的赞美之情。由此可见，汉语言文字不仅在中越、中朝之间通用，在越朝之间也具有一定的通用性，具有区域性国际通用语的性质。

三、日本江户时代的汉语言文字传播

清代初期到中期，正值日本江户时代（1603—1867），也是中日文化交流的特殊时期。这一时期中日没有直接的接触和联系，两国并无正式外交关系，但日本的汉语言文字传播继续取得突出成就。这主要有三个原因：第一，日本历代统治阶层的重视。德川幕府虽然实行锁国政策，但历代幕府将

① 李睟光《安南使臣唱和问答录》，载弘华文主编《燕行录全编》（第一辑第五册），桂林：广西师范大学出版社，2010年。

② 裴辉璧《皇越诗选》，希文堂刊，越南阮圣祖明命六年（1825年）。

③ 武辉珽《华程诗》，载《越南汉文燕行文献集成（越南所藏编）》（5），上海：复旦大学出版社，2010年。

军都比较重视汉学的发展。第二，中日民间贸易往来频繁。基于经济交往的需要，汉语传播成为一种“硬需求”。第三，汉语言文字在日本长期传播，已有深厚积淀。民族文化和国家学术的发展离不开历史传承，日本的文化无法割断与汉语言文字的联系。

清代时，随着航海技术的发展，日本海峡早已不再成为两国间贸易往来的障碍，两国间的商船贸易持续不断。据统计，“自公元1622—1839年间，到达日本的中国商船达6200多只”①,这样规模的贸易往来使得“语言通”的需求长期存在。中国商人深知日本人对汉籍的喜爱，因此前往日本的商船往往或多或少载有中国书籍，可以说，书籍是也是输入日本的商品之一。据清代曾经旅日的钱塘人汪鹏说:“唐山（作者注：指中国）书籍，历年带来颇夥。东人好事者，不惜重价购买，什袭而藏，每至汗牛充栋。”②中国书籍的输入对于日本文化发展影响之大难以估量。

清代中日间贸易的发展还导致了一种特殊职业——唐通事在长崎港诞生。16世纪70年代，日本即对外开放了长崎港，此后很长一段时间内成为中国商船的目的地。由于繁忙的中日商船贸易的需要，1604年（明万历三十二年），长崎地方官小笠原一设立了“唐通事”。当时日本称汉语口语为“唐话”，唐通事就是从事唐话翻译、服务于中日贸易的人员。后来不断扩大，逐渐发展成为有不同职务、不同级别的组织机构。唐通事一般为迁居日本的中国人或其后裔，其身份是世袭的，“里居事迹均不可考，皆渡东后永居长崎，而隶日本籍者。其子孙世为通事”(《东槎见闻录·流寓》)③。唐通事群体的出现在汉语教学史上留下了浓墨重彩的一笔。他们的唐话学习重视口语，不同于日本历史悠久的以汉字和汉语书面语为主的学习。

① 杨考臣主编《中日关系史纲》，上海：上海外语教育出版社，1987年，第66页。

② 汪鹏《袖海编》（王锡祺辑《小方壶斋舆地丛钞》），江苏：南清河王氏铸板，清光绪二十年（1894年）。

③ 陈家麟《东槎见闻录》（王锡祺辑《小方壶斋舆地丛钞》），江苏：南清河王氏铸板，清光绪二十年（1894年）。

唐通事子弟是从发音开始学习的，语音阶段使用的教材是《大学》《论语》《孟子》《诗经》等，学生直接用“唐音”来读。[①]当然，当时所谓的“唐音”，并不是今天的北方话，而是近于福建、浙江一带的语音，因为“中国商于日本者，三百年中，一岁一至，闽浙之人为多。所操土音，日人误以为正音，习象胥之学者，多从其言”（《东槎见闻录·学校》）[②]。过了语音阶段，就开始学习汉语常用词和短语。这一时期的教材很有特点，是唐通事们自行编写的课本，如《二字话》《三字话》《长短话》等，接下来是《译家必备》《二才子》《两国通事》等。到了高级阶段，还要阅读中国古典文学作品，如《今古奇观》《三国演义》《水浒传》《西厢记》等，一方面继续提高唐话语言水平，另一方面获得必要的中国文化知识。[③]今天看来，唐通事的汉语学习已经形成了较完备的体系，他们自行编写的梯级课本也显得非常专业。其汉语学习有两个特点：一是注重口语，接近于今天的“听说领先”教学法；二是专门用途汉语学习特色明显，着重于贸易专用的口译技能。

由于改朝换代的原因，迁往日本的明朝移民很多。这一批中国移民也对汉语言文字在日本的传播产生了重要影响。朱舜水（1600—1682）是其中较为著名的人物。朱舜水是文武全才，明崇祯年间被荐于礼部。明亡国后，朱舜水义不事清，亡命海外，往来于日本、安南、暹罗之间，曾数度前往日本乞师抗清。从1604年开始，德川家康建立的江户幕府开始逐步实行“锁国”政策，尤其是1639年以后，不准任何外国人留居日本。而1659年，幕府破例特准流亡的明朝遗臣朱舜水定居于长崎传道讲学，打破了不许外国人留居的禁令。当时日本的儒学界处于中国北宋以来三百年程朱权威的笼罩之下，

---

① 张亚军《对外汉语教学法》，北京：现代出版社，1990年，第32页。

② 陈家麟《东槎见闻录》（王锡祺辑《小方壶斋舆地丛钞》），江苏：南清河王氏铸板，光绪二十年（1894年）。

③ 张亚军《对外汉语教学法》，北京：现代出版社，1990年，第32页。

尊奉朱子而几乎淡忘了儒学的源头孔子。朱舜水打破了这一局面，认定“孔子之道，宜可万事无弊”，扭转了学术风潮，重新建立起孔孟之道的权威地位，从而开创了日本儒学的新时代。①

朱舜水1665年被请至水户，敬为宾师，讲授儒家经典，进行汉语汉文化教学，“终日谆谆，论文讲礼”，“起废开蒙，孜孜善诱”②。他还著有《诸侯五庙图说》和《学宫图说》，为各学校建学宫，诸藩争相效法。朱舜水前后在日本二十多年，讲学不辍，于康熙二十一年（1682年）病逝于日本，享年82岁。朱舜水弟子众多，名人辈出，被尊为日本历史上颇有影响的“水户学派”的鼻祖，受到日本人的高度赞誉和普遍尊敬，认为他“实开日本文教之先声”③。

日本本土学者中，对汉语言文字传播发挥较大积极作用的莫过于荻生徂徕（1666—1728）和冈岛冠山（1674—1728）。荻生徂徕是江户时代最负盛名的汉学家，在校勘与整理中国古代典籍方面做出了重要贡献。他不但强调学习古代汉语，对当时的汉语口语“唐话”也很重视，经常用汉语讲授儒家经典，还编有《译文筌蹄》。《译文筌蹄》的主要内容是通过解释汉字的字音和字义强调翻译的方法，并分类探讨了古汉语动词、形容词、虚词的用法。这部书既可作为汉语教材，也可作为词典和翻译学习的参考书。日本正德元年（1711年），荻生徂徕成立了教授汉语的组织“译社”，并请当时汉语水平最高的学者冈岛冠山担任汉语教师，推动了“唐话、唐音”的学习。④

冈岛冠山是长崎人，精通汉语，是当时最为知名的汉语教学专家和翻译家，著有《唐话纂要》《唐译便览》《唐话便用》等汉语教材。《唐话纂要》

---

① 高明士编《东亚文化圈的形成与发展：儒家思想篇》，上海：华东师范大学出版社，2008年，第181—182页。

② 今井弘济、安积觉《舜水先生行实》（朱舜水《舜水遗书》文集附录），1913年铅印本。

③ 王韬《扶桑游记》（王锡祺辑《小方壶斋舆地丛钞》），江苏：南清河王氏铸板，清光绪二十年（1894年）。

④ 张亚军《对外汉语教学法》，北京：现代出版社，1990年，第33页。

比较有影响，在汉语教学史上尤其值得注意。此书于1716年在江户出版，共五卷。1718年再版时增至六卷。其大体内容节录如下：

> 第一卷，二字话、三字话。二字话如“太平、享福、快乐、快活、爽快、兴趣、有趣”，三字话如“有才华、善诗文、真正妙、爱读书、发恨学、为人好、肯用心”。
>
> 第二卷，四字话。如“今日何往、许久不见、且请少坐、再坐笑谈”。
>
> 第三卷，五字话、六字话、常言。五字话如“今日天色好、明日再过来”；六字话如“今朝天气不好、但凭你怎么样、休要只管啰嗦”；常言如“平常不做亏心事，半夜敲门不吃惊；欲要生富贵，须下死工夫；把官路当人情；借花献佛；家丑不可外扬”。
>
> 第四卷，长短话。如“今天下太平，四海无事；上悯下劳，下沐上恩；恭喜恭喜”。
>
> 第五卷，亲族、器用、畜兽、米谷、花草、船具、数目。如“玄祖、曾祖、祖父、祖母”，“凤凰、孔雀、鹦鹉、杜鹃”……
>
> 第六卷，和汉奇谈，编选了一些如“孙八救人得福”“德荣行善有报”等小故事。上述学习材料，均在汉字旁采用日文假名注音，并在下面加注日文翻译。①

这部教材体现了明显的第二语言教学意识，也有明确的教学理念和思路：从常用词和短语入手，逐步过渡到句子和短文。相对于传统的从汉字入手、以经典汉籍书面语学习为主的汉语言学习过程，这是具有革命性的突破，体现了对第二语言教学规律的初步认识，也体现了对语言功用的新理解。这部教材体现出的书面语和口语的区分意识，可以说是汉语教学史上的重要现象，

① 张亚军《对外汉语教学法》，北京：现代出版社，1990年，第33—34页。

开启了汉语教学近代化的先声。

另外值得一提的是，日本江户时代的汉诗文创作进入了一个全盛时代，这一时期汉诗在社会的普及前所未有，“能否做汉诗是衡量一个人有没有高尚修养的标志。因而这个时代名家辈出，汉诗成了第一流的文学形式，进入日本汉文学史上最辉煌的时代”[①]。清末著名学者余樾编辑过《东瀛诗选》四十卷及《补遗》四卷，入选的500多位诗人大部分是清代人。古诗文的兴盛说明大批创作者具有深厚的汉语书面语和音韵学修养。

德川幕府重视教育。江户时代有藩校，以汉学教育为主。从18世纪初期宝永年间（1704—1711）的四所藩校，发展到明治四年（1871年）为止，计有272所，未曾出现过无汉学课程的学校。[②]四书五经等儒家经典是其主要教材。当时除了推崇官学“朱子学”的藩校，各地还不断出现很多汉学私塾。江户时代的藩校与私塾，在培育国家人才的立场上与以修身、齐家、治国、平天下为人格修养的指标是一致的，但是由于私塾是民间的私立学校，对一般庶民开放，教育目的不受拘束，因此更注重符合时局演变的实用性教育，为之后日本的明治维新培养了不少人才。[③]

四、欧洲学者对汉语言文字的初步研究

众所周知，中国古代没有“语言学”这一概念，因而不讲西方所谓的“语法”。套用西方语法知识来认识和研究汉语言文字，始于清代的耶稣会士。

---

① 黄新铭《日本汉诗的历史与特色》，载北京市社会科学研究所国际问题研究室《中日文化与交流》编辑部编《中日文化与交流》（第二辑），北京：中国展望出版社，1985年，第153页。

② 徐兴庆《日本幕末思想家高杉晋作的中国观——兼论“明伦馆”与“松下村塾”之思想教育》，载高明士编《东亚文化圈的形成与发展：儒家思想篇》，上海：华东师范大学出版社，2008年，第209页。

③ 徐兴庆《日本幕末思想家高杉晋作的中国观——兼论“明伦馆”与“松下村塾”之思想教育》，载高明士编《东亚文化圈的形成与发展：儒家思想篇》，上海：华东师范大学出版社，2008年，第222—223页。

清康熙年间，耶稣会士南怀仁（Ferdinand Verbiest，1623—1688）利用西方科技服务于清廷，并帮助清政府铸造火炮，得到了康熙皇帝的赏识与信任，天主教在中国重新获得了声望和发展机会，耶稣会士在中国又开始活跃起来。1652年，耶稣会士卫匡国（Martin Martini，1614—1661）用拉丁文撰写了一部《中国文法》，这本书后来被意大利汉学家白佐良（Giuliano Bertuccioli，1923—2001）发现，经过整理公之于众。《中国文法》是传教士最早撰写的一部汉语语法书，套用西方语法体系来观照汉语。书中第一章介绍汉语的语音，第二章介绍名词及格的变化、代词、动词，第三章分析说明前置词、副词、感叹词、连接词、表示比较的词汇、代词、数量词的用法。这本书初步勾画了汉语的语法系统，虽然没有正式出版，但在欧洲影响很大。

另外一本有影响的汉语语法书是多明我会修士万济国（Franciscus Varo，1627—1687）于1682年在福建完成的《华语官话语法》，1703年在广州正式出版。这是世界上第一部正式刊行的汉语语法书，也是西方汉语研究史上的一部重要著作。书中对汉语的词类做了详细的描述，并通过对汉语词法的分析总结了汉语的句法规则，提到的句式有陈述句、主动句、被动句等；同时，提到了官话用语、如何称呼官员及亲属、拜见和邀请使用的专门用词，等等。总的来看，该书对汉语语法的描写尚较简单，但是抓住了汉语的一些突出特征。虽然今天看来书中的一些知识已是常识，但在当时却是了不起的创见，对后世学者的研究具有极大的参考价值。

还有一个值得一提的人物是法国耶稣会士马若瑟（Joseph de Prémare，1666—1736）。马若瑟1698年入华传教，大部分时间驻扎在江西的传教点。他的代表作《汉语札记》成书于1728年，被称为“始以正确的中国语的性质和构造，传于欧人，而为最早的专书”[①]。之所以有此说，是因为这部作品

① 石田干之助《欧人之汉学研究》，朱滋萃译，北平中法大学出版，1934年，第188页。

在世界汉语教学史上具有承上启下的意义。《汉语札记》首开明确区分口语和书面语两种语体、分阶段进行教授的先河，在初级阶段侧重于口语听说能力，在中高级阶段则以书面语读写能力为主。同时，与其他教材不同的是，《汉语札记》试图摆脱对拉丁语语法模式的套用，着眼于中国语言本身的特性来分析和建构汉语语法体系。马若瑟注意到了汉语中词序对意义的影响，而且关注到了中国传统语言学中“实字”和“虚字”的不同，他的介绍使“实词”和“虚词”的划分首次进入了西方普通语言学的范畴。马若瑟还强调汉字是中国语言文字的特色，主张形、音、义同步学习，从整体上去掌握和理解汉字。这些都是主动从汉语自身特点出发编写教材的可贵探索。

另外一个重要的汉语言文字研究群体是欧洲的本土学者，他们区别于来华传教士。这些学者生活在欧洲，大部分并没有亲自到过中国，主要通过赴华传教士、外交官、旅行家和商人获取东方的信息。他们的研究目的与传教士也有很大的不同：传教士以拓展教务事业为重要旨归，而本土学者“是从欧洲出发最后又回归欧洲的，也就是说，他们带着欧洲的问题研究中国，又把研究的结果在改变欧洲的实践中付诸实施”[①]。他们的研究也推动了欧洲17—18世纪“中国热”的形成。

17世纪早期德国著名博物学家基歇尔（Athanasius Kircher，1602—1680）曾担任卫匡国的数学老师，与当时的许多赴华传教士有着密切联系。他没有到过中国，但在参考了大量关于中国著作的基础上，写出了《中国图说》并于1667年出版。该书的第六部分专门介绍中国的语言，特意用了大段的篇幅剖析汉字，包括古汉字字体、汉字的起源及演化、汉字的结构特征、汉字的读音等内容，尤其是详细介绍了十六种汉字古体字，使欧洲更多的学者对汉语汉字有了较为深入的了解。不过，《中国图说》立足于中国之

① 许明龙《欧洲18世纪“中国热”》，太原：山西教育出版社，1999年，第64页。

外的客观视角来看待汉语汉字，使用的大多数为二手资料，因此尽管对汉字的突出特征描述得很详尽，但是对于汉字演化的描述并不十分科学。比如他认为汉字源于古埃及象形文字[①]，书中所介绍的字体也大都跟书法有关而不足以作为汉字演化的证据。他还认识到，汉字在中国、日本、朝鲜和越南地区"就像数学和算术在我们欧洲一样，那门语言每个人都能懂，尽管用以解释的话是不同的"[②]，这是对汉字通用性的发现。

另外值得一提的是欧洲寻求通用语言和原初语言的思潮以及有关汉语的一些争论和猜测。新航路开辟以后，欧洲人不但发现了新大陆，而且发现并接触到了大量陌生的语言，语言学家的事业变得更加广阔，拉丁语作为学术和官方国际语言的地位出现了动摇，寻求另外一种能够被普遍接受的通用语言成为很多语言学家努力的目标。从 17 世纪中期开始，一些欧洲人对创立一门世界性语言就产生了浓厚的兴趣。汉语在东亚地区的普遍适用性引起了欧洲学者的关注。与西方语言相比，他们认为汉字可以直接指示事物的性质和内涵，字符与所表达的对象之间有着某种真实的联系，是一种"真实字符"。而且他们认为，正是这一特性使汉语有成为世界通用语言的可能。如德国哲学家莱布尼茨（Gottfried Wilhelm Leibniz，1646—1716）年轻时就开始思考这个问题，在他的设想中，世界性语言类似一种"思想代数"，而"汉语的书写的本质意味着这门语言可作为世界性语言"，他还举例说，"比如，可以将中国人的'大'这个字当作表示'大'的意思的书写符号，全世界各民族都可以用这个符号，不管其发音多么不同"。[③]实际上，早在欧洲文艺复兴时期，英国哲学家弗朗西斯·培根（Francis Bacon，1561—1626）就

① 龚缨晏等《西方人东来之后——地理大发现后的中西关系史专题研究》，杭州：浙江大学出版社，2006 年，第 103 页。

② 艾田蒲《中国之欧洲：从罗马帝国到莱布尼茨》（上卷），许钧、钱林森译，桂林：广西师范大学出版社，2008 年，第 290 页。

③ 艾田蒲《中国之欧洲：从罗马帝国到莱布尼茨》（上卷），许钧、钱林森译，桂林：广西师范大学出版社，2008 年，第 285 页。

提出过类似的观点："汉语的字与事物相吻合，而不是与事物的名称相适应，汉语字表达的不是字母，不是词，而是事物与概念。"[①]

需要注意的是，欧洲本土的研究者往往把汉字等同于汉语。在他们看来，掌握了汉字就等于学会了汉语。因此，从 17 世纪中后期开始，不少学者孜孜以求地寻找"中文之钥"。他们以为只要破解了汉字结构之谜，汉语学习的难题就会迎刃而解。莱布尼茨认为，如果找到了"中文之钥"，那么汉语很有可能成为通用语言。他对中国的语言文字具有浓厚的兴趣，曾在通信中说："如果我们能够发现一把解开汉字之谜的钥匙，那么我们就找到了用来分析思想的工具。"[②]也有不少学者受到汉字结构的启发，试图发明一种更通俗易懂的字符作为通用语言。

最早提出"中文之钥"的是德国的缪勒（Andreas Müller，1630—1694）。他在 1674 年宣称发现了"中文之钥"，引起了不少学者的关注和质疑。但是所谓"中文之钥"到底是什么，缪勒直到去世也没有公开。不过，缪勒曾在 1672 年出版《中国碑文》一书，采用乐谱的形式对《大秦景教流行中国碑文》标注读音[③]，据此推测，他所谓"中文之钥"也许是一套汉字语音规则。

缪勒去世三年后，德国学者门泽尔（Christian Mentzel，1622—1701）也宣布发现了"中文之钥"并写成了一部书。书中除了一部分汉字读音规则以及词汇的说明外，还用很大的篇幅编排了一个包含 214 字根的小字典。214 字根实际上就是明清之际传入欧洲的汉字 214 部。从明代梅膺祚的《字汇》、清代张自烈的《正字通》到《康熙字典》，都是按照 214 部的体例编纂的。从门泽尔的论述来看，这 214 个基本字蕴含了汉字构造的奥秘，就如

① 艾田蒲《中国之欧洲：从罗马帝国到莱布尼茨》（上卷），许钧、钱林森译，桂林：广西师范大学出版社，2008 年，第 286 页。

② 安田朴《中国文化西传欧洲史》，耿昇译，北京：商务印书馆，2000 年，第 398—399 页。

③ 龚缨晏等《西方人东来之后——地理大发现后的中西关系史专题研究》，杭州：浙江大学出版社，2006 年，第 107 页。

同西文的 24 个字母，通过不同的组合构成数量丰富的汉字。所谓“中文之钥”，应该就是指对这 214 个基本字的发现。但是，这显然对 214 部的认识和理解不够准确。尽管如此，欧洲学者对于汉语汉字的极大热情和孜孜以求的探索，有力地推动了汉语言文字在欧洲的传播。

17 世纪的欧洲，宗教是一种占主导地位的文化价值观，因此，一些学者在宗教学的范畴内对汉语进行观察和研究，充满了浓厚的宗教色彩。《圣经》中有关于通天塔的记载，称人类在遭受洪水浩劫之前只说一种语言，后来因为建造通天塔而受到上帝的惩罚：上帝变乱天下人的语言，让他们分散到各地。欧洲学者曾经力图寻找这种所谓“原初”的语言，自从发现了汉语汉字，他们就有了新的猜测。英国学者韦伯（John Webb，1611—1672）1669 年出版了《论中华帝国的语言是原初语言的可能性》一书，这是英国历史上第一本关于汉语研究的专著。作者在序言中说：“我的意图并非说明其可能性，而是论证汉语最有可能是原初语言。”① 他以《圣经》和解经学为基础，论证了亚当和夏娃创造的人类始祖中就包括中国人，洪水之后诺亚方舟的停泊地极有可能就是亚洲的某个地方。由于中国人没有参与修建通天塔，因此在上帝变乱语言后，中国的语言得以保留下来。他甚至举出了各种理由，论证中国历史上的尧就是诺亚，而且建造方舟的地点就在中国。另外，作者还论述了中国文字惊人的稳定性。一般来说，外族的征服、商贸往来、民族接触以及时间的流逝，都会使语言文字发生变化，而中国文字虽然经历了历代的变迁却依然保持着原始的状态。他认为汉语古老、平易、普遍、质朴、实用、简洁，完全具备作为原始语言的六个特性。虽然他的理论更多的是推测和臆断，但却得到了不少学者的认同。如英国学者沙克福德（Samuel Shuckford，1694—1754）在 1727 年出版的《世界世俗和宗教史》中说：

---

① 龚缨晏等《西方人东来之后——地理大发现后的中西关系史专题研究》，杭州：浙江大学出版社，2006 年，第 101 页。

大地上确实有过人类的一种最早原始语言，也就是汉语。……正如已经有人指出的那样，诺亚很可能曾居住在这些地区。如果人类之祖和享天福的复兴者于此处走出方舟并定居在那里，那么很可能在那里留下了今天在世界上还讲着的一种世界性通用语言。[①]

“中国热”开始于1650年前后，结束于1750年前后，其发生得益于中国商品大量出口欧洲以及耶稣会士、旅行家对中国文化的反复介绍，也反映了全球化初期欧洲人在日常生活中对异国情调的追求。但是，他们心目中的中国形象更多地来自想象和加工，真正到过中国的人并不多，甚至一些研究中国的学者也从未到过中国。17世纪下半叶之后，法国成为“中国热”的中心，“有关中国的信息法国最多，中国情趣在法国最风行，关于中国的争论在法国最激烈，在大多数中国研究领域里法国走在最前面，中国的影响在法国最大、最持久”[②]。在欧洲人心目中，没有比中国更遥远的地方，也没有比中国更神秘、更具吸引力的地方，包括中国的思想观念、人与物产和生活方式。但是，他们创造的中国形象与真正的中国可能有天壤之别，他们对汉语言文字的认识也没有摆脱异国情调的眼光。尽管如此，法国学者们关于汉字起源的旷日持久的争论，不仅引领了超过半个世纪的学术界的研究旨趣，而且也大幅提高了欧洲民众对汉语言文字的熟识度。16到18世纪，以来华耶稣会士为代表，掀起了第一波西方人学习汉语的高潮。据统计，从1575年至1800年，入华传教士编有60多种类似外汉和汉外字典的词汇集，大多为未付梓的手稿，今天尚存有50多种抄本。[③]

---

① 转引自安田朴《中国文化西传欧洲史》，耿昇译，北京：商务印书馆，2000年，第397页。

② 许明龙《欧洲18世纪“中国热”》，太原：山西教育出版社，1999年，第143页。

③ 徐时仪《明清传教士与辞书编纂》，《辞书研究》2016年第1期。

五、清代在海外传播汉语言文字的中国人[①]

清代虽然并没有“对外汉语教学”和“对外汉语教师”的概念，但出现了一些特殊的人物，他们有意或无意之中为汉语在欧洲的传播做出了贡献，可以称为对外汉语教学的先驱。

当时西方各国传教士在来华传教的同时，还挑选了一些中国信徒带往欧洲培养，这些信徒便成为最早去欧洲的中国人。他们虽然没有主动担负起在欧洲教授汉语、传播中国文化的使命，但一些人兼做了不少相关的工作。尽管他们这样做并非自觉，但从汉语言文字传播史来看具有重要意义。据方豪《同治前欧洲留学史略》一文的统计，1795 年前往西方留学的中国人有姓名在录的就有 63 人。[②]

1681 年，南京人沈福宗（1657—1692）随比利时传教士柏应理（Philippe Couplet，1623—1693）到达欧洲，目的是学习神学和西方文化。他是最早到达欧洲的中国留学生之一，也可以说是有记载的第一个到达西方国家并进行了实质性跨文化沟通的中国人。他在欧洲居留长达 12 年之久，于 1692 年返回中国，不幸在回国途中染病去世。在法国期间，他曾被带入凡尔赛宫，得到法王路易十四的接见，并为路易十四表演了用筷子吃饭、用毛笔写字。沈福宗还见到了教皇、英王，英王甚至将他的画像挂在卧室中。他在牛津大学期间结识了当时被公认为欧洲第一流东方学家的海德（Thomas Hyde，1636—1703）。通过书信往来和交谈，沈福宗向海德介绍了一些有关中国的知识，比如度量衡的单位、中国的地理、汉语的语法、二十四节气的名称，以及六种中国游戏，包括围棋和中国象棋的下法及游戏规则。这些内容后来出现在海德的一些文章和著作之中。沈福宗还和海德一起编辑了牛津大学图书馆的中文藏书目录，详细向海德讲解了有关中文的相关知

---

① 本部分主要内容参阅张西平主编《世界汉语教育史》（北京：商务印书馆，2009 年）第三章第三节、第五节。

② 方豪《方豪六十自定稿》，台北：台湾学生书局，1969 年。

识。海德最负盛名的著作之一《东方游戏》被称为游戏史上的第一部划时代巨著，书中介绍了六种中国游戏，包括中国象棋和围棋。显然，从沈福宗那里得到的关于中国的知识给予了海德极大的帮助。

1702 年，福建莆田天主教徒黄嘉略（黄嘉略是教名，他原名叫黄日升）被巴黎传教会的梁弘仁（Artus de Lionne，1655—1713）带到法国，后来作为法国国王路易十四的中文翻译在法国定居，并娶法国女子为妻，1716 年在巴黎病逝。黄嘉略的重要贡献在于编写了法国汉学史上第一部汉语语法书和汉语词典，可以说是法国正规汉学的鼻祖。18 世纪初期的法国依然处于“中国热”之中，对中国的一切充满了热情与幻想，但整个法国并没有懂中文的人，这使得他们难以从书中获得有关中国的信息。在这种情况下，黄嘉略编写了一本《汉语语法》。此书于 1716 年写成，也是中国人编写的第一部汉语语法书，比《马氏文通》早了 172 年，可惜书稿大部分遗失。他还编写了一部《汉语字典》，“已经完成的部分共收字 5210 字，分属 85 个部首”[①]。从黄嘉略的成就来看，他最早较为系统地将汉语汉字介绍给了欧洲人。

1751 年，在北京教会学校读书的两个青年人高类思、杨德望被传教士带到法国，他们在法国教会学校结束学习以后，又进入法国科学院学习物理、化学等课程，并参观了法国的各种近代化工厂。两人在返回中国以前完成了关于中国国情的长篇调查报告，第一次较系统地比较了中国和法国在经济、科学、工艺上的区别，受到法国人的重视，对法国重农学派的思想产生了重要影响。七年之后，英国经济学家亚当·斯密（Adam Smith，1723—1790）的近代经济学经典著作《国富论》也间接受到了这份报告的启发。[②]

1804 年，广东人容三德在英国东印度公司船长威尔森的帮助下，来到伦敦并进入学校学习英文。1805 年，在伦敦会的安排下，他开始帮助马礼逊（Robert Morrison，1782—1834）学习汉语。当时的马礼逊即将被派往中

① 许明龙主编《中西文化交流先驱》，北京：东方出版社，1993 年，第 282—283 页。

② 谈敏《法国重农学派学说的中国渊源》，上海：上海人民出版社，1992 年，第 84—90 页。

国，在容三德的教授下，马礼逊汉语提高很快，为入华打下了良好的基础。马礼逊是西方派到中国大陆的第一位基督新教传教士。

湖北人郭栋臣自 1861 年开始作为神职人员在意大利拿波里（又译“那不勒斯”）中华学院（1732 年由马国贤创办，1888 年改名为皇家东方学院，是今那不勒斯东方大学的前身）学习了 12 年，回国后于光绪十二年（1886 年）又被罗马传信部招到拿波里中华学院教中文。在这里，他编写了中文教材《华语进境》。这是第一部用中文经典著作的译本编写的汉语教材，其内容主要是摘录一些儒家经典中的段落。作者在书中也阐明了对语言、语言教学和文化交流的一些基本看法。他认为各民族之间的文化交流，首先是语言之间的交流，因此学习外语很重要；他通过了解西方汉学，提出中国人应自觉开展对外汉语教学，向西方介绍中国文化；他敬仰西方饱学的汉学家，同时又不甘在中国文化研究上落后于他们。这些说明郭栋臣在汉语教学上已经有了相当的自觉性，这在晚清是十分罕见的。

戈鲲化（1838—1882）是第一个赴美国任教的汉语教师。他是晚清举人，1879 年受聘到哈佛大学任教，是登上哈佛讲台的中国第一人，对美国汉学和汉语教学的发展做出了重要贡献。戈鲲化本是英国驻宁波领事馆的翻译兼中文老师，在教西方人中文方面具有一定的经验；同时，他还是一位有着深厚中国传统文化修养的作家和诗人。在哈佛大学，戈鲲化坚持穿清朝官服、戴官帽上课，以自编的《华质英文》作为教材，其中还收录了自己创作的诗作。他还选取中国古典小说作为教材，全面介绍中国古典文化，是一位十分独特的汉语教师。

六、19 世纪西方专业汉语教育的兴起与汉学的诞生

18 世纪的中国文化虽然在欧洲风光一时，但是相关研究却并没有真正进入欧洲的学术体系和学院教育。1807 年，随着英国新教传教士马礼逊的入华，西方人开启了新一轮的传教活动，同时也进入了学习汉语的新阶段。

这一时期的历史背景已经发生了巨大的变化。

进入 19 世纪之后，一方面，西方的物质文明飞速进步；另一方面，中国的封建体制逐步走向衰败。此消彼长之间产生了巨大的落差。随着欧洲神权的衰落和近代工业资本主义的发展，欧洲人从征服世界的立场来看待中国，日益强烈地认识到中西文化的差异性和对立性，这成为欧洲人认识中国的新起点。在与中国更为直接的接触中，西方人开始逐步认识到启蒙运动时期对中国的印象是抽象、神秘且不真实的，关于东方的一切开始遭到否定，此时“18 世纪梦幻般的中国被无情地蒙上了肮脏、落后的阴影”[①]。在 19 世纪的一些著作中，对中国的评价开始明显地降低。

这一时期欧洲学术界逐渐形成的“欧洲中心主义”严重影响了汉语在西方世界的传播。然而，语言传播的动因通常是多元的、变化的。从另一个角度来看，西方殖民主义者在 19 世纪加快了对远东和亚洲地区的侵略和掠夺，欧洲各国都急需培养大批懂汉语、了解中国的人才，借以为殖民扩张服务。出于现实政治和商业利益的需要，欧洲各国开始在大学设置汉语课程。一些西方外交官、商人、传教士回国后，在大学潜心研究汉学，成为了著名学者。他们推动了汉学在 19 世纪作为一门学科的建立。

无论出于何种动机，新教传教士以及一些西方学者仍然对中国语言、文明和历史表现出了研究的兴趣，在汉语学习和研究方面取得了一些令人瞩目的成就，尤其是在翻译和出版领域。欧洲专业汉学在 19 世纪初正式诞生。

1814 年 12 月，法兰西公学院（Collège de France）开设了“汉、鞑靼、满语言文学”讲座，设置了第一个汉学教席。这通常被认为是汉学诞生的标志性事件。当时年仅 27 岁的雷慕沙（Jean Pierre Abel Rémusat，1788—1832）被任命为首任教席。他是法国第一位汉学教授，也是欧洲乃至西方

① 费正清《观察中国》，傅光明译，北京：世界知识出版社，2001 年，第 6 页。

国家的第一位汉学教授。由于当时清朝由满族统治，满语在中国也普遍使用，因此在名义上，当时的研究并不单单是专门针对汉语的。1832 年雷慕沙早逝以后，儒莲（Stanislas Julien，1797—1873）承袭这一教席达 40 年之久。

雷慕沙著作很多，但他的一个重要贡献是发现并引介了马若瑟的《汉语札记》，并从中受到启发编写了《汉文启蒙》。《汉文启蒙》尝试不过度依赖欧洲语言的语法框架来分析汉语动词，提出了一些颇有创见的观点，在很长一段时间内被作为法兰西公学院的汉语教材。

除了法兰西公学院以外，法国还有国立东方语言学院，也是 19 世纪法国汉学研究的重要基地。这所学校是法国大革命期间根据 1795 年国民会议的法令建立起来的，它的前身是 1669 年路易十四创建的翻译学校。但是鸦片战争之前，汉语并没有进入东方语言学院的课堂。直到 1839 年林则徐虎门销烟引起欧洲舆论的注意后，东方语言学院才于 1840 年开始逐步开设汉语课程。法国有拉丁文教育的传统，因而长期以来在语言教学领域形成了重语法翻译以及重书面、重文化的倾向。但是，《南京条约》（1842 年）和《中英五口通商章程》（1843 年）签订以后，给予了那些能够前往中国的人——通译、传教士和商人——研究汉语口语的更多机会。1843 年东方语言学院开设了第一个“通俗汉语”讲座，教授汉语口语，其动机是帮助法国人进入东南亚。第一位汉语教授是巴赞（Antoine Pierre Louis Bazin，1799—1863），他的主要成果是研究汉语白话语法的《官话语法》（1838 年）。但实际上，巴赞从未到过中国。法国是 19 世纪欧洲较早正式教授汉语口语的国家。1900 年，法国里昂大学开设汉语教席。有意思的是，最支持这一教席设立的是里昂的工商会，因为里昂有跟丝绸有关的产业，这说明汉语需求实际上跟产业需求是有关联的。

俄国是最早与中国签订条约的西方国家（1689 年《尼布楚条约》），而且与中国拥有漫长的共同边界，所以早在 18 世纪，俄国的圣彼得堡科学院就已经正式开始了对汉语和满文的研究。1837 年喀山大学设立汉语教席，1855 年转到圣彼得堡。19 世纪中期，俄国成为欧洲除法国之外最重要的汉学中心。

从欧洲其他国家来看，19 世纪下半叶，意大利的一些大学也曾设立汉学教职的临时职位，但影响不大。英国马礼逊于 1825 年创立伦敦地方语言学校，1837 年大学院开设汉学讲座。理雅各（James Legge，1815—1897）于 1875 年在牛津大学创立汉学系，威妥玛（Thomas Francis Wade，1818—1895）于 1884 年在剑桥大学创设汉学系。由此可知，英国牛津和剑桥两个最重要的汉学教席直至 19 世纪后半段才成为终身教授职位。1876 年，荷兰在莱顿大学设立了一个汉语语言和文学的教席，其动机在于当时荷兰需要专家去处理荷属东印度领地少数民族华裔的事务。

在德国，汉语教学和研究机构的设立要比法国晚近一个世纪，但东方学却有着悠久的历史传统，很多研究梵文、阿拉伯文的东方学者亦兼习汉语。1871 年以后，德国出于发展东方贸易的需要，也为与列强展开在中国的竞争，开始注重培养更多懂汉语口语的人才。1878 年，贾柏莲（Georg von der Gabelentz，1840—1893）成为莱比锡大学新成立的东亚语言讲座的编外教授，这是德国第一个汉语教习。① 1887 年 10 月 27 日，柏林大学正式成立东方语言研究所，为赴华的教师、商人、职员等开设汉语课程。随着德国在东方政治势力的增强和贸易关系的日益密切，柏林大学东方语言研究所受到了德国外交部的资助，汉语教学日益兴旺。从 1887 年到 1912 年的 25 年间，大约有 480 人在这里学习汉语，毕业后供职于外交部门。② 1912 年，柏林大学正式成立汉学系。

---

① 张国刚《文明的对话：中西关系史论》，北京：北京师范大学出版社，2013 年，第 272 页。

② 张国刚《文明的对话：中西关系史论》，北京：北京师范大学出版社，2013 年，第 279 页。

“汉学”（Sinology）这一专有名词在19世纪末期第一次出现。

七、清政府禁绝汉语传播的态度及西方人对语言权利的争夺

随着西方国家在全球的殖民扩张以及全球性贸易网络的初步建立，语言的接触、传播和竞争全方位地加剧了，然而中国却日益走向保守和封闭。西方人东来之后，中国只是被动地被西方认识，并没有真正地试图去了解西方，所谓“夷人”“洋人”只是笼统的称呼，并不区分来自欧洲具体哪个国家。自明代末期开始，中国政府在汉语言文字对外传播问题上已经开始不断采取限制的态度。据利玛窦记载，明代末期广东香山县城曾贴过这样一则告示：

> 据各方严讼，现在澳门犯罪违法之事所在多有，皆系外国人雇佣中国舌人所致。……尤为严重者，现已确悉彼辈竟教唆某些外国教士学习中国语言，研究中国文字。……上项舌人倘不立即停止所述诸端活动，将严行处死不贷。[①]

这种禁绝外国人学习汉语的政令一直延续到清代，与清政府限制海外贸易有着密切的关系。1793年乾隆皇帝答复英王乔治三世的一封信中曾说：“天朝物产丰盈，无所不有，原不借外夷货物以通有无”（《粤海关志·卷二十三》）[②]。由此可见，清政府对海外贸易是没有兴趣的。1759年，由于通商政策的冲突而发生了“洪仁辉事件”，负责处理此事的两广总督李侍尧上奏乾隆皇帝，将事件的发生归咎于中国人教洋人学习汉语：

> 查夷人远处海外，本与中国语言不通……近如夷商洪仁辉于内地

---

① 利玛窦、金尼阁《利玛窦中国札记》（上），何高济、王遵仲、李申译，何兆武校，北京：中华书局，1983年。

② 梁廷枏《粤海关志》（三十卷），清道光刻本（四库全书版），第121页。

土音官话，无不通晓，甚至汉字字义，亦能明晰……设非汉奸潜滋教诱，何能熟悉？如奸民刘亚匾始则教授夷人读书，图谋财务，继则主谋唆讼，代做控辞，由此类推，将无再不可以勾结教诱，实于地方大有干系。①

其中提到的“奸民刘亚匾”也许是第一个因教授外国人汉语而获罪的人。清政府颁布《防夷五事》，全面限制外商在中国的活动，教授外国人汉语言文字也成为被禁止的行为。到了雍正时期，中国一改对天主教的宽容态度，开始实行禁教政策，驱逐传教士，限制天主教在中国的发展。通过传教士发生的中西交流也受到了抑制。1775 年耶稣会解散，这个产生了大批汉学家的宗教团体就在历史上消失了，西方人的汉语言文字学习也进入了低潮。

1807 年马礼逊到达广东时，恰逢清政府禁止外国人学习中文，甚至禁止他们买中国书。马礼逊先后聘请了两位中文老师：杨广明和李先生。但据记载，他们“每次去授课的时候，身旁必须随带一只鞋子和一瓶毒药，鞋子表示他是去买鞋子的，不是去教书的，毒药是预备万一官府查出，可以自尽”。②清廷还有一条禁令：华人不得信洋教，违禁者同样处死。所以马礼逊在华传教 25 年，发展的信徒仅有 4 人。

由于清政府的禁教和闭关政策，传教士在华传教及汉语学习困难重重。因此，马礼逊等人选择在临近中国并处于欧洲新教国家统治下的马六甲建立英华书院（The Anglo-Chinese College），目的是培养能够在中国和邻近国家传教的牧师。英华书院 1818 年奠基，1820 年建成并开始正式招生，学生包括欧洲人、中国人以及当地华裔，学院开设汉语和神学相关课程。这是新教传教士创办的第一所汉语培训机构，培养出了不少汉语人才。由于毕业生实际上很少从事传教工作，而以从事商业和翻译工作居多，学院于 1841 年关闭。

---

① 郭廷以编《近代中国史》，上海：商务印书馆，1941 年，第 381 页。

② 蒋廷黻《中国近代史》，北京：现代出版社，2018 年，第 7 页。

马礼逊的汉语学习和研究成就均很突出，他1823年编写出版了《华英词典》，对于西方人学习汉语贡献很大。1829年，美国最早来华的传教士裨治文（Elijah Coleman Bridgman，1801—1861）曾在广州跟随马礼逊学习。另一位美国传教士卫三畏（Samuel Wells Williams，1812—1884）1833年到达广州，他的汉语启蒙老师则是裨治文。他们找不到中国人当老师，只能采取先来者为后来者之师的办法。

清政府之所以制定禁绝外国人学习汉语的政策，应该是意识到了语言与国家安全之间的关系。教洋人汉语、代写文字，被视为内外勾结、祸乱国家的行为。鸦片战争时期，清政府在对外战争中一再遭到挫败也被某些人部分归罪于教洋人汉语汉字的“汉奸”，成为其推脱失败罪责的说辞之一。随着西方人在华利益诉求的不断增加，他们迫切要求学习汉语合法化。

1840年以后，西方列强用坚船利炮打开了中国国门，在攫取一系列利益的同时，他们也非常重视学习汉语言文字的权利。在一些不平等条约中，他们堂而皇之地把允许西方人学习中国语言文字写入了条款之中。如1844年中美《望厦条约》中就有约定：“准合众国官民延请中国各方士民人等教习各方语音，并帮办文墨事件，不论所延请者系何等样人，中国地方官民等均不得稍有阻挠、陷害等情；并准其采买中国各项书籍。”[①] 签订条约时，美方的重要翻译正是裨治文。这一条款明显是针对清政府禁止外国人学习汉语政策的。

我们还注意到，美国人要求学习的是“各方语音”，而不仅是标准官话，这也和其经济利益在中国的分布有关。由于当时广州是外国人来华的重要口岸，因此广东话在对外交往中，尤其是在贸易领域的重要性丝毫不亚于北京官话。当时想学广东话的外国人日益增多。为了帮助外国人学习广州话，马礼逊1828年编写过《广东省土话字汇》（*Vocabulary of the Canton Dialect*），

---

① 梁为楫、郑则民主编《中国近代不平等条约选编与介绍》，北京：中国广播电视出版社，1993年。

裨治文 1841 年又编写了《广东方言读本》（*A Chinese Chrestomathy in the Canton Dialect*）。

鸦片战争以前，中国与外国交涉的公文历来都是用汉语书写的；但是鸦片战争以后，中国在国际语言使用上就沦为了弱势一方。1858 年签订的中英《天津条约》中规定：

> 嗣后英国文书俱用英文书写，暂时仍以汉文配送，俟中国选派学生学习英文、英语熟习，即不用配送汉文。自今以后，遇有文词辩论之处，总以英文作为正义。[①]

同时签订的中法《天津条约》也有类似条款：

> 自今以后，所有议定各款，或有两国文辞辩论之处，总以法文作为正义。[②]

在这样的条款约束下，英文、法文成为了条约文本的法定文字，也就是说，有疑义之处，以英文、法文的表述为准。在这样的情况下，中国语言主权受到侵犯已成事实，其根源在于当时中国国家语言能力的孱弱。当时的清政府无人通晓西方语言，而英、法、美等国早已储备了熟练掌握汉语的翻译和外交人员，这就使得中国在对外谈判中处于极其被动的地位。清政府靠禁绝外国人学习汉语而设置的语言壁垒已被攻破，外国人已经做到了知己知彼，汉语文本在他们面前已没有秘密可言。反观清朝，则是知己而不知彼，处处被西方人占据先机。

经过外交上的屡次失败，奕䜣等人发现，“窃查中国语言文字，外国人无不留心学习……往往辩论事件，援引中国典制律例相难”[③]。他们也终于认

---

① 王铁崖编《中外旧约章汇编》（第一册），上海：生活·读书·新知三联书店，1957 年。
② 王铁崖编《中外旧约章汇编》（第一册），上海：生活·读书·新知三联书店，1957 年。
③ 宝鋆等修《筹办夷务始末（同治朝）》，台北：文海出版社，1971 年。

识到："查与外国交涉事件，必先识其性情。今语言不通，文字难辨，一切隔膜，安望其能妥协！"[①] 语言能力的不对等导致了外交上的不对等，继而导致了国家利益的丧失，这也是迫使清政府下决心开办京师同文馆的直接原因。

八、19 世纪西方人汉语辞书和教材的编纂

明朝末期以后到达中国的欧洲传教士可以说是欧洲最早的一批汉语语言学家。他们学习汉语，把中国介绍到欧洲，将汉语著作翻译成欧洲语言，并且将汉语知识整理成系统的语法书和教科书，编纂了最早的汉语—欧洲语言词典。他们推动了中国和欧洲的交流，推动了近代西方汉学的诞生。

鸦片战争失败以后，中国被迫放松了外国人在华传教的禁令，允许外国人在中国建立教堂。在这种形势下，越来越多的欧洲和美国传教士来到中国从事传教活动，还有很多学者和官员来到中国。为了满足传教、外交、商贸甚至是军事的需要，他们学习汉语、研究汉语的热情有增无减。19 世纪汉语言文字在西方传播的突出成就还在于词典的编纂和语法书、汉语教材的编写。兹摘列部分作品如下，见表 3-1（按年份排列）：

表 3-1　19 世纪西方部分词典和教材[②]

出版时间	作者	作品名	出版地
1813 年	德经（C. L. J. de Guigues）	《汉—法—拉丁语词典》	巴黎
1813 年	那不勒斯中国人学院	《中国字》（那不勒斯中国社团提供给商校学生使用的汉语语法书）	那不勒斯
1814 年	马希曼（Joshua Marshman）	《中国言法》	塞兰坡

① 朱有瓛主编《中国近代学制史料》（第一辑·上册），上海：华东师范大学出版社，1983 年。

② 参考卡萨齐（Giorgio Casacchia）、莎丽达（Mariarosaria Gianninoto）《汉语流传欧洲史》，上海：学林出版社，2011 年；李葆嘉《西洋汉语文法学三百年鸟瞰》，《华东师范大学学报（哲学社会科学版）》2020 年第 3 期。有些作者中文名不详，原文没有，难以稽查。

续表

出版时间	作者	作品名	出版地
1815 年	马礼逊（Robert Morrison）	《通用汉语之法》	塞兰坡
1819 年	克拉普罗特（J. Klaproth）	《汉字西译补篇》	巴黎
1822 年	于雅乐（Camille Clément Imbault-Huart）	《轶事、小故事以及汉语口语妙语》	巴黎
1822 年	雷慕沙（Jean Pierre Abel Rémusat）	《汉文启蒙》	巴黎
1823 年	马礼逊（Robert Morrison）	《华英词典》	澳门
1841 年	江沙维（J. A. Gonsalves）	《拉丁中华合字典》《拉汉词汇手册》	澳门
1842 年	卫三畏（Samuel Wells Williams）	《拾级大成》	澳门
1845 年	巴赞（Antoine Pierre Louis Bazin）	《汉语常用语语法回忆录》	巴黎
1846 年	罗伯聃（Robert Thom）	《汉语会话，或官话作品，尤其是北京话撮要》	宁波
1853 年	艾约瑟（Joseph Edkins）	《上海话口语会话语法》	上海
1856 年	巴赞（Antoine Pierre Louis Bazin）	《官话语法》	巴黎
1857 年	艾约瑟（Joseph Edkins）	《汉语官话口语文法》	伦敦
1864 年	罗存德（William Lobscheid）	《汉语语法》	香港
1867 年	威妥玛（Thomas Francis Wade）	《语言自迩集》	伦敦
1869 年	高第丕（Tarleton Perry Crawford）（与中国学者张儒珍合编）	《文学书官话》	登州（今山东蓬莱）
1869 年	儒莲（Stanislas Julien）	《汉文指南》	巴黎
1875 年	H. Basuiau	《法汉小词典》	手写本，保存于上海徐家汇藏书楼
1876 年	马礼逊（Robert Morrison）	《宁波方言英汉词典》	上海
1878 年	湛约翰（John Chalmers）	《英粤字典》	香港
1879 年	晁德莅 (Angelo Zottoli)	《中国文学教程》	上海
1880 年	文璧（Jasper Scudder Mcilvaine）	《中国北方白话文法研究》	上海

续表

出版时间	作者	作品名	出版地
1881 年	甲柏连孜（Hans Georg Conon von der Gabelentz）	《汉文经纬》	莱比锡
1888 年	阿贝尔·德·米歇尔（Abel des Mishels）	《中文写作》	巴黎
1892 年	江沙维（J. A. Gonsalves）	《汉字文法》	澳门
1893 年	由四川南部的多位传教士和当地传教士合作完成	《华东官话汉法词典，附有法汉词典》	香港
1894 年	P. Rabouin	《法汉上海松江等方言词典》	上海

这一整理并不完整，但也可以看出 19 世纪欧洲汉语研究的基本面貌。

整个 19 世纪是中国封建王朝走向没落的时代，同时由于西学东渐浪潮的兴起，汉语言文字的对外传播几乎湮没无闻。而这一时期欧洲传教士、学者、外交官对汉语的学习和研究，无疑对汉语言文字的持续传播做出了重要贡献，也给汉语本身的发展带来了深刻的变化。他们出版的研究著作、双语词典和汉语教材，对于汉语传播史研究具有重要的学术价值和史料价值。这些著作中保存了丰富的近代汉语语料，既涉及书面语，又涉及口语；既涉及共同语，又涉及方言。这些作者普遍具有较好的研究功底，他们运用西方语言学的研究方法对语料加以描写，给我们留下了确凿可信的语言信息。由于他们采用了中国语言学史上前所未有的拉丁字母注音法，作品中所反映的汉语字词的读音更加真切精细，也极大地推动了中国音韵学的发展。

这些作品中所反映的对汉字和汉语语法的认识，与利玛窦时期相比又有了进一步的深入。比如利玛窦认识到了汉字的表意特性，但是对汉字的数量仍然感到困惑；他用拉丁语的评价标准来考察汉语语法，把没有冠词、格、数、时态的变化称为一种“缺陷”。而到了 19 世纪汉学家的眼中，汉语已经成为一种有独特规则、可以进行细致描写的语言了。

这一时期的汉语教材编纂对于汉语作为第二语言教学理论和实践的发展功不可没。比如，威妥玛的《语言自迩集》就是具有代表性的教材。为了解决当时西方人学习汉语面临的书面语跟口语不一致、官话跟方言不一致的难题，《语言自迩集》把教学内容定位为北京官话口语。它是最早教授北京官话的口语教材。它既不同于传统的“四书五经”类书面语教材，也不是教授其他方言的教材。有日本学者评论说：“那时候可以说，不仅在北京，即使在世界上北京官话的教科书，除威妥玛的这本《语言自迩集》以外，再也没有了。”[①] 正因为如此，《语言自迩集》在当时的影响也是跨越国界的，在 19 世纪末 20 世纪初被日本、俄罗斯、韩国等国采用过。更值得称道的是，威妥玛为学习北京官话口语制定了一套汉语拼音法式，后来被称为威妥玛拼音。在 1958 年中国制定《汉语拼音方案》前，威妥玛拼音在国际上很多领域被广泛采用。《语言自迩集》是较早的汉语作为第二语言教学专门教材。

19 世纪的欧洲，汉学研究的中心集中在法国、意大利等国，集中在大学或者研究机构，汉语的学习和使用依然比较小众，局限在一些专业研究领域。从传播动因来看，汉语在欧洲的传播与古代在东亚地区的传播完全不同。19 世纪正是西方列强在全球进行殖民扩张的时期，如果说这是西方国家“走出去”的时代，那么这个过程也是一个军事占领、商业扩张、传教士传道三管齐下的过程，夹杂着军事胁迫、文化渗透、经济掠夺和价值观的移植。总的来看，欧洲的汉语学习和研究是为国家发展战略服务的。19 世纪欧洲汉学的建立和发展是汉语传播的一个时代侧影。这一时期的汉语言文字传播固然有学术探讨的成分，但从历史背景来看，其主要动因无疑是出于欧洲殖民主义扩张的需要。从传教需求到殖民扩张需求，汉语言文字在欧洲的传播经历了特殊的道路。

---

① 六角恒广《日本中国语教育史研究》，王顺洪译，北京：北京语言学院出版社，1992 年。

本章小结

宋元明清（鸦片战争之前）是中国封建社会稳步发展的时期，社会并未产生根本性的变化。虽然在近900年间汉族和非汉民族两度轮流执政，但国家制度、政治思想、主流文化、教育体系都以儒家精神为核心，中国国力也长期处于世界领先地位；汉语言文字对外传播在改朝换代期间虽受到一些影响，产生过一些波动，但整体上延续了平稳传播的态势。

从周边国家来看，经过盛唐时期对中国的长期仿效和学习，朝鲜、越南、日本已经把学到的东西充分本土化，在其国内形成了完备的以儒家思想为本的治理体系和汉语言人才培养、选拔体系，汉语言文字在社会中的使用领域、使用方法、使用途径已经比较固化，对汉语言文字的认同度也比较稳定了。从日本停止派遣遣唐使以后，周边国家学习中国的需求就不那么迫切了，也就是说，汉语言文字的输入需求不再旺盛，进入了“消化吸收”阶段。“慕华”“慕唐音”的膜拜心理相对减少，转变为更加务实的汉语言文字的学习和使用。民族自主意识和语言自觉意识的发展使越南出现了“喃字”，朝鲜出现了“谚文”。

虽历经朝代更迭，但中国与周边国家之间的宗藩关系、朝贡体系依然存在，“汉字文化圈”也不断得以巩固和发展。从对外交往来看，相对于汉唐，这几个朝代共同的特点是官方交往减少而民间交往增多，商贸交往和宗教交流频繁，因而汉语言文字的传播也较多地遵循这样两条途径。民间交往促进了汉语言文字在民间的使用，尤其是商贸领域和宗教领域。周边国家改变了以往单纯从中国“引进”儒家典籍作为教材的做法，而是开始根据自己的需要进行改编，编写适合本国民众需要的汉语言文字学习材料。元末明初的《老乞大》《朴通事》正是在这样的背景下产生的，其内容大量反映了外国（族）人在中国的行商生活。南宋海路贸易的繁荣、元代的“僧人外交”，都为汉语言文字在民间的使用提供了更多契机。

长期以来，汉语言文字是以中国为核心呈辐射状单向传播的，但是明末西方人的东来改变了这一状况。这是汉语言文字对外传播史上一个很大的变化。

西方人对汉语的认识经历了一个由浅入深的过程。虽然元代经陆路来华的欧洲人对汉语言文字有了一定的介绍，但真正的语言接触却始于明朝末期经海路来华的传教士。传教行为是殖民时期西方国家势力东扩的一部分，传教行为的背后是西方国家企图了解东方，进而实现殖民扩张、攫取商业利益的目的。

传教士对汉语言文字的学习和研究，开辟了汉语言文字西传的序幕。但它不同于“汉字文化圈”国家的输入性传播，而是不同语言间完全对等的交流。传教士发现了汉语言文字的特质，并能够从客观的角度进行描写。传教热情和对异质文化的好奇，使得传教士经过艰苦努力掌握了汉语言文字，并且将其介绍到了欧洲。

早期学习汉语的西方传教士、外交官对汉语进行了较为全面、深入的观察和研究，这些明末清初时期的研究成果主要集中在三个方面：初步创制罗马字母拼音体系，编写双语辞书，撰写汉语语法著作。据《汉语研究小史》统计，单汉语辞书一项，1575—1800 年出现过的就有 65 种之多，流传至今的有 50 种。[①] 这一时期的探索和成就为西方汉学的产生奠定了基础，也为后人积累了宝贵的汉语学习经验。

在 17、18 世纪中西文化的“蜜月期”里，汉语言文字也曾经一度得到欧洲人的赞赏和喜爱。到了 19 世纪，西方国家工业文明的飞速发展和中国社会的停滞不前使东西方产生了巨大的落差，汉语言文字的形象也一落千丈。然而，由于西方加剧了对亚洲的殖民扩张和经济掠夺，反而刺激了汉语言文字使用的需求，欧洲本土的汉语汉字研究逐渐发展起来，欧洲人的汉语

---

① 王立达编译《汉语研究小史》，北京：商务印书馆，1959 年。

辞书、语法著作和教材达到了一个可观的数量，“汉学”开始出现并兴起。当然，对汉语传播成就的评价离不开时代背景。欧洲学院派汉语言人才培养的一个重要目的就是服务于西方国家的殖民扩张。

纵观宋元明清四个朝代的汉语言文字传播，其动因错综复杂，变幻不一，对传播成就的衡量也难以有一个统一的标准。这一历史时期的汉语言文字海外传播启示我们，衡量传播成就必须与传播动因相结合，必须以历史的眼光进行多维度的审视，只有这样才能避免对传播成就的简单判断。

第四章　汉语言文字海外传播衰落期

（清末—1949 年以前）

晚清时期的中国，借用李鸿章的话说，处于“数千年来未有之变局”，西方列强又为“数千年来未有之强敌”。[①]一方面，西欧诸国纷纷崛起；一方面，清朝的统治日益腐朽衰败。此消彼长之间，国际形势、文化生态和语言传播力的对比发生了根本性的变化。1842 年鸦片战争的失败使中国遭遇了前所未有的危机，逐渐沦为半殖民地半封建社会。在这种形势下，古代以周边国家主动学习为主的汉语言文字传播模式陷入了低潮，朝鲜、日本、越南纷纷改弦更张，转向“西学”，东亚“汉字文化圈”开始解体。但是，汉语言文字海外传播并没有断绝，而是以不同的形式继续存在。东南亚华文教育的近代化发展是这一时期汉语言文字海外传播的一个亮点。

第一节　汉字文化圈的解体

一、朝鲜汉语言文字地位的改变

朝鲜语言文字使用状况的改变是从近代欧美新教传教士在朝鲜开展传

① 蒋廷黻《中国近代史》，北京：现代出版社，2018 年，第 108 页。

教活动、兴办教育的过程中开始的。1884年，当新教传教士进入朝鲜李氏王朝的时候，“他们发现这是一个高度汉化的国度，儒家经典主导着这个国家的思想和行为方式，作为统治阶层的‘两班’们都以精通汉籍、娴于汉文汉语为荣”①。他们还发现，在这个王朝的教育体制中，“有三种本土学校：进士学堂、经学院以及公私塾。在所有这些学校中只教汉文，没有教本土语言的学校。后者只是孩子从其父母那里学得。不用说，一种本土语言的知识不被认为是教育。只有懂汉文的人才被认为是学者”②。面对这种文化环境，新教传教士根据在中国传教的经验，积极地在语言文字上寻求一种与朝鲜民众直接沟通的途径。他们这样做的目的不仅是为了更有效地传教，也是为了逐渐减弱和消除儒教的影响。

传教士发现朝鲜王朝有自己的文字——谚文，而且是一种拼音文字，于是开始大力推行使用谚文书写的朝鲜语。他们不但用谚文翻译《圣经》，撰写传教书籍，而且努力探索谚文的罗马化，采用罗马字母为谚文注音。更有影响的是，一些传教士还努力用谚文翻译西方科学技术著作并引入朝鲜。同一时期，朝鲜李氏王朝也意识到了学习西方文明的必要性，开始开办新式翻译学校，请西洋教师执教。

不过，由于注意到了谚文和汉字的密切关系，传教士支持推行的谚文实际上是一种汉字与谚文结合的书写方式。1909年，新教传教士在讨论教材使用谚文还是汉谚混合文时，多数人仍主张使用混合文：“书应当用那种最好的谚文来写，简洁明白，任何能拼读的人都能读懂，并不时地有注解的汉字，以让那些两班、官员和那些不屑于读不用汉字的书的守旧人士感到不失面

① 王立诚《汉文·韩文·英文·日文——欧美新教传教士近代在韩办学的文字选择》，《韩国研究论丛》第十一辑，2004年。

② Korean Schools, *The Korean Repository*, Vol. 1, New York, Para Book Reprint Corp., 1964, p. 37. 转引自王立诚《汉文·韩文·英文·日文——欧美新教传教士近代在韩办学的文字选择》，《韩国研究论丛》第十一辑，2004年。

子。这样也充分符合使用混合文的官方规定。”[①]这说明，即使传教士意图将朝鲜语言拉丁化，他们也不得不承认谚文和汉字的密切联系及保留汉字的必要性。

1876年，日本强迫朝鲜签订《江华条约》，打开了朝鲜的门户。1897年朝鲜改称大韩帝国，1907年朝鲜沦为日本的保护国。1910年，日本迫使大韩帝国签订《韩日合并条约》，使朝鲜半岛彻底沦为日本的殖民地，一直到1945年二战结束。在这一过程中，日本在半岛积极推行日文，压制朝鲜语教育。所以，朝鲜半岛近代以来的汉语传播受到了日本实行的一系列殖民政策的影响。

日本殖民者为了达到压制、消灭朝鲜民族教育的目的，多次出台《朝鲜教育令》，强制实行日文教育。1911年，日语被定为朝鲜的官方语言，殖民政府同时颁布《私立学校令》，对私立学校和教科书进行监督和限制；同年11月，汉城外国语学校被关闭，学校的汉语部也退出历史舞台，官办汉语专业教学随之中断。1924年，带有强烈殖民地色彩的京城帝国大学成立，虽然其文学系设有中文专业，但从成立到1945年日本战败的21年间，毕业生只有寥寥9人[②]，可见汉语学习的衰落。1935年，日殖民当局再次规定所有韩国的中学只准用日文授课。1910至1945年间，朝鲜半岛出版过5种汉语教材:《独习汉语指南》(修订版)(1918，柳廷烈，京城唯一书馆发行)、《速修汉语自通》(1922，宋宪奭，京城博文书馆发行)、《自习完璧支那语集成》(1939，宋宪奭，京城博文书馆发行)、《支那语讲座》(1940，李相殷，朝鲜放送协会)和《最新华语教科书》(1941，李相殷，自费发行)。[③]由于汉语学习人数稀少，这些教材也没有留下太大的影响，在编写上也没有太多

① The Christian Educational Association of Korea, *Korean Miaaion Field*, Dec. 1909. 转引自王立诚《汉文·韩文·英文·日文——欧美新教传教士近代在韩办学的文字选择》，《韩国研究论丛》第十一辑，2004年。

② 张西平主编《世界汉语教育史》，北京：商务印书馆，2009年，第204页。

③ 张西平主编《世界汉语教育史》，北京：商务印书馆，2009年，第205页。

可圈可点之处。

日本在朝鲜半岛进行了长达35年的殖民统治，因而朝鲜半岛汉语言文字的使用不可避免地带上了日本殖民统治的烙印。比如这个时期朝鲜语对汉语也使用“支那语”的称谓，这显然是受到了日本的影响。

总的来看，朝鲜20世纪初被日本占领的这个时期，是汉语言传播的倒退期，原本国家层面设立的主导汉语教育的教育机构缺失了，汉语言的传播面临中断的危险。幸而民间的汉语学习及汉语教科书的编写继续存在，使得汉语传播得以延续。

二、日本汉语言文字传播动因的变化

鸦片战争以后，中国逐渐沦为半殖民地半封建社会。而同一时期的日本自1868年开始明治维新，全面学习欧美等西方先进国家，输入资本主义的价值观念和现代科技，从封建社会向资本主义社会过渡，很快走上了现代化的道路。同时，日本也开始奉行所谓的“大陆政策”，对外实施侵略扩张。这个时期的日本汉语教学，虽然是历史悠久的汉语言文字学习的延续，但是与历史上因“慕华”心理而形成的学习潮流有着根本的不同。在一定程度上，汉语教学成了服务于日本国家扩张战略的行为。到了明治二十年（1887年）前后，随着维新的成功和国力的增强，日本迅速膨胀的“大日本主义”把中国看成是“半开化的”“落后的”，对现实中国的轻蔑多过了对古代中国的依恋。[①] 在“西学”盛行的背景下，传统的汉语教学受到了极大的冲击。不过，出于政治、经济、外交、军事等方面的需要，一部分官办和民办的汉语教学还是延续了下来，在汉语教材编写上也形成了突出的时代特点。

明治时期，日本新政府废除了唐通事制度，但依然留存了不少汉语人

① 转引自葛兆光《想象的和实际的：谁认同“亚洲”？——关于晚清至民初日本与中国的“亚洲主义”言说》，载高明士编《东亚文化圈的形成与发展：儒家思想篇》，上海：华东师范大学出版社，2008年，第253页。

才。1871 年，日本与中国缔结《日清友好条约》之后，为了外交的需要，日本外务省设立“中国语学校”培养翻译人才。后来，该校合并东京外国语学校，作为其汉语科。为了更好地与中国政府打交道，该校注重教授北京官话，使用的教材是英国驻北京公使威妥玛编的《语言自迩集》。这也是日本汉语教学历史上第一次使用西方人编写的教材。当时民办的汉语学校具有一些民间私塾的性质，比如日清社。日清社由广部精（1854—1909）于 1876 年在东京创办，只存在了短短十个月。但是，广部精参考威妥玛《语言自迩集》编写的《总译亚细亚言语集 · 支那官话部》成为日本明治时期最早的北京官话教科书，在日本历史上影响深远。日本明治时期重视北京官话的教学，会话课本种类繁多。根据六角恒广《中国语关系书书目》的记录，仅带“会话”二字的课本就有 56 种。[①] 汉语当时在日本也称为“清语”，很多教材以“日清会话”冠名。

中日甲午战争前的汉语教学已经具有明显的军事目的。1879 年，日军参谋总部派遣旧外国语学校的毕业生到中国学习汉语。1880 年，兴亚会支那语学校在东京成立，创办人曾根俊虎（1847—1910）本身就是军人。这所学校只开办了两年，接收了 145 名学生，其中大部分是军人，可见这所学校创办的初衷。1881 年，位于东京的陆军士官学校也开始开设中国语课程。为了更快更多地培养汉语实用人才，日本人还在中国设立汉语学校，从日本募集学员来中国学习，如 1884 年在上海创办的东洋学馆、1900 年创建的南京同文书院（后迁至上海，改为东亚同文书院）等。其中影响最大的莫过于日清贸易研究所。该研究所是军人出身的荒尾精（1859—1896）1890 年在上海创办的汉语学校，实际上得到了日军参谋总部的资助。它名义上是培养中日商贸人才，实际上是培养从事情报工作的人员。1894 年甲午战争爆发后，这个学校的第一批毕业生几乎全部从军，在日本军队中从事翻译、谍报等工作。

---

① 六角恒广《中国语关系书书目》，东京：不二出版社，2001 年。

善邻书院创办于中日甲午战争之后，创办人是宫岛大八（1867—1943）。善邻书院于1945年日本战败时停办，前后延续了40年，培养了1000多名学生。[①] 1904年宫岛大八编写了汉语教科书《官话急就篇》，教材内容以自己在中国生活的经历为基础，语言生动活泼，体现了当时北京话的特点，在日本受到极大的欢迎，被誉为二战前日本汉语教科书的经典。后来的安藤彦太郎评价说："这本教科书可以说是战前中国语教育的象征，从出版到这次战争结束，再版了170多次。"[②]

这一时期日本汉语教学中尤其值得注意的是，在一些专门领域的汉语学习中，除了商业会话之外，军用会话也比较突出。除了教材名称有明确"军用、兵事、军事"标识的，如《日清会话（附军用语）》（木野村政德，1894）、《笔谈自在军用日清会话》（山中勘次郎，1895）、《支那语速成兵事会话》（善邻书院，1904）、《北清通用军事会话》（善邻书院，1904）、《军用日清会话》（汤原景政，1904）等之外，还有一些教材也把军用会话作为重要的内容。比如早在1885年，田中正程译《英清会话独案内》中就专门设置了"兵要常语"部分[③]；1900年善邻书院附设支那语学校第1号讲义录，初学者的课程中就有"兵用会话"的内容[④]；粕谷元《日清俄会话》（1904）也专门设置了"军事"部分[⑤]；米村胜藏《对译日露清韩会话》（1903）则在扉页上注有"军人商人必携"[⑥]，直接点明军人是重要教学对象。

1931年九一八事变后，日本侵占中国东北，炮制了伪满洲国，日本政府把派驻中国东北地区的军队称为关东军。出于军事占领的需要，1934年

---

① 张西平主编《世界汉语教育史》，北京：商务印书馆，2009年，第231页。
② 安藤彦太郎《中国语与近代日本》，卞立强译，北京：北京大学出版社，1991年，第32页。
③ 六角恒广编《中国语教本类集成》（第一集第二卷），东京：不二出版社，1991年。
④ 六角恒广《日本中国语教育史研究》，王顺洪译，北京：北京语言学院出版社，1992年。
⑤ 六角恒广编《中国语教本类集成》（第十集第二卷），东京：不二出版社，1998年。
⑥ 六角恒广编《中国语教本类集成》（第十集第二卷），东京：不二出版社，1998年。

关东军参谋部出版了《速成满洲语自修书》等实用性教材供军人学习。“满洲语”就是指汉语。1933年，宫岛大八的《官话急就篇》经过改版，也成为当时殖民地伪满洲国的日本人学习汉语的重要材料。为了巩固殖民统治，日本在中国东北地区也开办了一些汉语学校，编写了一批教材，如《实用中国语》《铁道会话》《速效满洲语说法》《参观旅游用语》等。1937年卢沟桥事变后，日本发动全面侵华战争。为了战争的需要，出现了不少为士兵编写的速成汉语读物，如《简明军用中国语》《日支会话速记》《日满会话》等等。“军用中国语”这一特殊名词也在历史上第一次出现。

这种教科书的实用化倾向在日本全面侵华时期更是走向了极端。1940年出版的《现地携行支那语军用会话》（杉武夫编著）[①]中就有“军用会话”“军用演说”“军用布告”“军用传单”等篇章，而其中“村落搜索”“军情侦查”“俘虏询问”等内容，无不赤裸裸地体现出服务于野蛮军事侵略的意旨。

“满洲语”“支那语”这些对汉语称谓的改变，也体现了特殊历史时期日本汉语言文字传播动因的一个转向。近代汉语言文字在日本的持续传播，与日本对外扩张的政治、军事需求紧密联系在一起。这一历史事实也揭示出语言国际传播动因的复杂性。

三、越南的“去汉字化”改革

近代越南的汉语传播史，从另一个角度来看，也可以说是一部“去汉字化”的历史。

1858年，法国对越南发动侵略战争，1862年迫使越南签订丧权辱国的《西贡条约》，使越南逐步沦为法国的殖民地。经过古代的长期传播，汉语汉文化在越南的影响已经根深蒂固，渗透到了社会的各个方面。法国殖民者出

---

① 六角恒广编《中国语教本类集成》（第十集第二卷），东京：不二出版社，1998年。

于维护殖民统治的目的，大力消除越南人民的民族意识和民族文化，采取各种政策和措施限制汉语汉文化在越南的传播和发展。他们妄图切断越南和中国在文化上的联系，从而使越南逐步“法国化”。为了达到这一目标，法国殖民者实施的重要策略之一就是在越南推行文字改革。

汉字在越南地区的传播历史长达千年以上，长期被越南作为国家的正式文字使用。越南人受到汉字形体的启发、根据本民族的客观需要创造的喃字（Chu Nom）成熟于中国宋朝时期（公元 14 世纪）[①]，此后的四五百年中，越南形成了汉字与喃字并用的局面，但汉字作为国家正式通用文字的地位始终没有根本性改变。17 世纪，来到越南传教的欧洲传教士为了便于传教，拟定了一些越南语的拉丁化方案，即用拉丁字母记录越南语的读音。经过不断发展与完善，逐渐形成了能完全记录越南语的国语字书写系统。其中法国传教士亚历山大·罗德（Alexandre de Rhodes，1593—1660）的拉丁化方案逐渐取得优势地位。罗德编写的《越南语—葡萄牙语—拉丁字典》不仅为传教士学习越南语言提供了方便，而且也是越南教徒学习拉丁文、国语字的重要参考书。后来，该字典还成为越南国语字规范化和统一化的重要标准。法国在越南实行殖民统治期间，给予了这种拉丁化方案合法的地位，大力在越南推行拉丁化的国语字，企图以国语字逐步取代汉字，随后再用法语取代国语字，以达到使越南法语化、顺从殖民统治的目的。为此，法国殖民者对越南的教育体系做出了相应的调整，比如：科举考试有科目要用国语作答；大幅度减少学校的汉文课程；学生升到高年级（第二级）后就不再学习汉语，而法文和国语的教学则大幅度增加。[②]

对于越南人来说，虽然汉字传播时间相当久远，但由于汉字的复杂性，掌握汉字的人大多集中于社会上层人士及一些文人雅士当中，在普通民众中并未普及。喃字在汉字的基础上创制，也同样具有难写难记的特点。由于拉

---

① 周有光《世界文字发展史》，上海：上海教育出版社，1997 年，第 100 页。
② 张西平主编《世界汉语教育史》，北京：商务印书馆，2009 年，第 265 页。

丁化的越南国语字较为易学易记，总体上与越南语的结构特点和语音特点相适应，易于在民众中推广，扫除文盲。同时，出于学习西方资本主义国家先进技术、拉近与西方先进国家距离的需要，越南的一些学者和仁人志士也不排斥这种新文字的使用。所以，国语字逐渐取代汉字和喃字成为越南的官方通用文字是内因和外因综合作用的结果。

当时的越南有一批大力主张推广国语字的知识分子，如创刊于1865年、越南第一份使用国语字的报纸《嘉定报》主笔张永记（1837—1898）以及他的友人、著名学者黄静果（1834—1907），可谓是“使用国语字运动”的旗手。张永记大力使用国语字编办报纸、出版著作，黄静果则于1895年第一次用国语字编纂了词典《大南国音字位》。[①]他们积极传播国语字，一方面固然符合法国殖民者的利益诉求，另一方面对于在越南传播新学也产生了重要影响。1907年3月28日，在一份汉—越双语报纸《登鼓丛报》上，阮文永发表了《安南人使用安南文字》的论文。文中说：“我们安南国从古至今就拥有自己的语言，而这种语言是全国统一使用的。……国语字是像西方各国的文字一样的拉丁拼音化文字，三是三，四是四，聪明人只要花几天，愚笨人也不过一个月就能学好。……儒字（汉字）是好文字，也要学，但要先搞通自己本族的文字。……我们以前的喃字实在要放弃。文字需要有严密的规则，而喃字的很多字有多种读法、多种写法，实在是很难学的。”[②]这段话基本上阐明了国语字、汉字、喃字的关系以及推行国语字、适当学习汉字、坚决放弃喃字的态度。这说明当时越南的知识分子阶层已经把推行国语字作为开启民智、变革求新、学习西方先进文明的重要途径。在这种变革力量的推动下，拉丁化的越南国语字用了大约100年的时间，彻底代替了汉字在越

① 阮越雄《越南国语字的发展及其替代汉字和喃字的过程》，《现代语文（语言研究版）》2014年第1期。

② 阮越雄《越南国语字的发展及其替代汉字和喃字的过程》，《现代语文（语言研究版）》2014年第1期。

南的主导地位，成为越南的正式通用文字。

1919 年，在法国殖民当局的干预下，越南举行了最后一次科举考试，此后便正式废除了这一制度。1945 年，越南民主共和国诞生，随即开始强力推行学习国语字活动，很快就在北方民众中完成了国语字的推广和普及，并逐渐使国语字成为越南的全国通用文字。至此，汉字正式退出了越南的历史舞台。在这一场历史性的语言文字变革中，拉丁化的越南国语字用了大约 100 年的时间，彻底取代了汉字在越南的主导地位。

第二节　东南亚华文教育的产生和发展

一、华人社会的早期私塾教育

东南亚的近代华文教育兴起于 19 世纪末 20 世纪初，是与华人移民东南亚的过程同步发生、发展的。华文教育长期以来一直是东南亚汉语传播的主要形式。

华人移居东南亚地区历史悠久，最早在汉代已有记录。15 世纪时，明朝政治稳定，经济繁荣，为“耀兵异域，示中国富强”（《明史·郑和传》）[①]，也为维护朝贡秩序，于 1405 到 1433 年派遣郑和七下西洋，与沿线 30 多个国家和地区建立了贸易关系，其中东南亚国家 24 个、东亚国家 2 个（《广东新语》卷十五《货语·诸藩贡物》）[②]，这对中国与亚非国家的贸易发展产生了巨大影响。借“郑和下西洋”之后海上丝绸之路的发展，华人逐渐依靠海上贸易在东南亚地区形成了一定的商业网络，一些华人移民已经在沿线国家定居。（元末明初时人关于东西洋的概念大体上是：以印尼的苏门答腊岛西

---

① 张廷玉等《明史》，上海：上海古籍出版社、上海书店，1986 年。

② 屈大均《广东新语》，北京：中华书局，1985 年。

北端为分界线，以东称东洋，以西称西洋。今孟加拉湾、印度半岛和阿拉伯海沿岸均为西洋范畴。）在东南亚国家的一些重要港口区域，由于中外长期的贸易往来，形成了一些规模不大的华人聚居区。中华语言文化随着中国移民的到来在东南亚地区持续流布。而华人大批移民东南亚并形成一定规模的华人社会，还要归因于始自明代末期的“下南洋”。最初所谓的“南洋”，并非我们通常所说的整个东南亚，而主要指以菲律宾、印度尼西亚、马来西亚和新加坡为中心的地区。早期华人移民的活动主要是在这一地区展开的。

中国东南沿海的居民历来有出洋谋生的传统。1580年，明朝福建巡抚许孚远在《疏通海禁疏》中记载说：“看得东南滨海之地，以贩海为生，其来已久，而闽为甚。闽之福、兴、泉、漳，襟山带海。田不足耕，非市舶无以助衣食，其民恬波涛而轻生死，亦其习使然，而漳为甚。”[①]从17世纪开始，本就人多地少的中国南方地区又经历了长年的战乱和饥荒，大批的破产农民和小手工业者有着强烈的外出寻找谋生机会的愿望。而此时的东南亚正值欧洲殖民者进行大规模垦殖开发时期，产生了大量的劳动力需求。因此，在国内外“一推一拉”的作用之下，大批中国东南沿海的居民“下南洋”寻求谋生机会，引起了较大规模的移民浪潮。到了清代，闽南人口外流愈发严重，正如雍正时期闽浙总督高其倬向皇帝上奏所言，出洋之人“大约闽省居十之六七，粤省与江浙等省居十之三四”[②]。

直至19世纪中期，东南亚地区的华人移民一直以自由移民为主。这些移民在移入地定居下来之后，其自身所携带的语言文化虽然会在当地产生一定的影响，但并不能触及当地社会的深层；相反，在当地定居的华人移民的主要发展趋势是被当地同化，经历一个缓慢的自然同化过程。到19世纪初期，东南亚的大部分重要港口都已经形成混血华人的聚居区。这一类土生混血华人，在马来西亚称为“峇峇”（Baba，男）、“娘惹”（Nyonya，女）；

① 许孚远《敬和堂集》，日本东尊经阁藏明刊本，第26页。
② 《雍正朱批谕旨》（第46册），上海点石斋本，1887年，第27页。

在荷属东印度称为“伯拉纳干”（Peranakans）；在菲律宾称为“美斯蒂索”（Mestizo，西班牙语，他们自认为是菲律宾人而不是华人）；在泰国称为“洛真”（Luk-chin）；在法属印度支那称为“明乡”（Minh-huong，越南人将从清朝统治下逃亡而来的华人难民及部分被当地同化的后裔称为“明乡人”，意思是“仍然思念明朝的人”）。这类混血华人已经不会讲华语了。如果按照这样的趋势发展下去，华人移民有可能最终完全被当地社会同化，汉语汉文化的传承将会中断。但是，从19世纪中期开始，这种情况发生了变化。

到19世纪中后期的时候，一部分华人经过长期的打拼已经积累了一定的财富，再加上他们中有些人在移居东南亚之前已经在中国国内受过教育，保留着中国传统思想的影响，所以不少人在拥有一定的财力之后就投资兴办教育，逐渐形成了自办教育的风气。在他们的带动下，华人社会内部的教育需求得以释放。东南亚最早的华人私塾出现于何时已经难以稽考，有明确记载的是始于1849年、兴办于新加坡的崇文阁。崇文阁是私塾性质的教学机构，由闽帮领袖陈金声发起兴办。到了1854年，陈金声再次创办义学，取名萃英书院。在萃英书院故址，至今还保存着一块石碑，碑文记载了办学的由来：

> 我国家治隆于古，以教化为先，设为庠序，其由来久矣。然地有宽严之异，才有上下之殊，立教虽属无方，而讲学尤宜得所。……新嘉坡自开创以来，土俗民风，虽英酋之管辖，而懋迁有无，实唐人之寄旅，迄于今越四十有年矣。山川钟灵，文物华美，我闽省之人，生于斯，聚于斯，亦实繁有徒矣。苟不教之以学，则圣域贤关之正途，何由知所向往乎？……他日斯文蔚起，人人知周孔之道，使荒陬遐域，化为礼仪之邦，是皆巨川君与十二君以及都人士之所贻也。①

① 谭家健《域外古典散文选注评析》，北京：社会科学文献出版社，2021年，第329页。

这段话不仅体现了对中国的国家认同，也充满着对中国悠久文化的自豪感，体现着根深蒂固的传统“教化”思想，设立学校也自觉地遵照中国古制。“英酋”的说法又明显体现了中国本位的思想，即从中国的视角看待世界和别国。同时华人也认识到，他们生长于当地，已成为当地的一个族群，碑文的字里行间也体现了一定的本土意识。

19世纪后半期，各种华文教学机构紧跟其后纷纷设立，如毓兰书院（1867）、道南学校（1872）、马车路尾义学（1889）等。1869年、1873年两次担任吉隆坡地区华人甲必丹（当地最高掌权人）的客家人叶亚来（1837—1885），则于1884年在吉隆坡开设“唐人学塾”，并从中国延聘教师任教。

义学与私塾比起来，已经有了一定的进步，学生人数更多，教学和管理也更为规范，教学效果也更好。当然，从教学内容上看，义学与私塾并无根本性的不同，大多是《三字经》《百家姓》《千字文》《大学》《中庸》《论语》等；有个别的教授尺牍珠算，是为了做生意的需要。总体看来，这些教学单位依然是传统学堂而并非新式学校。这一时期的汉语言文化教育是一种以传承为导向的教育，目标比较单一，同时也比较孤立，既缺少中国的政策支持，也存在与当地社会脱节的风险，处于自生自灭的境地。

有华人社会，才有华文教育，华文教育是华人社会持续发展的内在需求。但从外部需求来看，当时的华人居住国社会对汉语的需求几乎是不存在的。因为华人在当地谋生，需要融入当地的社会生活，在语言资源上尚需向外求索，而很少存在将汉语授之于他族的可能。但是，汉语在当地的“外溢”现象也应在一定程度上缓慢发生着。从华人对开发东南亚的贡献来看，除了商贸体系中的活动，华人还在东南亚传播了冶炼、制糖、印刷、水稻耕作等生产技术。由于汉语是这些生产技术的载体，因而汉语在一定范围内也存在一定的传播价值。这一时期的汉语传播还谈不上太大的成就，也不可能对中国的发展形成任何反哺，但这些零散的早期私塾教育可以看作近代华文教育的先声。

二、1860年以后华人人口的增长与人口结构的变化

19世纪是人类历史上产生重大科技飞跃的时代，尤其是源于18世纪后期的工业革命，给海上交通带来了革命性的变革，大大提高了海上交通能力。至1870年，英国每年制造下水的蒸汽机轮船总吨位已经超过了以帆船为动力的船的总吨位。[①]轮船的普及从根本上改变了海上交通方式，这一影响也同样波及到了东南亚地区。随着蒸汽动力轮船大规模投入航运，华人在家乡和东南亚地区之间的来往更加便捷，航行时间大大缩短，人员、物品、金钱以至信息的流通更加畅通，出洋更加便利安全，这使得华侨社会与中国原乡的联系更加紧密了。更重要的是，交通的改善为中国女性出洋提供了一定的便利，使得华人社会的人口结构也开始发生变化。

至鸦片战争前夕，中国人移民东南亚的历史已经经历了一千多年，东南亚华人达到了150万左右。[②]第二次鸦片战争后，西方列强进一步打开了中国的市场，向中国国内倾销洋布、洋纱、洋铁、洋油等商品，严重摧残了珠江三角洲地区的手工业，导致大批手工业者失业。这个时期，一方面，东南亚殖民经济的发展需要大批劳动力；而另一方面，当时中国的剩余劳动力激增，《北京条约》的签订又令清政府被迫允许华工出洋。所以自1860年至20世纪初的约50年间，英法等国贩运到东南亚的华工就达200万[③]，再加上其他途径的移民还在源源不断地流入，东南亚华人数量大幅增长。据1902年爪哇吧城华商禀清政府文，东南亚中国移民及其后裔约有400万。[④]以海峡殖民地的槟榔屿为例，1842—1901年近60年间，华侨人口几乎增长了10

① 孔飞力《他者中的华人：中国近现代移民史》，李明欢译，南京：江苏人民出版社，2016年，第138页。

② 庄国土《清初到鸦片战争前夕南洋华侨的人口结构》，《南洋问题研究》1992年第1期。

③ 庄国土《论中国人移民东南亚的四次大潮》，《南洋问题研究》2008年第1期。

④ 郑观应《致香港〈实报〉总编辑潘兰史征君书》附录《葛罗巴华商禀政府荷兰南洋各属土苛待华侨各款》，载夏东元编《郑观应集》（下册），上海：上海人民出版社，1982年，第591页。

倍。[①]随着华人社区规模的不断扩大，华人的人口结构也开始发生变化。

1860年之前，华人妇女是难以离家出洋的，这有几个方面的原因：一是清政府禁止国民移居海外。在此禁令下，男性为了谋生想方设法出洋往往都是通过非法途径；如果带上家眷，无疑会增加风险。二是出洋谋生的劳工多来自贫苦家庭，没有足够的经济能力携带家眷出行。三是按照中国传统的家庭结构，男子离家之后，照料家庭及教育后代的责任也理所当然地需要女性来承担，所以女性往往成为留守者的角色。四是从女性本身来看，那时女性普遍缠足，行走不便，实际上也难以远行。因此“下南洋”的人里边几乎是不包含女性的，这导致东南亚华人的男女人口比例严重失衡。

从19世纪后半期开始，华人移民中的妇女人数开始增加，尤其是在传统的“南洋”地区。以英属马来亚三个州为例（见表4-1）：

表4-1 1891—1921年马来亚三州华人妇女人口比例变化[②]

地区	1891年	1901年	1911年	1921年
霹雳州	6.2%	8.9%	16.3%	27.5%
雪兰莪州	6.4%	10.4%	17.6%	28.5%
森美兰州	3.5%	4.9%	9.5%	17.6%

从上表中可以看到，1891年，三个州华人妇女的比例最高只有6.4%，1901年最高达10.4%，1911年最高达17.6%，而到了1921年，最高已经达到了28.5%。这样的结果使得纯华人的家庭逐渐增加，中华语言文化的传承需求得以强化，为世纪之交华文教育的兴起提供了可能。

华文教育兴起的另外一个原因是华人社会逐步走向同一。早期海外华人社会内部的分裂现象相当严重，不同地域集团之间以不同的方言来识别身

① 朱国宏《中国的海外移民——一项国际迁移的历史研究》，上海：复旦大学出版社，1994年，第196页。

② 李恩涵《东南亚华人史》，北京：东方出版社，2015年，第147页。

份；华人社会内部不仅存在着严格的方言壁垒，还各有各的贸易领域，各办各的私塾，用各自的方言教学。广东人、福建人、客家人、潮州人四大群体虽然都是华人，但是彼此之间语言不通，不同地域集团之间还有不同的利益诉求，因此不同群体之间经常发生矛盾和冲突。直到19世纪末期，虽然我们把来自中国的移民统称为华人，但实际上并不存在一个利益统一、认同一致的华人群体。由于不同地域集团之间存在语言壁垒，尽管存在一个想象的中华文化共同体，但这个文化社区却是极其松散的，语言无法起到黏合剂的作用，也不存在跨方言集团的华文教学。华人性的保持，主要是依靠来自中国的集体记忆和生活习惯的自然延续。唯一可以把不同方言集团维系起来的因素，就是共同使用的汉字。早期华人社会中零星存在的私塾教育，完全是中国传统蒙学教育的延续，《三字经》《千字文》《百家姓》等蒙学教材依然是核心，识字教育贯穿始终。"书同文"而语不同音的语言生活，松散地维持着一个想象中的中华文化共同体。到了19世纪末期，随着华人群体民族意识和国家意识的觉醒，华人社会走向同一成为历史的必然要求。

三、中国政府与海外华人关系的变化

1860年之前，清政府出于政治、军事和文化上的考量，延续了明代禁止国民移居海外的政策，并禁止逗留海外的国民任意返回原籍。清政府一度把移居海外的中国人看作"自弃王化"之人，当作"天朝弃民"。1740年（乾隆五年），荷兰殖民者制造了震惊世界的红溪惨案，在爪哇屠杀逾万华人，消息传到中国国内，乾隆的态度却是："天朝弃民，不惜背祖宗庐墓，出洋谋利，朝廷概不闻问。"[①] 从康熙、雍正到乾隆年间，清廷多次发布旨命或禁令，不准国人移民海外，逗留海外的不准回国。然而即使如此，中国东南沿海尤其是闽粤两省的居民，在温饱难及、求生无路的情况下，为求生

① 张维华主编《中国古代对外关系史》，北京：高等教育出版社，1993年，第407页。

存，依然不断违反禁令、冒着风险通过各种非法途径出洋到东南亚地区谋生。随着19世纪中后期世界和中国形势的变化，中国和海外华人的关系也出现了根本性的改变。

1860年10月，清政府与英国签订《中英北京条约》，迫使中国正式允许国民移居海外。这一条约的签订使得劳工成为可合法居留海外的中国公民，这种情况也迫使清政府开始在海外采取一些保护中国劳工的措施。清政府的海外保侨行为，最初是被迫的，到后来则变成了主动实施。

1877年，清政府在新加坡设立领事馆[①]，这是清政府在海外设立领事馆的开端。为了扬威异域、宣示保护华人的决心，清北洋舰队曾于1887年、1890年、1894年三次访问新加坡，有力地争取了海外华人的政治效忠。1895年中国在中日甲午战争中战败后，受到日本政府的巨额勒索赔款达2.3亿两白银，清政府背负上了沉重的财政负担。同时，到19世纪末期，南洋华侨经过多年的积累，已经有了相当的经济实力。在这种情况下，清政府为了缓解财政困难，争取华侨的财力支援和政治效忠，进一步加强了与南洋华侨社会的联系：一方面，加强对海外华侨的管理与保护；另一方面，积极实行招揽华商回国投资的政策。从东南亚当地的情况来看，到19世纪末期，1860年以来以华人劳工为主体的中国移民，已经形成了一个规模较大的"新客"群体，他们与东南亚地区已经长期定居的土生华人有着明显的区别：他们说中国话，与家乡联系密切，更加关心中国的事务，对于清政府的保侨政策和行为响应比较积极，也成为清政府极力拉拢的主要群体。

清政府于1909年3月28日公布国籍法，与殖民地针对华人的人口政策针锋相对，以血统主义为原则，规定以下情况的人属于中国人：1.生时父为中国人者；2.生于父死后，其父死时为中国人者；3.生于中国国境，父无可考，或无国籍，其母为中国人者；4.生于中国国境内，父母无可考，或均

① 孔飞力《他者中的华人：中国近现代移民史》，李明欢译，南京：江苏人民出版社，2016年，第181页。

无国籍者。又规定中国人自愿归化外国者，应先得到中国内政部之许可。[①]这些条文增强了华侨的向中国之心。1912 年 11 月 18 日民国政府再次公布的国籍法，与 1909 年的大同小异，说明了中国政府对海外华侨的重视，也有力地增强了海外华侨的归属感。

为争取海外华侨的民心，使其中国认同能够延续，清政府对华文教育也极为重视，派遣官员在南洋进行了一系列视学和劝学行为。1881 年，左秉隆作为中国驻新加坡首任领事上任，他认为“振兴华文教育乃保侨要道”[②]，任职十年间大力推进华文教育，鼓励并支持成立华文书院、义学、义塾，甚至仿照中国的经馆组织课士，并亲自批阅试卷。在他的鼓励和带动下，新加坡的华文私塾教育在 19 世纪末出现了兴盛期。

进入 20 世纪，清政府为支持华文教育做出了更加积极的努力。1905 年，两广总督岑春煊派委员刘士骥赴爪哇视察华文教育；1907 年，清廷派侍郎杨士琦为南洋宣抚使乘舰至爪哇宣抚；1907 年 3 月，两江总督端方在南京成立暨南学堂，专收东南亚各地华人入学。1905 年，被清政府任命为中国驻新加坡总领事与驻槟城总领事的著名实业家、马来亚华人张弼士，在槟城创办了全新加坡、马来亚的第一所新式华文学校中华学堂，并获光绪帝颁赐御书匾额“声教南暨”。

19 世纪中期大批华人新移民到来之前，海峡华人“峇峇”居于华人社会的核心地位。到 19 世纪末期，在土生华人中逐渐形成了一个认同中国文化的阶层，其杰出代表就是出生在新加坡的华人领袖林文庆（1869—1957）。他在英国接受过教育，在政治上绝对效忠英国，但是在文化上又倡导中华文化认同。他不仅自己学习中国官话与古文，还提倡孔教复兴，倡办英文、华文男女学校，鼓励土生华人学习华文，革除华人陋习。林文庆的中英文著述、译著颇丰，有《孔教大纲》《从内部看中国之危机》《从儒家观点看世界

① 李恩涵《东南亚华人史》，北京：东方出版社，2015 年，第 234 页。
② 周聿峨《东南亚华文教育》，广州：暨南大学出版社，1995 年，第 44 页。

大战》《东方生活的悲剧》《中国文化要义》等，并把《离骚》译成了英文。[①]与林文庆同时代的一批土生华人知识分子，在政治上建立了亲英的传统，而在文化上则倾向于认同中国。

中国在甲午战争中失败以后，立志图强并积极推动变法的也是知识分子阶层。1898年戊戌变法失败后，康有为、梁启超被迫流亡海外，他们变法图强的思想也随之扩散至东南亚。1900年2月，康有为来到新加坡，与当地华侨广泛接触，大力提倡华文教育。康有为学识渊博，力求革新救国，在华侨中树立了很高的威望。1903年，康有为还应巴城中华会馆邀请，到印尼各地发表演说，号召华侨"为中国人，就必须恢复中国人之优良风俗，讲中国之语言，识中国之文字，读中国之圣贤遗训"[②]。同时，因为东南亚华侨人数众多，为了最大限度地获得群众支持，革命派同期也在华侨中间开展活动，宣传自己的主张。1900到1911年，孙中山曾先后八次访问新加坡，期间也到过马来西亚槟城、吉隆坡，越南河内等地。每到一地，在宣传革命主张、组织革命力量的同时，均鼓励当地华侨兴办报刊，支持发展华文教育。[③]当时的保皇维新派和共和革命派虽然政治立场和主张不同，但是目的都是使当时积贫积弱的中国快速强盛起来，所以在兴办新学、开启民智上是一致的。另外，清政府官员持续的视学和劝学活动也推进了华文教育的兴盛。中国各派系知识分子的奔走和工作，很快在东南亚华侨社会中凝聚起了中国认同，并推动了近代新式华校的兴起，华侨的民族情感也日渐被激发并强化起来。

四、华人共同语的产生与方言教育的合流

20世纪初期，东南亚华人社会尚未充分融合，狭隘的地域观念仍在华侨世界普遍存在，最重要的隔阂来自不同的方言壁垒。在华文教育上，各地

① 邬大光《林文庆：创校与寻根》，《光明日报》2019年7月8日第11版。
② 周聿峨《东南亚华文教育》，广州：暨南大学出版社，1995年，第13页。
③ 李恩涵《东南亚华人史》，北京：东方出版社，2015年，第312—316页。

域集团仍然存在各自为政的情况，不同团体、帮派建立和管理自己的学校，用不同的方言授课。晚清到民国初年的国语运动以及中国政府的国语规划，直接影响到了海外华校教学语言的改变。

1904 年（光绪二十九年），清政府公布了教育法令《奏定学堂章程》，其中提到："各国语言，全国皆归一致，故同国之人，其情易洽……中国民间，各操土音，致一省之人，彼此不能通语，办事动多扞格。兹拟以官音统一天下之语言，故自师范以及高等小学堂，均于中国文一科内，附入官话一门。"[①] 章程中认识到了中国地域方言普遍存在的现实，也认识到了语言隔阂对于政令通行的障碍，明确提倡在各级教育中当使用"官话"进行教学。1909 年，清政府成立"国语编审委员会"。1910 年，当时的清末资政院议员江谦上书《质问学部分年筹办国语教育说帖》，再次建议用"国语"代替"官话"，认为"官话之称，名义无当，话属之官，则农工商兵，非所宜习，非所以示普及之意"。[②] 1911 年，清朝学部中央教育会议决议通过《统一国语办法案》，从而明确了"国语"的民族共同语地位。

晚清政府与中国海外侨民的关系发生转变以后，当时的海外华文教育就成为中国国民教育的延伸。清政府意识到了在侨民中推行国家语言的重要性，多次派出专使巡视、推动华文教育，支持在海外建立新式华侨学校，目的就是凝聚侨力，"使侨民子弟肄习祖国语言文字，一炉而冶，养成宏达之才，归备国家之用"[③]。清政府和一些有识之士认识到，打破华人社会地域集团之间的隔阂和对峙势在必行，而达到这一目的的有效手段就是共同语教育。清政府的外派官员、在海外的维新派人士和革命派人士，三种力量共同参与了民族共同语"国语"在东南亚的推行，从而推进了近代华文教育的成

① 陈学恂主编《中国近代教育史教学参考资料》（上册），北京：人民教育出版社，1986 年，第 532 页。

② 武春野《语言、国家、现代性：重审"国语运动"》，《语言战略研究》2016 年第 6 期。

③ 刘伯骥《美国华侨逸史》，台北：黎明文化事业股份有限公司，1984 年，第 98 页。

型。康有为1903年受邀在南洋各地演讲时，多次在演讲中提出“文字之声音应用国音，日常言谈应用国语”[①]，不仅如此，为实现推行华文教育、普及民族共同语的主张，他还亲自担任过荷属巴达维亚（今印尼雅加达）八打威中华学校校长，亲力亲为投身到民族共同语教学当中。东南亚华侨中的有识之士也积极投身到民族共同语的推广工作中，如新加坡著名华侨领袖林文庆曾发起过一场学习民族共同语的运动，并在自己家中开办了第一个为海峡土生华人而设的国语班。1906年，他还召集各方言组织领袖开会，呼吁他们在学校中推广民族共同语。[②]

中国的国语运动从晚清一直延续到民国时期。1919年，教育部成立“国语统一筹备会”，开始从官方层面进行国语的推广。1920年1月12日的教育部令提出，“本部年来对于筹备统一国语一事，既积极进行，现在全国教育界舆论趋向，又咸以国民学校国文科宜改授国语为言，体察情形，提倡国语教育，实难再缓”[③]，通令将原有各种名称中的“国文”字样都改为“国语”。中国国内教育近代化的发展和国语的推行很快就波及到了海外华侨教育。针对东南亚华侨社会方言集团林立的现状，李长传就提出“先国语逐渐推行，地域观念，当可日渐消减也”[④]，认为推行国语是消除华侨内部分裂状态的重要手段。中国近现代民主主义教育家黄炎培曾多次赴南洋考察华侨教育，针对华校方言教学问题提出过三条措施：一是“不分籍贯”；二是“延师不限本籍，如本籍必绝对能国语者（最好粤籍延闽师，闽籍延粤师，或各延非闽非粤师）”；三是“在校绝对禁止非国语”。[⑤]华侨社会的有识之士也深刻认识到：“一国之国语可以鼓铸一国之国民性。若国语不普及，不特国

① 别必亮、田正平《近代华侨教育的历史考察》，《杭州大学学报》1997年第4期。
② 颜清湟《新马华人社会史》，北京：中国华侨出版公司，1991年，第285页。
③ 1920年1月12日《教育部令行各省以国文为语体文》，载朱有瓛主编《中国近代学制史料》（第三辑·上册），上海：华东师范大学出版社，1990年，第158页。
④ 李长傅《华侨》（中华书局“常识丛书”第二十八种），1927年铅印本，第16页。
⑤ 别必亮《近代华侨学校的国语教学》，《中学语文教学参考》1998年第3期。

民性不能鼓铸，且团结力亦因之涣散。”[1]1918年，陈嘉庚在新加坡创办南洋华侨中学，以超越帮派办学的胸怀，广泛接受不同帮派的子弟入学，统一用国语授课。自1925年起，华侨教育界也发起提倡国语运动，有力地推进了东南亚华文教育的近代化。

民国时期，得益于孙中山领导的民主革命与海外华侨的深厚渊源，中国与海外华侨社会联系的纽带非常牢固，对于海外华侨教育日益重视，管理也不断加强。国民政府1926年即设立侨务委员会，管理海外的侨民事务。1929年，又在教育部设立华侨教育设计委员会，统一管理海外华侨的教育事务。从1929年到1934年，国民政府颁布了一系列关于海外侨民教育的法令、文件，如《改进华侨教育令》（1930年）、《侨民学校应一律改用国语教授令》（1932年）、《侨民教育实施纲要》（1933年）、《侨务委员会指导侨生回国升学规程》（1933年）、《侨民中小学校董事会组织规程》（1931年公布，1933年修订）、《领事经理侨民教育行政规程》（1929年公布，1934年修订）、《侨民学校立案规程》（1929年公布，1934年修订）、《侨民中小学规程》（1931年公布，1934年修订）、《侨务委员会补助清贫侨生回国升学规程》（1934年）等。所以，从1929年开始，海外华校就完全隶属于中国国民教育，接受中国教育部的管辖，并且在设立机制、组织架构、教学用语、教材、教学内容、教学时数、教师选聘等方面均按照国民政府的政策要求来执行。在这些政策文件中，不乏关于海外侨民学校语言使用的规定。如《侨民学校应一律改用国语教授令》中规定：“查旅外华侨因省界县界之区别，语言隔阂，情感难通，每为团结之障碍，各地侨生回国升学，因语言不一，尤感困难，欲除斯弊，当先统一国语教授。……间有因循未改，仍用闽粤乡音或土语教授者，殊乖统一主旨。为此通令各地领事，转饬各该辖内华侨学校，其已实施国语教授者，应极力推进，其仍用方言教授者，应恳切劝

---

① 熊理《荷属华侨学务总会过去的历史》，载荷属华侨学务会编辑委员会编《荷印华侨教育鉴》，雅加达：巴城出版社，1928年，第415页。

止。”[①] 该政策通令海外侨校使用国语进行教学，并明确了由各地领事通知其辖区内的华侨学校遵照执行。随后，在针对学校教育的规定中，又多次强调国语作为教学语言的重要性:《侨民教育实施纲要》中提出“各校以国语统一教授”[②];《侨民中小学规程》中提出“侨民中小学，除外国语外，一律以国语为教授用语，小学不得采用文言教科书”[③]。1935年5月，民国政府的“教育部国语推行委员会”成立，在其《组织规程》中，也规定了其重点工作包含“视察并辅导各学校国语科之教学”[④]。

这一系列语言教育政策的出台和实施，推动了整个东南亚华侨社会语言的统一和国语水平的普遍提高，对于加强海外华人团结、增强民族认同和国家认同起到了积极的作用。共同语成为华人社会不同派别的黏合剂，也成为共同文化的代表。语言上的同一加快了民族意识的觉醒，“中国人”认同逐渐成为华人社会身份意识的核心，华文学校开始蓬勃发展。

五、东南亚华文文学发展对汉语传播的贡献

汉语言文字在东南亚的广泛使用，不仅是在日常生活层面，还有一个重要的层面——华文文学。

东南亚的华文文学是随着华人移民潮的出现而逐步发展起来的，始于19世纪下半叶的晚清时期，主要产生在新加坡和马来西亚，通常称之为新马华文文学。新马华文文学可以分为旧体文学和新体文学两个阶段。

汉语言文字在移民到东南亚的中国人中长期、广泛地使用着，但是早期“海外华民流寓，率皆食力服贾者流”[⑤]，整体文化水平相对较低。18世

① 侨务委员会秘书处《侨务法规汇编》，南京：艺新印书馆，1935年，第137页。
② 侨务委员会秘书处《侨务法规汇编》，南京：艺新印书馆，1935年，第110页。
③ 侨务委员会秘书处《侨务法规汇编》，南京：艺新印书馆，1935年，第120页。
④ 黄晓蕾《民国时期语言政策研究》，北京：中国社会科学出版社，2013年，第192页。
⑤ 林癸荣等《恭送黄公度观察大人德政文》，载叶钟玲《黄遵宪与南洋文学》，新加坡：新加坡亚洲研究学会，2002年，第83页。

纪末叶到19世纪初期，华文私塾在新加坡和槟城等地出现，由此开始了汉语书面语的真正传承和传播，也为华文文学人才的培养初步打下了基础。私塾传授幼儿传统启蒙读物及儒家经典，可以说，私塾教育哺育了使用文言创作的旧体文学。清末派驻新加坡的官员左秉隆、黄遵宪等在推动华文文学发展过程中发挥了重要作用。他们不仅大力倡办私塾学校，推行汉文化教育，还积极鼓励汉文学创作活动，倡办文学社团，如“会吟社”“会贤社”等，引领了一大批华人学子投身文学创作，从而推进了汉语言文字在新马的深度使用。1881年，第一份新马华文日报《叻报》诞生，专门开设有刊登旧体诗词、文言散文、旧体小说的栏目，这也成为其后相继兴办的各种华文报纸的传统栏目。在新马华文旧体文学时期，创作者主体是流寓新马的中国文人及南下官员。新加坡著名诗人邱菽园1896年继左秉隆、黄遵宪之后创办了文社“丽泽社”。他在1899年出版的《五百石洞天挥尘》中介绍自己创办的文社时，也指出“蒙内地流寓君子委教文艺”，也就是说，参与文学活动的大部分是流寓的中国文人。而当时（19世纪末叶）的新生土生华人（邱文谓“土著”），“童则失于正蒙，壮且溺于货利”，幼年时期缺失正规的中国传统文化教育，成年后又汲汲于经商营利，其汉文化修养难以与中国流寓文人相比。①

19世纪末叶这批中国南下官员和流寓文人不仅在推动汉文化教育方面居功甚伟，而且在华文文学创作上有筚路蓝缕之功。正是由于这样一个群体的存在，才形成了东南亚特殊的文学现象——新马华文文学。文学创作是语言的高级运用，可以说，他们对于汉语言文字在东南亚地区的扎根生长、开枝散叶功不可没。

20世纪初期，随着华文教育的蓬勃发展，汉语言文字的使用人群进一步扩大，代际传承稳定，并且培养出了不少汉语文人才，使得汉语言文字的

① 郭惠芬《中外文学交流史：中国—东南亚卷》，济南：山东教育出版社，2015年，第76—77页。

使用水平也普遍提高，汉语言文字传播的基座更加扎实。1919年，中国的五四新文化运动开启了中国现代新文学史，并立即在东南亚地区引起了响应和联动，由此催生和哺育了东南亚的华文新文学，开启了东南亚华文文学发展的新时代。

20世纪上半叶，英属马来亚的居民中，中国移民及其后裔数量庞大。从1911年辛亥革命前夕至1941年日军入侵马来亚前夕，新马华人在当地拥有相当高的人口比例：1911年新马华人计915 883人，占当地总人口的34.94%；1921年计1 173 354人，占总人口的34.50%；1931年计1 705 915人，占总人口的39.14%；1941年则上升至2 377 990人，占总人口的比例达到43.45%。[①] 当时的华人移民虽然已在东南亚定居，但大部分在国籍上仍然属于中国。他们在当地的社会地位和经济利益得不到保障，缺乏归属感，愈加珍视与中国的关系，时刻关心着中国的命运。中国经历的内忧外患都成为与他们休戚与共的事件，再加上对在当地受到的歧视和剥削的深刻不满，他们有太多的思想感情需要表达，迫切需要一种适当的文学形式和文字工具来抒发共同的心声。然而采取文言文形式的旧文学已经难以担负这个任务，恰好此时中国新文化运动兴起，平易晓畅的白话语言成为最适合他们表情达意的新形式、新工具。他们纷纷使用白话进行创作，使新马文学进入了华文新文学时期。依托文学的蓬勃发展，汉语言文字传播也进入了一个新的历史时期。

1919年五、六月间，吉隆坡《益群报》、新加坡《国民日报》的编辑率先响应华文新文学号召，有的表示要在新马掀起“南洋文学界的革命”，有的宣布只发表“新文艺”作品，不再刊登“诗词颂箴”的旧文学。他们还在报章副刊上创设“新小说”“新文艺”“新剧”等新文学栏目，并大量刊载中国五四新文学作家的作品。所谓的“新”，在语言层面当然是采用了白话的

① 吴凤斌主编《东南亚华侨通史》，福州：福建人民出版社，1994年，第552—554页。

形式，舍弃了文言文。华文学校在这一时期推行“国语”教学也使华文新文学生长的土壤日益丰厚。

中国新文化运动不仅影响了新马地区，对泰国、缅甸、菲律宾、印尼华文新文学的发展也产生了重大影响。华文新文学在东南亚的发展是世界范围内独有的一种文学现象，这也使得汉语言文字在这一地区的传播成为全球范围内极为特殊的案例，取得了辉煌的传播成就。

语言是表情达意的工具，有思想感情需要表达，就对语言有需求，这就是语言需要。汉语满足了海外华人表达感情、交流思想、描绘生活的需要；华文文学的发展扩大了汉语言文字的使用范围，提高了汉语言文字的使用水平，使其在东南亚的传播更加根深蒂固。

六、20 世纪中期各国华文学校的蓬勃发展及其特点

东南亚各国近代华文教育的起点基本上都在 20 世纪初期，都受到中国的影响，只是影响大小各有不同。各国华文教育的发展轨迹大体类似，其背后的原因是各国华人社会发展近似度较高，与中国有着非常直接的关系。20 世纪 40—60 年代是东南亚各国华校数量最多的时期。（为照顾历史的延续性，本章包含部分 1949 年以后的情况，与第五章内容略有交叉。）

海峡殖民地第一所华校是 1904 年马来西亚槟城的中华学校，之后 1905 年新加坡也创办了崇正学校和养正学校两间华校。马来亚联邦的华校数量 1950 年达到了 1354 间。①

印度尼西亚第一所新式华校是 1901 年巴城中华会馆打破帮派之界创办的中华学校。到 1957 年有华校 1800 所，学生 425 000 人。②

泰国第一所新式华校是 1909 年同盟会会员发起创办的华益学堂。1946

① 周聿峨《东南亚华文教育》，广州：暨南大学出版社，1995 年，第 135 页。

② 印尼雅加达《生活报》，1959 年 1 月 5 日。

年 8 月，华校已达 426 所，学生 6 万余人。①

菲律宾第一所新式华校是 1899 年由中国驻菲律宾领事倡办的中西学校。到 1962 年 3 月，根据菲律宾政府的调查，全菲有华校 165 所，学生 55 000 人。②

越南第一所新式华校是 1907 年闽籍华侨创办的闽漳学校。到 1943 年，华侨学校增加到 349 所，学生人数也增加到 30 多万人。③ 50 年代最多达到 355 所。④

柬埔寨第一所新式华校是 1914 年潮州帮在金边创立的端华学校。1957 年华校达 173 所。⑤

缅甸第一所新式华校是 1904 年闽籍华侨创办的中华义学（后改名为中华学堂）。1961 年，全缅甸华校达到 285 所。⑥

老挝第一所新式华校是 1929 年客家华侨华人在百细市创办的华侨公学。1970 年，老挝共有华校 14 所。⑦

文莱第一所新式华校是 1918 年创办的育才学校（中华中学的前身），到 1955 年有华校 8 所。⑧

以上各国数据在图 4-1 中可以有一个直观的对比：

① 陈烈甫《东南亚洲的华侨、华人与华裔》，台北：正中书局，1983 年，第 465 页。
② 李恩涵《东南亚华人史》，北京：东方出版社，2015 年，第 435 页。
③ 周聿峨《东南亚华文教育》，广州：暨南大学出版社，1995 年，第 362 页。
④ 周聿峨《东南亚华文教育》，广州：暨南大学出版社，1995 年，第 364—365 页。
⑤ 黎庄《柬埔寨华文教育》，台北：台湾华侨教育丛书编辑委员会编印，1958 年，第 24 页。
⑥ 周聿峨《东南亚华文教育》，广州：暨南大学出版社，1995 年，第 369 页。
⑦ 周聿峨《东南亚华文教育》，广州：暨南大学出版社，1995 年，第 383 页。
⑧ 周聿峨《东南亚华文教育》，广州：暨南大学出版社，1995 年，第 378 页。

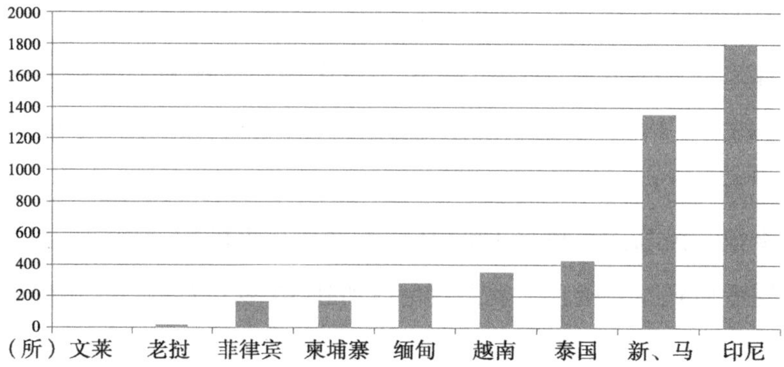

图 4-1　20 世纪 40—60 年代各国华校高峰数量对比

从对比图中可以发现，华文教育体量最大的国家是印尼，华校在高峰时期达到 1800 所，学生 42 万余人。新、马华校在高峰时期的数量也在 1000 所以上。当时华人人口数量超过 200 万的三个国家（地区）泰国、新马、印尼，也正是华校数量最多的国家（地区），这说明东南亚以华文教育为主体的汉语传播是以族内传播为主的。但是，二战以后东南亚各国的移民政策、民族政策、语言政策、教育政策发生巨大变化之后，汉语传播也受到严重影响，华人人口多少与华文教育发展之间的关系就存在极大的不确定性了。

从民国时期开始，东南亚华文教育就成为中国国民教育的组成部分，培养海外华侨对中国的认同成为重要的教育目标，而这一目标首先是通过教学内容来实现的，因为“教什么”反映了教育的根本性质和主导思想。郑良树指出，民国时期东南亚华文教材的内容有三个特点：中国文化、党国意识、北国风光。[①] 在使用中国出版的国语教材的同时，东南亚华文教育工作者自己也编写了一些国语教材，有些教材对民族意识的强化非常明显。比如新加坡世界书局编译所 1948 年出版的《国语：初级》的“编辑大意”说：“本书

① 郑良树《马来西亚华文教育发展史》（第一分册），吉隆坡：马来西亚华校教师会总会，1998 年，第 353—368 页。

选材，注重扩充想象，启发思想，于民族意识，尤所注意。”这说明华人对于中国认同意识的培养是非常自觉的。该教材第二十一课有小朋友一起向青天白日旗敬礼的插图，课文是“国旗，国旗，这是我们的国旗，小朋友一起向国旗敬礼”；第二十三课课文则有这样的句子：“你是中国人，我是中国人，他是中国人，我们大家都是中国人。……你要爱中国，我要爱中国，他要爱中国，我们大家都要爱中国。”这些说明当时华人的中国认同已经达到了高峰。

第三节　民国时期的汉语言文字海外传播[①]

民国时期（1912年—1949年9月），全球局势动荡不稳，战乱频仍，相继发生了第一次、第二次世界大战。中国国内局势不稳，新文化和旧文化冲突剧烈，不断卷入战争，长期陷入内外交困的局面。在这种形势下，国外的汉语言文字输入需求持续减弱，国内的汉语言文字传播推动力不足，使得传播势头减弱，几乎淹没在历史潮流中。唯一值得称道的是，民国政府推行海外侨教，使得东南亚地区的华文教育持续发展，保持和维系了汉语言文字、中华文化的海外传承，也为进一步扩散创造了条件。

民国时期，中国政府虽无暇顾及汉语的海外传播，但也曾进行过教育方面的国际交流，与外国交换过少量留学生。一些知名人士在特殊的机缘下，先后从事过对外汉语教学工作，如老舍和萧乾就曾经应聘到英国伦敦大学东方学院教授汉语。

老舍先生是著名作家，也是对外汉语教学的先驱，1924年9月至1929年6月，老舍在伦敦大学东方学院华语学系任华语讲师，教授古文、官话口

① 本节内容主要参阅张西平主编《世界汉语教育史》（北京：商务印书馆，2009年）第四章第一节、第四节。

语、翻译、历史文选、道教和佛教文选、作文等课程，一年三学期，每学期上 10 周课。1926 年改称中国官话和古文讲师。这期间老舍与两位同事共同为灵格风（Linguaphone）语言中心编写了世界上最早的一套汉语有声教材《言语声片》。教材分上下两册，下册为汉字课文，由老舍编写并亲自用毛笔抄录，声片由老舍录制。《言语声片》在国际上一直沿用到 20 世纪 50 年代中期，现在还可以从声片中听到老舍 20 多岁时朗读课文的声音。这套教材是我国对外汉语教学弥足珍贵的历史资料。教材中的语言风格具有突出的老舍特色。比如课文中的句子“简直的不能停”“你猜怎么着，我一气把它念完了”“哼，两点十分”“你来晚了，早叫二妹妹拿去了”“看小说的瘾非常的大”等等，不仅是北京话，也不仅是白话，而且是典型的老舍式语言。该教材发行量甚大，在国外使用多年，以至于在世界各地都可以听到老舍那一口地道的北京话。[①] 老舍 1929 年离开英国后，还在新加坡南洋华侨中学担任过半年的华语教员。

1939 年，萧乾收到伦敦大学的邀请，被聘为东方学院中文系讲师。但是学汉语的学生很少，只有一两个人，而且老师待遇微薄。萧乾于当年 9 月启程前往英国就职。在任教的同时，萧乾还积极参加英国人民为支援中国人民抗战而进行的各项活动。1941 年，一支由 40 名英国青年组成的救护队志愿前往中国从事医疗工作，萧乾用三个月的时间负责教授他们日常汉语，并讲授有关中国的各种知识。可以说，同老舍一样，萧乾是较早在欧洲从事正规汉语教学的人。萧乾的这段经历为他后来成为世界闻名的记者、卓有成就的翻译家和作家奠定了基础。

1927 年 4 月，还是青年学者的魏建功先生应邀赴朝鲜京城大学从事了一年多的汉语教学。京城大学是日本人在 20 世纪 20 年代创办的，即后来韩国汉城大学（今首尔大学）的前身。当时日本文化界与北京大学文学系的联

---

① 参阅老舍散文《东方学院》。

系较为密切，恰逢朝鲜京城大学校长服部宇之吉从北京大学招聘中文教员，于是时任北京大学国学门助教的魏建功得到北京大学的推荐，于1927年3月底赴任。当时朝鲜处于日本人统治时期，境内学习汉语的课本依然主要是元末明初的《老乞大》和《朴通事》。这两种课本虽然教授北京口语，但内容已经十分陈旧，教师的教法也比较过时。魏建功到校以后，一改传统教学的套路，首先更换教材，以刘鹗的《老残游记》为课本，并以中国国内刚公布仅几年的“注音符号”作为汉字注音手段，可以说对朝鲜汉语教学进行了比较大的革新。后来由于1928年日本人在中国制造了震惊中外的济南惨案，魏建功毅然离开日本人治下的京城大学返回中国。

民国时期，除了在海外的少量汉语教学工作，国内出现了值得注意的一个语言学校——华北协和华语学校（North China Union Language School）。该校于1910年由伦敦会传教士瑞思义（William Hopkyn Rees，1859—1924）初建，其最初目的是为到中国的基督教传教士提供学习中国语言和文化的场所，后逐渐扩大到来华的外交和商业人士。1913年，该校正式成立于北京；到1920年，该校已经扩展成为一个大规模的语言培训学校，有20名外国教师和80名中国教师，共250名学生。这时的学生已不仅是传教士，还有中国政府机构里的外国顾问、商人以及任何想要学习中文的外国人。[①] 1925年，该校与著名的教会大学——燕京大学达成合作，改名“燕京华语学校”（Yenching School of Chinese Studies），作为燕大下属的独立学院。1928年与燕大的合作结束后，华语学校在美国方面的资助下继续运行，同时加强了与美国加州各大学的合作，与“哈佛—燕京学社”（Harvard-Yenching Institute）也多有联系。1948年后，学校的大部分师生离京返美。

华北协和华语学校的汉语教育按照西方的教育制度制定学制。学制4

① 张西平主编《世界汉语教育史》，北京：商务印书馆，2009年，第90页。

至 5 年，每年分春、秋、冬三个学期，夏季放假。课程设置以汉语课为主导，另用英语教授中国文化类课程，包括中国历史、中国当代国际关系、中国政府制度、中国哲学、中国教育学专题、中国社会状况和女性读物等。前两年大部分时间用于汉语语言基础知识的掌握。第一个半年，学习听、说、发音、词义；第二个半年学习阅读、翻译和交谈；第一年结束，学生可以掌握 700 个汉字，交谈基本不会太费力。为了让学生了解和认识中国社会和历史文化，学校经常举办讨论会和讲座，讲座的题目如“中国人的渴望”“中国过去的伟大艺术”“中国的社会哲学”“中国的公共卫生”“中国人对近代教育的态度之转变”“中国乡村生活”“中国的政治”“福音工作”“中国的语言”“中国人的宗教”“中国贫穷的原因”等等。学校还专门留出时间让学生在中国旅行。这样三至四年级的时候，学生就应该掌握 3000 个汉字，并且可以十分流利地会话了。

在教学方法上，学校采用当时国际上最先进的以听说为主的直接法进行教学，有学生的回忆录中曾提到:“我们用直接法学习汉语。在开始的几个星期，我们听不到一句英语，所有的人坐在一个教室里听老师慢慢地说汉语，他一边说，一边会指着脸上和身体上的器官——鼻子、眼睛、嘴巴、胳膊，或者会介绍人称代词——我、他、他们的用法，或者用动作来演示动词的意思。课后我们有个别的辅导，在一个小房间里，一个老师对一个学生，帮助我们复习已经学过的东西。这些辅导老师一般年纪较大，而且不会说一句英语。对于我这样此前没有学过口语和汉字的人来说，我从这一说话练习中获益良多。”

著名汉语语音学专家、美国传教士裴德士（William B. Pettus，1880—1959）1916 年至 1941 年任该校校长。在他的领导下，华语学校保持了较高的教学水平，并发展成外国人学习汉语的中心机构。他还致力于加强中国和美国的学术联系和文化交流，曾邀请中国知名学者胡适、林语堂、梁启超、周作人、徐志摩、冯友兰等到校讲学。华北协和华语学校在不长的几十年间培养出了一批杰出的汉学家、外交官、军事要员和中国专家，如史迪威（Joseph Stilwell，1883—1946）将军、费正清（John King Fairbank，1907—1991）教授等。史迪威于1920年作为美国大使馆的军事官员来到中国，曾经在这个学校跟随裴德士学习汉语。费正清于1932年初来到中国，也曾进入这个学校攻读汉语，后来成为哈佛大学终身教授。费正清致力于中国问题研究长达50年，是美国最负盛名的中国问题观察家。在华语学校的汉语学习经历为费正清日后卓越的成就打下了坚实的基础。这些人都对汉语汉文化在美国的传播产生了重要影响，而且也是中美关系发展史上的重要人物。

本章小结

谈及晚清以来的世界学术发展及语言传播格局，不得不提到“西学东渐”。明末清初西方人的东来，可以说是“西学东渐”的序幕。那一阶段是东西方的初步接触，也是东西语言文化的平等交流，不过并未对双方产生实质性影响。因此，真正意义上的西学东渐，应自1840年鸦片战争以后算起。代表西方国家工业革命以来发展成果的政治、经济、科技、文化等大量传入亚洲，传入中国，给以儒家文化价值观为核心的中国传统社会带来了极大的冲击和影响。在这样的大背景下，汉语言文字的海外传播进入了相对的低潮期。

历史上“汉字文化圈”的形成可以说是汉语言文字海外传播的辉煌成就，在共同使用汉字、普遍奉行儒家思想的基础上，朝鲜、日本、越南与中国在一定程度上形成了文化共同体。但是当西方殖民势力进入亚洲后，这一地区原本较稳定的文化生态开始发生变化。当时，西方的军事和科技实力有目共睹，反观清朝则已经明显落后。亚洲国家谋求本国的生存发展，纷纷改弦更张，由学习中国转为学习西方。朝鲜从李氏王朝开始就已经开办新式翻译学校，改变了古代长期单一学习汉语言文字的情况，加强了对欧洲语言的学习。在这一潮流中，日本在亚洲国家中走在了前面。“明治维新”之后，日本全面学习西方国家，率先走上了现代化的道路。改革也导致日本对汉语汉文化的态度发生了重大转折，从古代的“奉之如珍宝”到后来的“弃之如敝屣”，使汉语言文字传播受到了全面打击，而留存下来的汉语言文字教育为对外扩张和军事侵略服务的意图非常明显。日本占领朝鲜之后推行的殖民语言政策对朝鲜的汉语言文字传播也形成了压制。越南沦为法国殖民地后，殖民者大力鼓吹、推行越南文字“拉丁化”，限制传统汉语文教育，最终使越南废除了科举考试，废除了汉字。不仅是周边国家，即便是中国国内，面对内忧外患的巨大压力，新文化运动前后也曾出现过否定中国传统文化、否定汉字的思潮，使中国遭遇了前所未有的文化认同危机，汉字的地位曾经岌岌可危。在这种自我认同出现问题的形势下，汉语言文字海外传播的根基也发生了动摇，陷入了前所未有的低谷。

这一时期，由于不同国家还存在各种各样的动机和需求，汉语言文字的传播仍在持续，其中值得大书特书的亮点，就是东南亚华文教育的近代化发展。

东南亚华文教育是汉语言文字海外传播的重要组成部分，在全球语言传播格局中地位独特，是一个由移民动因而形成语言传播的典型案例。东南亚地区与中国山海相连，自古以来就是中国向外移民的目的地。全球规模最大的海外华人移民群体存在于东南亚，是汉语传播的扎实底座。从 19 世纪末期到 20 世纪中期，东南亚华文教育经历了近代化转型和快速发展，从而使东南亚成为全球最令人瞩目的汉语言文字大规模传播地区。华文学校的数量在 20 世纪中期达到顶峰。

自商代汉语言文字海外传播发生以来，中国向海外的移民就是推动汉语言文字传播的一支重要力量。移民规模有大有小，大规模移民会在海外形成中华文化片区，而一些个体移民（如文化名人）也会在海外形成一定的影响，从而推动当地汉语言文字传播的发展。东南亚汉语传播是移民作为重要动因的真实写照。

20世纪上半期是东南亚华文教育发展最兴盛的时期，具有以下几个特点：一是规模大。东南亚华人数量众多，在有些国家占人口比例较高，以华人社会为基础的华文学校数量一度达到空前的程度。二是与中国发展的关联度高。东南亚华文学校归属中国教育部门管辖，是一种侨民教育，具有中国教育"飞地"的性质，其盛衰断续与中国国内的政治形势变化具有同步性。三是传播形式以族内传承为主。传播虽然发生在中国境外，但汉语言文字的学习和使用者主要是华人，传播对象单一，范围较为封闭，跨族群、跨文化的传播比较薄弱，对异质文化群体的影响较小。

这三个特点既有移民动因语言传播的一定的普遍性，又具有明显的汉语言文字海外传播的独特性。东南亚华人在漫长的年代中还有二次移民现象，即由东南亚移居欧洲、美洲等地，他们对汉语言文字传播的影响我们尚未充分认识。在19世纪末到20世纪初中国国力衰微、汉语言文字全球传播陷入低谷的时期，东南亚华文教育保留了海外汉语言文字的生存空间，取得了难得的历史成就，留下了浓墨重彩的一笔。

从1840年鸦片战争到1949年新中国建立之前，是全球政治格局和语言生态大变革的时代，也是中国社会发生深刻变革的时代，语言传播的动因复杂多样，语言对外传播与国家利益诉求也出现了不同步的现象。这使我们对语言传播成效的评价具有了一定的复杂性。从语言母语国的立场来考察，所谓语言对外传播的成效（或说成果），必定是符合国家利益、顺应国家发展需求、为国家发展带来红利的，然而，这一时期的汉语言文字传播却并不是这样。如日本为对华侵略而开设的汉语教育、西方国家为打开中国国门而培养的汉语言人才，这些行为诚然推进了其本国的汉语言文字传播，但是，如果我们将其纳入汉语言文字传播成就显然不妥。从事一项事业，必定要看重这项事业的成就和成效。对语言国际传播的成就如何界定和评价？这是值得我们用历史的眼光去审视、思考的一个问题。

第五章　汉语言文字海外传播复兴期*

（1949 年至今）

新中国成立以后，国内对外汉语教学事业顺应外交大局，从初创到发展，学科建设不断完善，逐渐成为汉语言文字海外传播的主要支撑力量。到 20 世纪 90 年代，对外汉语教学的专业建设已经较为成熟，培养了大批专业人才。21 世纪以后，随着中国国力和文化影响力的迅速提升，汉语言文字海外传播出现了全新的态势。对外汉语教学全面转型为国际中文教育，孔子学院在海外迅速发展壮大，汉语全球传播的格局初步形成。欧洲、美洲、亚洲、非洲、大洋洲多国汉语言文字传播都形成了快速发展的新局面。东南亚地区则在深厚的华文教育传统的基础上，实现了汉语传播的本土化发展，取得了令人瞩目的成就。本章也选取了各大洲一些汉语言文字传播成就较为突出的国家进行介绍。

---

* 在本章中，“汉语、华语、中文、华文”等称谓交替使用，原因是不同历史时期、不同国家的使用不同，不同学者的翻译也有区别。若未特别说明与海外华人的关系，则这些称谓的内涵是一样的。

第一节 1949年以后对外汉语教学事业的发展

一、对外汉语教学事业初创时期的“请进来”和“走出去”

1949年新中国成立后，汉语国际传播事业进入了一个新的历史时期。在很长一段时期内，中国国内的对外汉语教学是汉语国际传播的核心力量。新中国成立初期，面对复杂的国际形势和国内百废待兴的局面，外交的中心任务就是为国民经济的恢复和社会主义改造争取一个有利的国际环境。初创时期的对外汉语教学，更多地是作为一项事业被认识的，与新中国的外交大局有着密切的联系。

二战结束以后，世界形成了以美、苏为首的两大不同意识形态集团的对立。在这样的国际环境中，新中国成立伊始就实行“一边倒”的外交政策，站在以苏联为首的社会主义阵营一边，共同反对帝国主义侵略，保障世界的持久和平。1949年10月到1950年1月，在苏联的带动下，一些社会主义国家迅速与中国建交，包括保加利亚、罗马尼亚、匈牙利、朝鲜、捷克斯洛伐克、波兰、蒙古、民主德国、阿尔巴尼亚、越南等。截止到1956年，新中国已经同世界上26个国家建交，其中社会主义国家共计12个。中国的对外汉语教学事业和来华留学生教育事业，主要就是针对这些社会主义国家展开的，这是新时期有规划的汉语国际传播的开始。

1950年，中国开始正式接收外国留学生，并与东欧国家达成互换留学生的协议。与我国交换留学生的国家包括捷克、波兰、罗马尼亚、匈牙利、保加利亚等。当时在清华大学设立了“东欧交换生中国语文专修班”，这是新中国第一个专门从事对外汉语教学的机构。1950年12月1日，罗马尼亚学生一行五人抵达清华大学报到，这是新中国的第一批外国留学生。1951年初，清华大学东欧交换生中国语文专修班正式上课，该班共有学生33人。

当时国内还没有专门的对外汉语教材，使用的教材是由赵元任在美国编写的《国语入门》改编而成的。这个专修班1952年调整到了北京大学。1952年暑假后的新学期开始时，北大中国语文专修班的留学生共有77人，其中东欧各国学生44人，其余是朝鲜、蒙古等国的学生。

二战后兴起的亚非拉民族解放运动，在20世纪50年代中期到60年代末迅速发展，进一步改变了世界力量的对比。随着国际形势的变化，中国的外交政策相应做出了调整，重点转向亚非拉国家，特别是亚非国家。1957—1969年，共有23个国家与中国建交，绝大多数为阿拉伯国家和非洲国家。中国将加强与亚非拉国家的团结、合作和互助作为对外政策的重要组成部分。

60年代初期，非洲各国也开始派遣留学生到中国学习。当时周恩来总理曾经对此专门批示："关于非洲地区要求派留学生来我国学习，我们应该接受、安排，并应专设机构。"①1962年6月，经教育部批准，外国留学生高等预备学校正式成立，1964年改名为北京语言学院。这一专门机构的成立使对外汉语教学摆脱了附属于其他高校的地位，标志着对外汉语教学开启了一个新的阶段，对学科发展起到了非常有利的促进作用。

1961年以前，中国共接收外国留学生3150人；从1962年到1965年，共接收外国留学生3944人；1965年时，中国有在校留学生共3312人；1957年至1965年，由厦门大学函授部招收的汉语函授生共5879名，遍及25个国家和地区。②可惜的是，"文革"期间对外汉语教学事业遭到破坏并全部中断，直到1973年才开始恢复。

60年代末70年代初，中国再次调整外交政策。特别是以1972年美国总统尼克松访华为契机，中国与欧美一系列国家建立了外交关系。70年代中国先后同70个国家建交，绝大多数是西方资本主义国家。截至1979年底，世界上与中国建交的国家已达120个。随着外交形势的变化，中国的对

---

① 李培元《中国对外汉语教学的40年》,《世界汉语教学》1989年第3期。

② 施光亨、杨俊萱《新中国对外汉语教学40年大事记》,《世界汉语教学》1990年第2期。

外汉语教学事业也相应做出调整，来华学习汉语的留学生来源国国别不断扩大，更加多样。1979 年 12 月，《中日文化交流协定》签署，两国开始互派留学生，之后逐年增加。

20 世纪 80 年代，中国进入了以改革开放为鲜明历史特征的新的历史时期，在邓小平外交思想的指引下，中国外交开始超越社会制度和意识形态的异同，普遍遵循和平共处五项原则，发展同所有国家的正常外交关系，争取较长时期的国际和平环境和良好的周边环境。中国实行全方位、多层次的对外开放，开始全面开创外交新局面。以改革开放为重要节点，对外汉语教学的空间更加广阔。

在招收外国留学生的同时，新中国很快就开始派遣汉语教师出国任教。1952 年，根据政府间协议，中国派出朱德熙教授等人分别赴保加利亚、朝鲜教授汉语，这是新中国第一次向海外派出汉语教师。1953 年，高等教育部制定了《关于派赴苏联、东欧各兄弟国家中国语文教员的规定》，并首次向苏联、民主德国派遣汉语教师。1954 年，开始向蒙古、捷克斯洛伐克派遣汉语教师；1955 年，开始向匈牙利、越南派遣汉语教师；1956 年，开始向罗马尼亚派遣汉语教师；1958 年，开始向埃及派遣汉语教师；1959 年，开始向伊拉克派遣汉语教师。1961 年，为了适应我国对外交流的进一步发展，高等教育部开始有计划、有目的地从中文专业、外语专业的应届毕业生中选拔、培养出国汉语储备师资。其后，中国逐年扩大派遣汉语教师的国家数量，几乎每年都有首次派遣教师的国家（含地区），具体如下[①]：

1962 年：尼泊尔

1963 年：柬埔寨、波兰

1964 年：古巴

1965 年：印度尼西亚

---

① 施光亨、杨俊萱《新中国对外汉语教学 40 年大事记》,《世界汉语教学》1990 年第 2 期。

1967 年：老挝、阿尔巴尼亚、巴基斯坦

1969 年：马里、刚果

1970 年：也门

1972 年：意大利、斯里兰卡

1973 年：芬兰、阿尔及利亚

1974 年：墨西哥、丹麦

1975 年：澳大利亚、南斯拉夫、伊朗、瑞士

1976 年：英国

1977 年：奥地利、突尼斯

1978 年：毛里求斯

1979 年：加拿大、比利时

1980 年：西柏林、联邦德国、日本

……

可以看到，到 1980 年，中国外派的汉语教师已经涉及亚洲、欧洲、非洲、美洲、大洋洲等地区，派遣对象国也从社会主义国家扩展到了资本主义国家。由此可见，对外汉语教学事业的发展与新中国外交事业的发展高度契合，对外汉语教学事业的发展反映了中国外交工作的进展以及中国在世界外交格局中的变化。

二、汉语教学法和教材建设的发展

初期的对外汉语教学，从教学类型上看，属于较为单一的汉语预备教育，目的在于帮助留学生克服语言障碍，进入专业学习。学生和教师都比较少，教学规模小，也未形成体系。

新中国成立初期，中国的语言学理论主要受到苏联的影响，接受了斯大林和一些学者的马克思主义语言学观点。这些观点对汉语教学的影响主要表现在：强调词汇和语法在教学中的中心地位，重视基本词汇的学习和系统

的语法知识的讲解。同时，中国学界也接受了一些美国结构主义语言学的观点，这主要是因为赵元任的影响。赵元任是第一个将美国结构主义语言学理论运用于汉语语法研究的语言学家，他建立了中国现代汉语语法研究的基本框架，带来了一些新的思维方式。赵元任 1948 年编写的《国语入门》（*Mandarin Primer*）系统反映了其汉语作为外语的语法教学思想，构建了一套完整的教学模式，在国外长期被用作汉语学习的教科书。1950 年中国接收第一批外国留学生后，由于没有教材，便把这本书作为重要的教学参考材料。1952 年，李荣将其编译为《北京口语语法》出版。《国语入门》以研究汉语口语为要务，在一定程度上改变了传统汉语研究重书面语而轻口语的现象。但是，由于当时过于强调语言学理论的指导，作为教科书来看，《国语入门》也存在着重视语言知识、轻视语言实践的倾向。因此，初创时期的对外汉语教学，基本上把传授知识和培养能力放在同等地位。1954 年，北京大学外国留学生中国语文专修班编写了《汉语教科书》，1958 年正式出版。应该说，这本教材体现了对外汉语教学初期的特点。

教学法的发展是和教材建设的发展紧密联系、相辅相成的。到了 20 世纪 60 年代，一些教师和学者通过对 50 年代教学的反思，提出了教学的“实践性原则”，强调课堂教学的“精讲多练”，这些原则成为此阶段对外汉语教学的重要指导思想。1964 年，北京语言学院重新编写了一套汉语预备教育教材，包括《基础汉语》和《汉语读本》两本。这套教材可以说是 60 年代对外汉语教学理论和实践真实水平的代表。《基础汉语》突出了语言的实践地位，语法规则简明扼要，多以典型例句来体现，更加符合实践性原则。但是教材依旧没有摆脱以语法为纲的思路，围绕语法点编写课文，导致不少内容实用性较弱。《汉语读本》的大部分课文是经过改写的故事、小说和散文，虽然语言非常规范、精练，但是趣味性不够，略显死板，不利于学生口语能力的培养。

20 世纪 70 年代初期，中国在外交上取得了一系列重大突破：1971 年，中国恢复了在联合国的合法席位；1973 年 12 月 8 日，第 28 届联合国大会一致通过了将汉语列为联合国大会和安理会六种工作语言之一的决议，使汉语在国际上的地位大幅提高。在这种背景下，国际范围内学习汉语的需求重新出现，“文革”期间中断的对外汉语教学开始恢复。1972 年初，北京大学首先恢复留学生招生；同年，北京语言学院复校，继而全国多家高校陆续恢复留学生招生，对外汉语教学进入了一个新的发展阶段。70 年代的对外汉语教学受到国外“听说法”“句型教学法”的影响，更加强调教学的实践性。70 年代中期“交际法”传入我国后，很快得到了对外汉语教学界的重视。通过学习交际法而产生的“结构—情境—功能”相结合的教学理念很快在教材编写中得到了应用。

北京语言学院 1975 年开始使用新教材《汉语课本》，这是引进句型教学法的一次实践。进入 80 年代以后，对外汉语教材开始呈现“百花齐放”的新局面。这一时期比较有代表性的教材有《基础汉语课本》（李培元等编写，1980 年）、《实用汉语课本》（刘珣等编写，1981 年）、《初级汉语课本》（原北京语言学院来华留学生三系编写，1988 年）等。《基础汉语课本》是较早按照结构法的路子编写的一部较成熟的教材，与之前的教材相比，该书在语法点编排和解释方面的科学性和针对性都有很大提升。《实用汉语课本》是第一部专门供国外使用的基础汉语教材，以句型、功能、结构相结合为指导思想，贯彻交际性原则，内容丰富，形式活泼，练习方式也有所创新。《初级汉语课本》在语法项目的选择、编排和说明上有很多创新，系统性强，被广泛使用，获得了专家和使用者的好评。除了初级教材以外，中高级教材的编写也开始增加，教材类型也开始多样化，专门用途汉语教材也开始受到重视，出现了一批科技、经贸、翻译、旅游等内容的实用汉语教材，也出现了许多以《汉语 300 句》为代表的短期教材，汉语速成教学研究也得到了加强。

80 年代末又到了一个需要总结、提升的节点。1987 年，第二届国际汉语教学讨论会召开，中国对外汉语教学研究会教材研究小组提交了《建国以来对外汉语教材研究报告》，及时总结了教学法和教材编写的发展状况。报告指出，教材是教学法理论研究成果的反映，必须高度重视教学法理论对教材编写的指导作用；要加强总体设计，提高教材编写的科学性。报告强调了教材中文化内容的重要性，并区分了交际性文化和知识性文化。更重要的是，报告提出了教材编写的“四性原则”：针对性、实践性、趣味性、科学性。应该说，这“四性原则”既是对教材编写经验的高度总结，也是对之后教材编写的原则性要求，直到今天依然得到普遍认可。20 世纪 80 年代以后汉语教材发展的一个重要特点，就是开始走向系列化、立体化，与分课型、分技能教学紧密结合，听、说、读、写各方面都出现了很多优秀的教材。教材编写也反映出了教学中不同的理念、不同的做法，虽然还存在一些分歧，但教材使用效果和教学效果总体上是在提升的。

三、对外汉语教学学科建设的发展

从新中国成立初期开始较长的一段时期内，对外国人的汉语教学被大部分人视为一项对外友好工作，被当作外事工作来对待，尚未被作为一门学科加以认识，研究也没有充分展开。1953 年 7 月，《中国语文》刊载了周祖谟教授的《教非汉族学生学习汉语的一些问题》一文，这是我国第一篇对外汉语教学研究论文。该文首次将对外族人的汉语教学与对本族人的汉语教学进行了区分，虽然并没有提出和使用“对外汉语教学”的概念，但对于当时对外汉语教学原则的确立无疑产生了积极的影响。1957 年 12 月 15 日，《光明日报》发表了邓懿的文章《用拼音字母对外国留学生进行汉语教学》，介绍了试用《汉语拼音方案（草案）》的情况和成功经验。今天看来，应用汉语拼音进行对外汉语教学是再正常不过的事情，但实际上这是新中国成立以后才发生在对外汉语教学领域的巨大变化。应该说，新中国成立之初对外汉语教学的发生发展与《汉语拼音方案》的研制几乎是同步的，把汉语拼音研制成果应用于对外汉语教学实际上是新生事物，汉语拼音的应用给汉语教学带来了很大的便利。1957 年《教学与研究》第 2 期刊登了王学作、柯炳生的《试论对留学生讲授汉语的几个基本问题》一文，文章从教学的基本任务和步骤、教材编写、作业、教学方法等四个方面较为系统地探讨了对外汉语教学中的一些问题，对汉语教学的目的、原则、内容、方法提出了一些新的认识。1960 年杜荣等在《文字改革》第 4 期发表的《用汉语拼音方案教外国留学生学习汉语的一些体会》，也肯定了汉语拼音在对外汉语教学中的优越性。这些 50 年代开始的初步探索和研究，对学科的形成起到了重要的先行作用。

1965 年 5 月，钟梫写出了《十五年（1950—1965）外国留学生汉语教学总结》，后发表于 1979 年《语言教学与研究》试刊第 4 集。文章从教学特点、要求、原则、教材编写和教学法等方面总结了 1950 年以来 15 年的宝贵经验，使对外汉语教学学科发展又走出了坚实的一步。1979 年 9 月，《语言教学与研究》（季刊）正式创刊，这本刊物多刊发对外汉语教学的相关研究成果，受到了语言学界和对外汉语教学界的普遍重视。

一个学科是否独立存在，主要看它是否有自己独特的研究对象，是否有系统的学科体系以及独有的理论和方法。到 20 世纪 70 年代末期，可以说对外汉语教学已经具有了一定的学科属性，作为独立的学科已经基本成型了。1978 年在北京召开的“北京地区语言学科规划座谈会”明确提出了对外汉语教学是一个专门学科的问题。会后发表的《北京地区语言学科规划座谈会简况》（《中国语文》1978 年第 1 期）中提出：“要把对外国人的汉语教学作为一个专门的学科来研究；应成立专门的研究机构，培养专门的人才。”1984 年，《语言教学与研究》创刊五周年时，王力先生为刊物题词——对外汉语教学是一门科学。1984 年 8 月，当时的教育部部长何东昌在来华留学生工作会议上做报告。报告中指出：“对外汉语是一门新型的学科。”可以说到这个时候，对外汉语教学已经得到了政府和学界的承认，确立了作为一门学科的地位。1986 年以后，一些院校开始招收对外汉语教学方向的硕士研究生。1987 年 7 月，经国务院批准，成立了由国家教委、文化部、广播电影电视部、国务院侨办、国务院外办、外交部、新闻出版署、国家语委八个部门及北京语言学院负责人组成的国家对外汉语教学领导小组，其下设办公室简称“国家汉办”。很明显，这一机构并非纯学术机构，它是与对外汉语教学事业性和学术性兼具的特点相吻合的。国家汉办成立以后，统一规划、领导、协调全国的对外汉语教学工作，发挥了积极而有效的作用，有力地推进了对外汉语教学事业和学科的发展。同年 8 月，世界汉语教学学会成立，对外汉语教学界有了自己的全球性组织。

20 世纪 80 年代是对外汉语教学学科快速发展、走向成熟的时期，在理论研究方面取得了令人瞩目的成就，语言理论、语言学习理论、比较文化理论、语言教学理论都有了长足的进步。刘月华等编写的《实用现代汉语语法》[①] 是从对外汉语教学的需要出发，致力于解决教学实际问题的语法著作，形成了为汉语教学和学习服务的独特语法体系，直到今天仍有很强的参考价值，是很多汉语教师的案头必备参考书。而汉外对比研究作为一个新的研究课题也开始受到关注，王还的《门外偶得集》[②] 可以说是这一研究领域的开篇之作。作者凭借自己深厚的英语功底和丰富的对外教学经验，立足于汉语教学实际，对汉语和英语进行了对比分析研究。这些论著说明对外汉语研究正在日益走向深入和广阔，其学科特性也越来越突出。

1988 年，吕必松发表了《加强对外汉语教学的理论研究》[③] 一文，提出了一些在理论上尚未厘清的问题，指明了加强理论研究的必要性。同期的对外汉语教学界也已经意识到开展多角度、跨学科研究的重要性，也更加注意国外语言学理论、语言学习理论与国内汉语教学的结合，探讨规律性的东西。这一阶段在语言学习理论方面的突出成果，是出现了几篇探讨中介语理

---

① 刘月华等《实用现代汉语语法》，北京：外语教学与研究出版社，1983 年。

② 王还《门外偶得集》，北京：北京语言学院出版社，1987 年。

③ 吕必松《加强对外汉语教学的理论研究》，《语言教学与研究》1988 年第 4 期。

论和外国人学习汉语偏误分析的论文。比如鲁健骥的《中介语理论与外国人学习汉语的语音偏误分析》[①]和《外国人学习汉语的词语偏误分析》[②]，较早把中介语理论和偏误分析引入了中国学术界；另如田士琪等的《从第二语言习得规律看教学方法的改进》[③]。这些研究共同开辟了一个汉语习得研究的新领域，使得国内汉语教学和学习理论的研究逐步走向深入。

总体来看，20 世纪 80 年代是对外汉语教学学科初步确立后持续发展的重要时期。对外汉语教学界对几十年的经验进行了全面的概括和总结，同时又与引进的国外语言学理论和语言教学理论相结合，开始走出了一条属于自己的学科发展之路。

四、20 世纪 90 年代以后对外汉语教学的发展

20 世纪 90 年代是全球政治、经济格局发生重大变化的时期。经济一体化持续深入，国与国之间的联系日趋紧密；同时，国际竞争更加激烈，各国都致力于增强本国的“软实力”，扩大在世界范围内的文化影响力。在这种背景下，语言作为文化的载体成为各国竞相输出的对象。从中国方面来看，中国经济的快速发展对世界的影响日益加深，各国不断产生了解中国、与中国交往的需求，因此，对外汉语教学迎来了新的发展机遇期。

对外汉语教学是一门崭新的学科，兼具学科和事业的双重属性。1989 年 5 月国家教委明确指出，发展对外汉语教学事业是一项国家和民族的事业。发展事业需要国家的统一组织，也需要学科发展来支撑。1988 年和 1998 年，国家汉办相继制定了《1988—1990 年对外汉语教学科研课题指南》《1998—2000 年对外汉语教学科研课题指南》，以具有前瞻性的指引推动学

① 鲁健骥《中介语理论与外国人学习汉语的语音偏误分析》，《语言教学与研究》1984 年第 3 期。
② 鲁健骥《外国人学习汉语的词语偏误分析》，《语言教学与研究》1987 年第 4 期。
③ 田士琪等《从第二语言习得规律看教学方法的改进》，《世界汉语教学》1987 年第 4 期。

科研究的发展，并投入了较多经费，使得对外汉语教学的相关研究成果不断涌现。成果产出涵盖了学科理论建设、教学理论与教材编写研究、学习理论研究、语言测试研究、跨文化交际研究、学科史研究、基于对外汉语教学的汉语本体研究等等，出现了对外汉语学科发展的繁荣局面。

90年代中期以后，语言教学理论研究进一步走向深化，第二语言教学的重点逐步转移到教和学的过程上来，以学习者为中心的思想更加明确。教什么、怎么教、怎么学，都成为教学研究的核心问题。对外汉语教学法进入多元发展阶段，针对汉语特点的教学法也受到了关注。90年代中期兴起了“结构—功能—文化”教学法，从提高学生的交际能力这一核心目的出发，提出了结构、功能、文化相结合的基本原则。这一时期，国外的相关成果也能够及时反映到国内的汉语教学中来。比如，国内学者注意到“任务式”教学在国外第二语言教学中的广泛应用，便及时地介绍到国内，并与中国的对外汉语教学实践紧密结合起来。马箭飞的《以“交际任务”为基础的汉语短期教学新模式》[①]即讨论了任务式教学的问题。

90年代后期，汉字教学一度成为研究热点。关于汉字在汉语基本构成单位中的特殊地位，吕叔湘（1962）[②]、赵元任（1975）[③]、王力（1982）[④]都曾多次提到。值得注意的是，“字本位”概念被国内外一些学者提了出来，他们强调以汉字为基本单位来考察汉语，以汉字为核心设计教材、组织教学。早在1989年，法国学者白乐桑与北京语言学院教师张朋朋合作编著的《汉语语言文字启蒙》就在法国出版，这部教材被称为第一本“字本位”教

① 马箭飞《以“交际任务”为基础的汉语短期教学新模式》，《世界汉语教学》2000年第4期。

② 吕叔湘《谈语言的学习和教学》，载吕叔湘《吕叔湘全集》（第11卷），沈阳：辽宁教育出版社，2002年。

③ 赵元任《汉语词的概念及其结构和节奏》，载赵元任《赵元任语言学论文集》，北京：商务印书馆，2002年。

④ 王力《实用释义组词词典·序》，载周士琦编著《实用释义组词词典》，北京：华文出版社，2000年。

材，在法国受到广泛好评，被很多开设中文课的大学、中学等教学机构所使用。1997 年，中国的华语教学出版社又出版了两人合著的《汉语语言文字启蒙Ⅱ》，可以说是对符合汉语特点的教学法的一种有意义的探索。这一时期关于汉字教学研究的会议也多次召开，比如 1997 年 6 月在宜昌举行的“汉字与汉字教学研讨会”，1998 年在巴黎举行的“国际汉字教学研讨会”，1999 年 6 月在清华大学举行的“汉字应用与传播国际学术研讨会”等。

这一时期取得较大进展的另一项重要工作，就是汉语教学标准化的推进。经过新中国成立以来 40 多年的发展，对外汉语教学学科已经初步建立起来了，但标准化工作则显得滞后。各高校的对外汉语教学各自为战，标准不统一，长期处于较为松散的局面。在国家汉办的主持或支持下，各类大纲的研制提上了日程。从 1992 年到 2002 年，制定或修订出台的大纲见表 5-1：

表 5-1　1992—2002 年研制的各类大纲①

年份	大纲名称	制定者
1992	汉语水平词汇与汉字等级大纲	国家汉办组织修订
1995	对外汉语教学语法大纲	国家汉办组织修订
1995	中高级对外汉语教学等级大纲（词汇·语法）	孙瑞珍主编
1996	汉语水平等级标准与语法等级大纲	国家汉办组织修订
1999	对外汉语教学初级阶段教学大纲	杨寄洲主编
2002	高等学校外国留学生汉语教学大纲（长期进修）	国家汉办编
2002	高等学校外国留学生汉语教学大纲（短期强化）	国家汉办编
2002	高等学校外国留学生汉语言专业教学大纲	国家汉办编

这些大纲可以说是长期以来教学经验和教研成果的总结，从实践中来，又反过来指导实践，是标准化建设的重要阶段性成果。这些大纲明确了各级

① 崔永华《二十年来对外汉语教学研究热点回顾》，《语言文字应用》2005 年第 1 期。

各类教学目标和测试标准，给教学活动设定了可遵循的规范，有效促进了对外汉语教学事业的发展。大纲的出台使各类汉语教材编写、各种汉语水平测试有了可参照的标准。

20 世纪 90 年代，随着对外汉语教学事业的快速发展，各个种类、各个层次的汉语水平考试体系也逐步发展和完善起来。早在 1984 年，北京语言学院就开始研制汉语水平考试，简称 HSK。1990 年，HSK 通过鉴定并正式开考。它包括基础汉语水平考试 [简写为 HSK（基础）]，初、中等汉语水平考试 [简写为 HSK（初、中等）]，高等汉语水平考试 [简写为 HSK（高等）]，共 11 个级别。HSK 使用了近 20 年，在全球产生了较大的影响。但是 21 世纪以后，随着汉语国际推广形势的发展和语言测试、语言教学、语言习得等学科理论的发展，HSK 也表现出了一些不足。为使汉语水平考试（HSK）更好地服务于汉语学习者，汉办组织中外汉语教学、语言学、心理学和教育测量学等领域的专家，在充分调查、了解海外实际汉语教学情况的基础上，吸收原有 HSK 的优点，借鉴近年来国际语言测试研究最新成果，经过精心研发，于 2009 年正式推出了新汉语水平考试（新 HSK）。新 HSK 建立在《国际汉语能力标准》之上，建立在交际能力语言学基础之上，加强了对口头和书面表达能力的考查，考试结构更加合理[①]，共分为六级。新 HSK 在推动全球汉语教学和学习方面正在发挥积极作用。在组织研制新 HSK 的同时，国家汉办也分别于 2003 年、2004 年启动了商务汉语考试（BCT）、中小学生汉语考试（YCT）等种类的汉语水平考试研制工作。商务汉语考试（BCT）于 2006 年 10 月在新加坡实施海外首考，2007 年 4 月 15 日又在全国 20 所院校举行国内首考。从 2008 年开始，中小学生汉语考试（YCT）开始在全球推广。2019 年，医学汉语水平考试（MCT）正式启动，并于当年 12 月 15 日在全国正式开考。

① 谢小庆《为什么要开发新 HSK 考试?》,《中国考试》2011 年第 3 期。

五、汉语国际教育专业建设与教师标准的制定

2005年7月，首届世界汉语大会在北京召开，这可以说是对外汉语教学发展史上的一个重要里程碑。此次大会的主题是：世界多元文化架构下的汉语发展。大会宗旨包括：凝聚各方力量，共同加强汉语推广工作，让汉语随同开放的中国走向世界，让世界了解开放的中国。这次大会提出了“汉语国际推广”的概念，标志着中国对外汉语教学向汉语国际推广的转变。2006年，中国对外汉语教学的最高领导机构“国家对外汉语教学领导小组办公室”更名为“国家汉语国际推广领导小组办公室”。这一变更标志着对外汉语教学已经从“请进来”转变为“请进来”和“走出去”并重的格局。

一方面，“推广”一词的提出，体现了汉语教学的主战场从国内转向国外的趋势。2005年国家语言文字工作委员会发布的《中国语言生活状况报告（上编）》显示，2005年全球学习汉语的人数将近4000万；报告还预测，到2010年，全球学习汉语的人数将达到1亿。而截至2006年12月31日，2006年全年共有来自184个国家和地区的162 695名各类来华留学人员在我国学习。[①] 国内的16万余人和全球的4000万人相比，昭示着传统的对外汉语教学所能涵盖的范围已经无法满足全球范围内汉语学习的需要。无论是从事业发展还是从学科发展的角度考虑，汉语教学都不应局限在国内，国际汉语教学应该成为考察和研究的重点领域。另一方面，“推广”一词的使用也体现了中国向全球传播汉语汉文化的坚定信心。21世纪以来，中国经济快速发展，综合国力大幅提高，越来越成为具有世界影响力的强国，中华文化在全球范围内出现了复兴之势，中国的汉语输出需求和世界多国的汉语输入需求实现了对接。中国加大了汉语对外输出的力度，与之相配合的各种政策也相继出台。

---

① 2006年来华留学生人数又创历史新高，中华人民共和国教育部，http://www.moe.gov.cn/jyb_xwfb/gzdt_gzdt/moe_1485/tnull_22856.html.

“推广”是从事业发展的角度来说的，作为学科则是汉语国际教育。面临事业发展前所未有的广阔空间，人才培养成为重中之重，必须加快完善人才培养体系。早在1983年，教育部即批准设立对外汉语本科专业，并逐步开始招收研究生。2006年3月，国务院办公厅转发《关于加强汉语国际推广工作的若干意见》（下文简称《意见》），成为之后一个阶段汉语国际推广发展的指导性文件。《意见》从国家战略的高度阐明了汉语国际推广工作的重要性和紧迫性，提出了汉语加快走向世界的指导思想、总体规划和政策措施，把提升学科地位、建立汉语作为第二语言教学的专业学位制度列为重要任务。

在这样的形势下，2007年5月，国务院学位委员会批准首批24所高校开展汉语国际教育硕士专业学位教育试点工作。这一学位的英文名称为“Master of Teaching Chinese to Speakers of Other Languages”，简称MTCSOL。这一专业的目标是培养适应汉语国际推广工作、胜任多种汉语教学任务的高层次、应用型、复合型专业教学人才，注重教学实践能力。国家成立全国汉语国际教育硕士专业学位教育指导委员会，负责制定《汉语国际教育硕士专业学位研究生指导性培养方案》和教学大纲，编写或推荐教材和参考书目，加强招生、培养、学位授予和质量评估等各环节的指导、管理和监督。根据教育部发布的消息，截至2021年7月，全国共有196所汉语国际教育硕士专业研究生培养院校。

对外汉语教学师资队伍的标准化建设在1990年就已经开始。1990年，原国家教委就颁布了《对外汉语教师资格审定办法》，1991年开展对外汉语教师资格审查工作，1995年正式开始考试，产生了第一批持证对外汉语教师。随着形势的变化、学科的进步，对外汉语教师的标准也不断更新。2004年8月23日，教育部颁布《汉语作为外语教学能力认定办法》，同年10月1日起实行。《对外汉语教师资格证书》同时失效，代之以《汉语作为外语教学能力证书（高级）》。2005年，汉语作为外语教学能力考试正式开始。

随着世界范围内“汉语热”的日益升温，国外对汉语教师的需求也随之大幅增加。过去以在国内环境下教外国人汉语为重点的教学能力认定，已不适应在国外推广汉语的工作要求。2007 年，孔子学院总部 / 国家汉办正式发布《国际汉语教师标准》（下文简称《标准》)。《标准》是对从事国际汉语教学工作的教师所应具备的知识、能力和素质的全面描述，旨在建立一套完善、科学、规范的教师标准体系，为国际汉语教师的培养、培训、能力评价和资格认证提供依据。《标准》发布以后，原来的《汉语作为外语教学能力认定办法》正式废止。经过多方论证和缜密酝酿，孔子学院总部 / 国家汉办于 2015 年正式推出了《国际汉语教师证书》考试。

除了在国内建立教师培养和认证体系，为满足海外各国对汉语教师的需求，中国也推出了多个面向海外汉语教师的培训项目和外派教师项目，如外国汉语教师来华研修项目、汉语教学专家组赴国外培训项目、国家公派教师项目、汉语教师志愿者项目等。汉语教师志愿者项目是在汉语国际推广的新形势下，为适应当前世界汉语教学蓬勃发展的形势需要，利用我国作为母语国的汉语人才资源优势而开辟的向世界有需求国家提供汉语师资的新措施之一。汉语教师志愿者项目经中国教育部批准由国家汉办于 2004 年 3 月 26 日起开始实施。

六、孔子学院的建设和发展

21 世纪以来，随着中国经济的持续快速发展和国际地位的进一步提高，世界各国的汉语学习需求持续升温。在这种形势下，我国借鉴英、法、德、西等国家语言推广机构的经验，从 2004 年开始在海外设立以教授汉语和传播中华文化为宗旨的非营利性教育机构——孔子学院。孔子学院采取中外合作的模式，致力于适应世界各国（地区）人民对汉语学习的需要，增进世界各国（地区）人民对中国语言文化的了解，加强中国与世界各国的教育文化交流合作，发展中国与外国的友好关系，促进世界多元文化发展，构建和谐世界。孔子学院提供的服务主要有：开展汉语教学；培训汉语教师，提供汉语教学资源；开展汉语考试和汉语教师资格认证；提供中国教育、文化等信息咨询；开展中外语言文化交流活动。2004 年 11 月 21 日，全球第一所孔子学院在韩国首尔揭幕。至 2006 年首届孔子学院大会召开之时，已经有 80 所孔子学院和孔子课堂在 36 个国家落户。至 2006 年底，国家汉办共收到来自 60 多个国家 400 余家机构的申请。

孔子学院的建立受到了政府和国家领导人的关怀和支持，也得到了合作方国家政府的大力支持。2006 年 7 月，首届孔子学院大会在北京召开，国务委员陈至立出席并致辞，教育部部长周济主持会议。会议吸引了来自五大洲 36 个国家和地区的世界知名高校校长、孔子学院负责人及包括 100 多位驻华使节等在内的代表 550 多人参加。会议各方对于孔子学院建立的意义给予了高度评价。陈至立的致辞中提出，为了更好地为各国的孔子学院服务，中国正在筹建孔子学院总部。2007 年 4 月，孔子学院总部在北京成立。孔子学院总部是全球孔子学院的最高管理机构，其职责是：制定孔子学院的有关章程、建设规划和评估标准；审批各地孔子学院的设置；审核批准各地孔子学院的年度实施方案和预决算；为各地孔子学院提供管理和教学人员以及教材、课程等各种资源支持。

2007 年 5 月，《世界汉语教学》发表了国家汉办主任许琳在世界汉语教学学会第七届常务理事会第二次会议上的讲话。讲话指出，2006 年的首届孔子学院大会是对外汉语教学的转折点，它标志着对外汉语教学向汉语国际推广的转变。讲话还提出了要重点实施的六大转变：一是发展战略从对外汉语教学向全方位的汉语国际推广转变；二是工作重心从将外国人“请进来”学汉语向汉语加快“走出去”转变；三是推广理念从专业汉语教学向大众化、普及型、应用型转变；四是推广机制从教育系统内推进向系统内外、政府民间、国内国外共同推进转变；五是推广模式从政府行政主导为主向政府推动的市场运作转变；六是教学方法从纸质教材面授为主向充分利用现代信息技术、多媒体网络教学为主转变。[①]

在一系列政策措施的推动下，孔子学院得到了迅猛的发展。从 2005 年到 2007 年，孔子学院数量经历了一个快速增长期，平均每年增加近 100 所。其后以每年增加 30 到 40 余所的速度平稳上升。截至 2015 年 12 月 1 日，全球已有 134 个国家（地区）建立 500 所孔子学院和 1000 个孔子课堂。在约十年的时间内，孔子学院的增长速度令世界瞩目。

孔子学院是一个新生事物，是在中国经济快速发展、国际影响力迅速提升的背景下应势而生的，是中国政府集合多部门力量着力打造的一个文化品牌。在复杂的国际环境下，孔子学院在海外的迅速发展也难免会遇到一些困难和非议。比如，一些国家认为孔子学院代表的是中国软实力的“扩张”，担心中国的崛起影响其本国的利益；一些国家把孔子学院和意识形态联系起来，不愿接受中国方面的指导、监督和扶持；有的国家则认为孔子学院具有宗教性质，不同意用孔子学院的名称在本国开办汉语教学机构……凡此种种，给孔子学院的发展造成了一些障碍。

2015 年 12 月，第十届全球孔子学院大会在上海召开，会议对过去十年孔子学院的发展做了回顾和总结，提出孔子学院将从规模化建设转向内涵式发展，降速提质成为主要内容。孔子学院总部副总干事、国家汉语国际推广领导小组办公室副主任王永利指出：“一方面，我们要客观认识，正确对待各方意见，并创新探索，推进信息公开，努力增信释疑，消除各种偏见；另一方面，孔子学院必须把握各地需求，转向内涵发展，提升质量、办出特色、打造品牌。”[②]这次会议标志着孔子学院的发展进入了一个新的历史时期。大会透露，面向新十年，孔子学院将根植本土，服务民众，主动

① 许琳《汉语国际推广的形势和任务》,《世界汉语教学》2007 年第 2 期。

② 未来五年孔子学院从规模化建设转向内涵式发展，中国教育和科研计算机网，http://www.edu.cn/zhong_guo_jiao_yu/zong_he/zong_he_news/201512/t20151207_ 1345446.shtml，2015-12-07.

适应各国汉语学习者日益多样化、个性化的需求，改革教学内容方法，培养各国本土师资；将提高孔子学院学术研究水平，实施好“孔子新汉学计划”，着力培养新一代汉学家，探索建立融通中外的话语体系；将推进阳光运行，努力增信释疑，不断提升办院能力和水平，确保孔子学院持续健康发展。①截至2019年底，全球有162个国家（地区）建立了550所孔子学院和1172个孔子课堂。②

第二节　欧洲当代的汉语言文字传播

一、法国的汉语言文字传播

20世纪上半叶，两次世界大战给人类社会带来了深重的灾难。欧洲恰是两次世界大战的爆发地和主战场，多国的文化和教育事业受到严重摧残，法国也未能幸免。在这场浩劫中，法国的汉学研究和汉语教学被迫停滞或中断，几位汉学大师葛兰言（Marcel Granet，1884—1940）、马伯乐（Henri Maspero，1883—1945）、伯希和（Paul Pelliot，1878—1945）也先后辞世，给汉语传播带来了沉重打击。直到二战以后，欧洲各国的汉语教学才开始陆续恢复。

20世纪50—70年代法国汉语教学的发展得益于中法两国国家关系新局面的开拓。中法两国同为地区大国和二战的战胜国，均奉行独立自主的外交政策，两国有着相似的国际地位和影响力，在许多重大国际问题上看法比较一致；同时，在当时的历史条件下，两国在经济上具有强烈的互补性，法国迫切需要更大的海外市场，中国迫切需要开拓对外经贸合作。1964年，中

① 我国已建立500所孔子学院，未来将注重内涵发展，新华网，http://www.xinhuanet.com/politics/2015-12/06/c_1117370371.htm，2015-12-06.

② 据中国国际中文教育基金会数据，https://www.cief.org.cn/qq.

法两国正式建立外交关系，这对中法双方来说都是对外关系的一次重大突破，也在国际上产生了轰动性的影响。中法建交使得法国的汉语研究和汉语教学在更为良好的环境中蓬勃开展，推动着汉语传播不断走向深入。

二战胜利以后，汉语言文字传播在法国复苏的重要现象就是大学里中文系的建立。1957年，巴黎大学文学院成立中文专业，由谢和耐（Jacques Gernet）主持，这是法国战后最早成立的中文专业；1959年波尔多大学成立中文专业，先后由吴德明（Yves Hervouët）、雷威安（André Lévy）主持；埃克斯-马赛大学1966年成立中文系，由汪德迈（Léon Vandermeersch）主持；1968年巴黎第八大学成立中国部，汉语课程由吴德明主持。汉语学士学位文凭也于1959年正式创立。[①]原法国国立东方语言学校在1968年改为国立东方语言文化学院，并与巴黎第三大学合作，负责培养东方语人才，中文系是该学院的第二大系，注册人数在法国所有中文专业中一直处于领先地位。1970年，中断了35年的里昂汉语教学也在里昂第三大学远东系重新启动。[②]

这一时期法国对中文和中文教学的认知进入了学科化、专业化的阶段，中文在法国的传播也进入了一个全新的发展阶段。专业化的发展使中文研究、教学与传播从汉学领域中独立出来。与以往的历史时期相比，20世纪60年代以后，法国中文教学学科逐步发展；学科教学论逐渐成熟，教学内容、目标、理念和教学法等相关问题与内容得到进一步思考与明确，中文教学逐渐融入法国教育体制，基础教育的中文教学大纲日渐完善。[③]

二战以后成立的中文系有一个显著的特点，即一改过去以古代汉语教学和古代中国研究为主的状况，转向了现代汉语教学和现代中国研究。1997

---

① 白乐桑《法国汉语教学历史沿革与现状》，张放编译，《法语学习》2005年第2期。

② 张西平主编《世界汉语教育史》，北京：商务印书馆，2009年，第295页。

③ 白乐桑、宇璐《法国中文传播中语言距离与中文学习动机——基于史实的考察和实证分析》，载张西平主编《国际汉语教育史研究》（第2辑），北京：商务印书馆，2020年。

年开始，法国的汉语教学法、教学论专业也开始招收硕士生、博士生。

除了大学中文专业的开设以外，法国的中小学汉语教学也于20世纪50年代开始起步，70年代实现迅速发展。1958年，法国蒙治隆中学首先开设了汉语课程，这是法国在中等教育中创设的正规汉语教学，在欧洲国家乃至整个西方国家都是第一次。这也得益于法国历来实行的多语政策。汉语课程在法国中等教育中的设立，甫一开始就是以正规外语教学的面目出现的，而非兴趣班之类的业余学习。

1962年，圣日耳曼中学开设汉语课；1963年，巴黎阿尔萨斯学校开设汉语课。从70年代初期至1978年，法国开设汉语课的中学从十几所增至32所，1981年增至38所，90年代增至40所，2002年全法国已有120所中学教授汉语。[①] 学习汉语的中学生人数也保持了持续、快速的增长。20世纪50年代末有100余人，到1995年接近3000人，2000年超过5000人，2005年则达到7631人，开设汉语课程的中学达到142所。[②] 1985年7月在巴黎成立的国际法-华学校是最早开设汉语课程的小学。

在教学方法上，法国的汉语教学在80年代开始明确走“字带词”的路子，重视汉字教学，强调记字、组词能力，在理念上的突出代表就是白乐桑提出的“字本位”观念。他于80年代末编写的《汉语言文字启蒙》教材被认为是第一本“字本位”教材，在法国广泛使用。突出汉字教学已经成为法国汉语教学的一大特色。2003年，法国制定出高一、高二的汉语教学大纲，这是汉语教学的第一个完整大纲。大纲比较突出的特色，是在“四个语言能力”之外加上了第五个语言能力——汉字的认知能力，并提出要在真正的认读能力之前解决。大纲还根据教育要求和目标区分了被动汉字（只能认，不会写）和积极汉字（能认会写）。[③]

---

① 《求学人数逐年增长，法国汉语教学蓬勃发展》，《华声报》2002年2月27日。

② 白乐桑《法国汉语教学历史沿革与现状》，张放编译，《法语学习》2005年第2期。

③ 白乐桑《法国汉语教学历史沿革与现状2》，张放编译，《法语学习》2005年第3期。

汉语教学的发展对汉语教师的数量和质量不断提出更高的要求。法国非常重视汉语师资，早在1966年法国教育部就举行了首届中文专业师资合格认证会考，1967年后停办，1974年又得以恢复。法国教育部不断增设汉语教师岗位，除中学师资合格证书会考之外，还连续两年开设汉语大学和中学教师学衔考试，并在巴黎地区增加了4个中文专业副教授的名额。[①]法国还积极通过中国政府聘请汉语教师，是西欧国家中最早从中国聘请汉语教师的国家。1964年9月，巴黎东方语言学院首次从中国聘请了一名汉语教师；随后，巴黎第七大学、第八大学、埃克斯-马赛大学以及巴黎近郊的蒙日洪中学，都开始从中国聘请汉语教师。同时，从中国方面来看，为了满足国外的汉语师资需求，培养的汉语出国储备师资中法语和英语语种的师资也是最多的。

1984年，法国汉语教师协会成立，协会的宗旨包括发展法国的中国语言和文化教学、提高法国中文教学水平、促进法国中文教学经验和信息方面的交流、协助开展与中国方面的交流活动等等。协会在学科建设和教学发展中起到了很大的作用。

在教材使用上，从60年代开始，法国汉语教学所使用的教材就呈现出多样化的形态，有中国大陆、台湾、香港编写的，也有美国编写的，还有法国教师的自编教材。中国大陆编写的教材中，《实用汉语课本》（法文译释，商务印书馆，1984年）使用较多。其他自编或合编教材则是各具特色。如杜伯秋（Paul Demiéville）编写的《基础汉语教材》（1953年），主要是一些文章的汇编；P. Bourgeois编写的《基础汉语课本》（1965年），是法国第一本专以中学生为对象的汉语教材；李治华等编写的《汉语视听课本》（1974年），包括拼音本、汉字本、图画本和生词本，配有彩色幻灯片，使用结构完整的视听教学法教授现代汉语口语；还有游顺钊和戴乐生（H. Denes）编写的视听汉语课本《有没有护照？》（1974年）、高静编写的口语教材《每日

① 《求学人数逐年增长，法国汉语教学蓬勃发展》，《华声报》2002年2月27日。

汉语》(1976 年)、来仙客(N. Lyssenko)和德丽芬(D. Weurlesse)编写的《现代汉语程序教材》(1986 年)等。[①]而 20 世纪 90 年代到 21 世纪初期，法国比较流行的教材有白乐桑和张朋朋合编的《汉语语言文字启蒙》(1989 年)、华卫民(Monique Hoa)的《汉语双轨教程》(1999 年)，以及 Isabelle Rabut、吴勇毅、刘虹的《汉语入门》(2003 年)。

2002 年，法国教育部开始发布自小学到初中、高中的各层次中文教学大纲。2005 年，法国有 12 所大学开设汉语专业课程，102 所大学、学院和高等专科学校开设汉语课程(入门课、短期课、文凭课)。[②] 2006 年，法国教育部正式设立国家汉语总督学，著名汉学家和汉语教学专家白乐桑先生担任首任总督学。

截至 2008 年底，全法国在各级各类教学机构学习汉语的人数已达 4.5 万人，汉语在法国已经成为仅次于英语、西班牙语、德语和意大利语的第五大外语。法国开设中文课的小学有 20 所，学生 2000 人；中学 433 所，学生 2.5 万人；高等院校开设汉语专业课程的有 19 所，学生 4000 人；开设非专业汉语课程的高校有 150 所，学生 1.4 万人。此外，法国还有近 80 个民间团体开设汉语课程，学习人数 1.5 万人。[③]到 2013 年，法国开设中文课程的中小学接近 600 所。[④]至 2014 年，法国有 630 多所中学开设中文课，在读中学生达 4 万人。[⑤]截至 2018 年，法国汉语学习人数超过 10 万人，开设中文课的法国中小学共计 700 余所。[⑥]

---

① 白乐桑《法国汉语教学史浅论》,《中国文化研究》1993 年第 2 期。

② 白乐桑《法国汉语教学历史沿革与现状》，张放编译,《法语学习》2005 年第 2 期。

③《汉语教育成法国发展最快外语教育，学生人数年增三成》,《世界教育信息》2009 年第 4 期。

④ 白乐桑《法国汉语教学的现状：教学标准、学科建设》,《孔子学院》2013 年第 3 期。

⑤ 白乐桑《由法国汉语教学发展审视“汉语热”增长危机》,《国际汉语教学研究》2014 年第 4 期。

⑥ 杨煜《“一带一路”背景下汉语国际推广研究——基于语言经济学的视角》，西北大学博士学位论文，2018 年。

二、德国的汉语言文字传播

德国专业汉学形成于19世纪末20世纪初。1881年，甲柏连孜（Georg von der Gabelentz，1840—1893）就有研究汉语言文字的著作《汉文经纬》面世。1883年，东方学家威廉·硕特（Wilhelm Schott，1802—1889）在柏林大学第一次开设关于汉语和孔子作品的课程。德国早期并没有独立的汉语系，甚至没有汉学系，所以早期的汉学家都是从东方学家中分化出来的。1887年柏林大学东方语言系成立，招收中文班学员，这是德国培养实际汉语人才的开始。1908年，汉堡殖民学院（Hamburgisches Kolonial Institute）成立，其目的是"为官员和其他愿意到德国海外殖民地工作的德国人提供预备教育"，"它能够集中致力于殖民地的学术和经济事业"[①]；1909年开设汉学讲座，福兰阁（Otto Franke，1863—1946）成为首位汉学讲座教授。1912年，柏林大学成立汉学系，开设中国历史、中国哲学等课程；1922年，福兰阁又受聘为汉堡大学汉学系教授。20世纪初到二战爆发以前是德国汉学事业发展的一个高峰时期。

二战以后，德国被划分为东德和西德。东德实行社会主义制度，1950年即和中国建立了外交关系。东德的柏林洪堡大学和莱比锡大学都设有汉学系，设置了汉学教授职位，开设现代汉语课程。20世纪50年代到60年代中期，东德还向中国派遣过留学生。60年代末，由于国际局势和中国国内形势的变化，东德的汉语教学一度陷入低谷，直到80年代中期才逐步恢复。

西德与中国的社会制度、意识形态完全不同，但是并没有妨碍其延续汉学研究。从20世纪60年代初期开始，西德的汉学研究和汉语教学取得了长足的进步和发展。除了保留下来的汉堡大学汉学系，慕尼黑大学、柏林自由大学、波恩大学、科隆大学和海德堡大学等也先后设立了汉学系。早在1963年，慕尼黑的圣安娜中学就开设了全德最早的中文兴趣班。西德1972年与

① 张国刚《文明的对话：中西关系史论》，北京：北京师范大学出版社，2013年，第71页。

中国建交，从70年代末开始，汉语教学出现了新的发展势头。中国改革开放之后，政治和经济形势发生了巨大变化，中国潜在的巨大市场对西方国家产生了强大的吸引力，使得德国国内汉语学习的需求持续增长。

20世纪80年代，由于中国推行了改革开放政策，与西方各国的政治、经济、贸易、文化交流日益增多，德国民众对中国的兴趣也普遍增加，中文教学开始在中学及成人高校（Volkshochschule）开设，还开设了不定期的中文速成班、培训班等。如北威州1980年在波鸿建立了一所东方语言学院，其中文专业常年举办短训班；巴伐利亚州翻译学院的中文专业也办得很有生气。[①] 各大学招生数量也成倍增长。柏林自由大学曾经在第一学期招收学生360名，一般大学的学生数都在百人以上。慕尼黑、汉堡、波鸿则达到300—500人。根据1989年的统计，全国以汉学为主专业的学生约有6000人左右[②]，各大学汉学专业近30个。这些数字在欧洲各国均居首位。

从20世纪80年代开始，德国的汉学研究和汉语教学发生了明显的转向：由原来的侧重中国古代历史、古代汉语、古典文学转向中国现代社会、现代汉语和当代文学，汉语教学也增加了现代日常汉语的内容。1984年全德开汉语课的中学只有四所，而1986年则增加到二十四五所。1985年学汉语的学生数目比前一年增加了一倍，而1986年又比1985年增加了一倍。[③] 1989年11月，西德各州开设汉语班的中学已经增加到37所，其中有两三所把汉语定为正式毕业考试科目，参加汉语班的中学生在1000名左右。[④]

1990年德国统一之后，汉语教学的发展更加快速。1997年，全德约

---

① 张国刚《文明的对话：中西关系史论》，北京：北京师范大学出版社，2013年，第341页。

② European Association of Chinese Studies（1990）, *Newsletter*（《欧洲汉学学会通讯》）, No. 3: 7.

③ 任远《联邦德国汉语教学面临"汉语热"持续增长新形势》，《世界汉语教学》1987年第1期。

④ 柯彼德《联邦德国中学的汉语教学蓬勃发展》，《世界汉语教学》1990年第2期。

有 30 多所大学设有汉语专业或汉学系，以汉语为第一专业的在学人数约为 1500 人，在大学汉学专业注册学习的学生总数约为 3500 人。[①] 2005 年，德国约有 150 所中小学开设选修课或者汉语兴趣班。[②] 2006 年 4 月，德国第一所孔子学院成立，由北京大学和柏林自由大学共建，为德国汉语教学提供了一个新的发展平台。截至 2010—2011 学年，全德至少有 232 所中小学开设汉语课，学汉语的中小学生估计在 10000—15000 人之间。[③] 2014 年，全德开办汉语课程的中小学数量已经超过 300 所，其中 60 余所中学将汉语提升至高中毕业会考科目。[④] 除了中小学以外，德国有 70 多所大学开设了汉学课程。[⑤] 德国各地还成立了 30 多所中文学校，这些学校多由在德华侨和中国留学生开办。它们在为德国华侨子女学习汉语、传承中华文化提供服务的同时，也吸引了一些德国青少年前往学习。

从教材来看，1987 年在联邦德国出版的第一部中学汉语教科书，即 Hans-Christoph Raab 编写的《汉语——说，读，写》（*Chinesisch – sprechen, lesen, schreiben*）比较符合中学生的需要，现在仍在各州普遍使用。[⑥] 90 年代时大学仍在普遍使用北京语言学院编写的《实用汉语课本》（1994 年德文译释，商务印书馆），但教材内容和教学方式已经明显跟不上时代。另外，有针对性地为德语为母语的学习者编写的教材不多，难以满足德国汉语学习者的要求。近年来，还有一本比较流行的汉语教材是主要由德国人编写的《聊聊》（*Liao Liao*），该教材对应欧盟语言框架中“A1+A2”的等级标准，

---

① 许宽华、陈国权《德国汉语教学和汉学研究一瞥》，《德国研究》1997 年第 1 期。

② 刘向《德国约有 150 所中小学开设了汉语课》，中国教育和科研计算机网，https://www.edu.cn/zhong_guo_jiao_yu/shi_ye/news/200603/t20060323_153523.shtml，2005-12-08.

③ 朱锦岚《德国中小学汉语教学综述及启示》，《外国中小学教育》2012 年第 2 期。

④ 郭洋《德国汉语教学发展迅速》，新华网，http://www.xinhuanet.com/video/2014-03/25/c_119933301.htm，2014-03-25。

⑤ 柴野《汉语传播辛勤耕耘者——访德语区汉语教学协会会长、著名汉学家顾安达》，《光明日报》2013 年 12 月 4 日。

⑥ 柯彼德《联邦德国中学的汉语教学蓬勃发展》，《世界汉语教学》1990 年第 2 期。

属于入门级口语教材，印刷精美，图片丰富，有较强的实用性。[①]

从师资来看，德国早期大多由汉学家亲自担任语言教学工作，而当代的汉语教学师资则更加多样化。目前从事汉语教学的一部分人实际上并未接受过系统的汉语教学训练，专业知识和教学水平难以满足要求，造成了合格汉语教师匮乏的状况。到2019年底，德国已经建成19所孔子学院和2所孔子课堂。[②]德国汉语教学协会、中国国家汉办、德国的孔子学院等多方力量虽然都组织了一些师资培训活动，但仍然难以弥补合格师资的缺口。这是德国汉语教学面临的一个突出问题。

三、英国的汉语言文字传播

英国汉学研究拥有相当长的历史和传统，但是，直到20世纪末期，中文教育主要还是局限在华人社会当中，存在于华人为子女开办的周末中文学校，只有为数不多的大学和个别中学提供汉语课程。20世纪80年代以后，一批由来自中国的新移民创办的中文学校开始在英国出现。目前英国全国共有200余所周末中文学校，主要分布在伦敦、伯明翰、曼彻斯特和利物浦等华人较为集中的大城市里。这类学校的学生主体是华裔子弟，中文教学有传承语教学的性质，还开设了相关的中国文化课程，与汉语纯粹作为第二语言的教学有所不同。

1976年，英国汉学协会（British Association for Chinese Studies，简称BACS）成立，由在大学从事汉学研究、汉语教学研究的学者组成。90年代以后，协会由原来主要注重中国历史、文学和文字等研究逐渐转向当代中国研究。协会也非常重视中学课程中有关中国内容的融入，开始关注和支持汉语教学的开展。

---

① 路云《德国汉语教学现状与汉语推广策略的思考》,《聊城大学学报（社会科学版）》2014年第2期。

② 据孔子学院官网数据，https://www.ci.cn/#/site/GlobalConfucius.

20 世纪 90 年代，由于欧盟的成立和全球一体化的发展，英国国内学习汉语的需求越来越高。1997 年，英国汉语教学研究会（British Chinese Language Teaching Society，简称 BCLTS）成立，使英国大学的汉语教学拥有了自己的研究和交流平台。2000 年以后，英国汉语教学开始快速发展。据 2007 年英国国家语言中心对英国大学和中小学学习汉语的情况所做的调查，大学和中学习汉语的人数在 2002—2006 年四年间从 1045 人增加到了 1935 人，增长幅度高达 85%。在中小学层面，2006 年有 1996 名学生参加普通教育证书高级水平（A2）中文科目考试，与 2001 年相比增加了 81%。[①] 设有汉语语言文学专业学士学位课程的大学主要有牛津大学、剑桥大学、伦敦大学亚非学院、利兹大学和爱丁堡大学。

英国中小学中文教学在 2000 年以后开始有规模地发展，这也得益于英国政府的资金投入，以及英国文化委员会（British Council）、汇丰银行全球教育基金会（HSBC Global Education Trust）和其他一些组织或机构的积极努力。2002 年以来，英国年度中国教育年会、全英中学生中文演讲大赛等活动相继开展，再加上英国社会与家庭对中文学习需求的增长，推动了中小学中文教学的快速发展。一些著名的私立学校也开设了中文课，如伊顿公学、布莱顿学院等。布莱顿学院在 2000 年把中文列入该校外语必修课程，是第一家把中文列入必修课的私立学校。根据 2007 年的一项统计，英格兰开设中文课程的中学在 300—400 所之间，约占整个中学总数的十分之一。[②] 英国国家语言中心 2007 年初对全英 112 所小学进行的问卷调查显示，共有 22 所小学教授汉语，据估计，这些学校学习汉语的学生大约为 2179 人，且多为华裔。[③]

---

① CILT, the National Centre for Languages (2007) *Mandarin Language Learning: Research Study*, https://dera.ioe.ac.uk/6645/.

② 张新生、李明芳《英国汉语教学的现况和趋势》，《海外华文教育》2007 年第 2 期。

③ 张西平主编《世界汉语教育史》，北京：商务印书馆，2009 年，第 326 页。

在汉语教材的使用方面，宋连谊曾做过一个统计，见表 5-2：

表 5-2 英国大学初级阶段中文教材使用情况统计（2003）[①]

教材	使用院校
《初级汉语课本》，鲁健骥等编写，北京语言学院出版社，1988	剑桥大学、利兹大学
《新编汉语教程》，黄政澄著，商务印书馆国际有限公司，1996	杜伦大学、爱丁堡大学、英国外交部中文培训部
《汉语口语》，佟秉正等著，Routledge，1982	爱丁堡大学、英国外交部中文培训部、伦敦大学国王学院、利物浦约翰摩尔大学、伦敦经济学院、伦敦吉尔德霍尔大学、伦敦大学亚非学院、谢菲尔德大学、牛津大学
《汉语口语》，阚茜著，Routledge，1994	兰开夏中央大学
《实用汉语课本》，刘珣等编著，商务印书馆，1992	牛津大学、索福尔德大学、伦敦南岸大学、西敏寺大学
《新实用汉语课本》（第一册），刘珣主编，北京语言文化大学出版社，2002	兰开夏中央大学、诺丁汉大学、欧洲经济学院

2003 年由国家汉办和英国文化委员会共同推出、北京大学李晓琪教授等主编的《快乐汉语》也在一些中学得到了普遍使用。华人中文学校一般选用暨南大学华文学院专门为海外中文学校编写的《中文》（1—12 册），这套教材适合有一定家庭语言基础的华裔学生学习。此外还有英国中文学校联合会编写的《英国华文课本》。总的来看，教材的实用性和针对性还有待提高，在教材设计上还需要进一步考虑英国的教育课程体制、英国学习者的特征，进一步推动优秀本土化教材的产生。

在汉语教学快速发展的形势下，师资问题成为制约英国汉语教学发展的主要因素，缺乏合格的、有经验的汉语教师成为一个亟待解决的难题。据英

① 参考宋连谊《近五年英国汉语教学综述》，《国际汉语教学动态与研究》2005 年第 2 辑。其中《初级汉语课本》《实用汉语课本》出版信息有误，已更正。

国文化委员会统计，目前 85% 的汉语教师都是临时工。[①] 21 世纪以来，随着英国政府对汉语教学的重视和中英教育合作的加深，在培训教师方面也开拓了更多的渠道和方式，师资不足的局面有望改观。

四、意大利的汉语言文字传播

意大利是历史悠久的文明古国，在西方汉学研究中占有重要的地位。早在 13 世纪产生的《马可・波罗游记》就是早期游记汉学的代表性著作。最早的耶稣会士罗明坚、利玛窦等是近代欧洲汉学研究的奠基者。17、18 世纪的汉学家卫匡国、马国贤都为汉学研究的发展做出过突出贡献。1732 年，马国贤就在拿波里（Napoli）创立了西方第一所汉语学校“中华学院”。1793—1794 年率团访问中国并觐见了乾隆皇帝的乔治・马戛尔尼（George Macartney）所带的随团翻译即出自马国贤的中华学院。1888 年，中华学院改名为“皇家东方学院”（今那不勒斯东方大学的前身），成为意大利第一所开设中文课程的高等院校。

第二次世界大战前夕，意大利出于对外扩张的需要，汉学研究又一度活跃了一段时间。在此期间创立了中意文化学院，一方面请汉学家讲授“中国文化史”和“孟子”等课程，另一方面组织翻译汉文书籍。[②] 二战结束以后，意大利作为战败国，汉学研究和汉语教学也因此废弛。

1970 年，中国与意大利正式建交，意大利的汉语教学进入了稳步发展时期。1972 年，中国开始向罗马大学派遣汉语教师。1980 年前后，意大利的中国研究和汉语研究都比较活跃。1978 年，意大利汉学家安娜・布雅蒂女士翻译了鲁迅在 1925—1936 年间的杂文 40 多篇，引起了一批学者和学生对鲁迅作品的兴趣。那不勒斯东方学院青年教师布莱珊写出了《关于中国文字改革问题》《介绍第二批汉字简化方案》《中文字典查法入门》等文章；珊

---

① 张西平主编《世界汉语教育史》，北京：商务印书馆，2009 年，第 333 页。

② 朱仁夫《儒学传播意大利》，《东方论坛（青岛大学学报）》2005 年第 3 期。

德拉则将《文心雕龙》翻译成意大利文；威尼斯大学中文系的玛格达和费德里科以中文和意大利文对比的形式编写了别具特色的《现代汉语语法》；斯卡尔帕里博士也以汉意两种语言对比的形式编著了《古代汉语语法》。①随着两国在各领域交流合作的迅速发展，威尼斯、米兰等大城市率先开始在大学和社会团体中开设汉语课程，学习汉语的人数稳定而缓慢地上升。1988年，威尼斯大学、那不勒斯东方学院、罗马大学、米兰大学等都开设了中文专业，学生超过800人。②

20世纪80年代，随着中意之间商贸交往和人员交往的不断扩大，越来越多的中国人移民到意大利工作、学习或从事商业活动。90年代中国移民的增加更为迅速。据意大利有关部门2007年统计，意大利的中国移民接近20万。③这一批华人移民成为中国改革开放后推动意大利汉语传播的重要力量。华人为了子孙后代的教育和文化传承，开办了更多的中文学校，比较大的有米兰华侨中文学校、基督教罗马中文学校、罗马中华语言学校、佛罗伦萨中文学校等。

意大利汉语教学的快速发展始于2000年，至2007年，大约有30所大学开设中文课。学习汉语的学生有5000人左右，其中汉语作为本科或本科以上教育的大学占一半以上。学生的学习模式为“汉语+专业”，即掌握一门专业，还要学会汉语。④至2009年，意大利已有近百所高中开设初级汉语课程，但大多是课外班，仅有少数学校把汉语纳入正式课程。可喜的是，2009年在维内托和拉齐奥大区有第一批学生参加包括中文在内的高中毕业考试。⑤2012年，意大利开设汉语专业或汉语课程的大学已经超过40所，

① 阎德早、邓崇谟《意大利的汉语教学与汉学研究》,《语言教学与研究》1982年第2期。
② 刘家业《意大利的现代汉语教学》,《世界汉语教学》1988年第3期。
③ 张西平主编《世界汉语教育史》，北京：商务印书馆，2009年，第338页。
④ 张西平主编《世界汉语教育史》，北京：商务印书馆，2009年，第339页。
⑤ 马西尼《意大利汉语教学与研究概况》,《世界汉语教学学会通讯》2009年第2期。

其中 60% 以上是 2000 年以后开设的。[①]

80 年代以前，意大利各大学使用的汉语教材以北京语言学院编写的教材为主，古代汉语课程则使用《论语》《孟子》等作为教材，文学课以选讲古今名家名作为主，如《桃花源记》、《聊斋》、唐诗以及鲁迅、茅盾、巴金等作家的作品。整体来看，1980 年以前意大利的汉学研究和汉语教学内容侧重于“古代中国”，之后则侧重于“现代中国”。20 世纪末期到 21 世纪初期，意大利各大学主要选用的汉语教材有北京语言大学杨寄洲主编的《汉语教程》、刘珣主编的《新实用汉语课本》等。2006 年以后，意大利本土学者编写的教材和中意合编的教材逐渐增多，如由意大利著名汉学家马西尼任主编、罗马大学与北京外国语大学合作编写的系列汉语教材《意大利人学汉语》。该教材针对性强，照顾到了意大利学生的特点，突出了“本土化”意识，受到了普遍好评，在大学中的使用范围越来越广。该教材 2006 年 8 月底出版，至 2014 年已经发行超过 3 万册。[②]

2006 年 9 月，意大利第一所孔子学院在罗马大学成立。截至 2019 年底，意大利已经建立了 12 所孔子学院和 2 所孔子课堂。[③]在中国合作方的支持下，孔子学院开设各类汉语课程，举办文化讲座，组织汉语比赛，进行师资培训，大大推进了意大利汉语教学的发展。目前，意大利汉语教学面临的主要问题是师资短缺，特别是中学汉语教师。随着汉语学习人数的增多，汉语教师存在很大的缺口，合格的汉语教师严重匮乏，教学水平与整体素质参差不齐。师资问题已成为制约意大利汉语教学发展的瓶颈。目前，在意大利主要大学开设汉语教师专业培训课已成为解决师资问题的一个途径。

---

① 文铮《意大利汉语热引起的思考》,《对外传播》2012 年第 7 期。

② 朱勇、孙岩《意大利汉语教育的现状、问题与对策》,《云南师范大学学报（对外汉语教学与研究版）》2014 年第 4 期。

③ 据孔子学院官网数据，https://www.ci.cn/#/site/GlobalConfucius.

五、俄罗斯的汉语言文字传播

俄罗斯虽然是欧洲国家，但是与中国接壤，历史上比其他欧洲国家与中国的接触更多、更早。俄罗斯的汉语学习历史悠久，早在1689年中俄《尼布楚条约》签订以后，随着对华贸易的日益增多，俄国就开始着手培养汉语、满语人才。1727年中俄签订的《恰克图条约》规定：以恰克图为互市之地，俄商三年一次至北京贸易；准许俄国人在北京建立东正教教堂，允许俄国传教士六人、学生四人每四年驻扎北京，每十年更换一次。[①]这可以说是把中国接受外国留学生列入条款的第一个外交条约。条约签订以后，俄国有计划地派遣东正教使团入华，沟通两国间的信息，推进了俄国汉学研究的发展和汉语师资的培养。19世纪以后，俄国不断夺取新的殖民地，并且更加重视远东地区对俄国经济和军事的战略意义，加强了对中国的研究，汉语学习也成为其主要着力的领域。至1896年，俄国在近200年间先后共派出十八届东正教驻北京使团，这些使团人员在中国的汉语学习为俄罗斯汉学的产生和发展打下了基础，也为俄国国内汉语教学提供了很好的人才储备。

中俄边界线长，历史上商贸互动频繁，边界贸易是一个突出的特色。出于与中国商人进行贸易的需要，1830年俄国就在边界上开设了恰克图汉语学校，这是较早开办的边境汉语学校之一。当时学校的主持者雅金夫·比丘林"所编《汉语语法》(1835)长期被沿用，直到20世纪初仍是喀山大学和彼得堡大学东方系的教材"[②]。与恰克图语言学校类似的边境语言学校，还有1864年建立的库伦学校和1884年建立的伊犁学校。在高等教育领域，俄国近代较早开设汉语课程的有喀山大学（1837年）、彼得堡大学（1855年）、符拉迪沃斯托克（原名海参崴）东方学院（1899年）。这些早期的汉语教学机构不仅为

---

① 何新华《中国外交史（从夏至清）》（下册），北京：中国经济出版社，2017年，第846页。

② 李明滨《俄国汉学史提纲》，载阎纯德主编《汉学研究》（第四集），北京：中华书局，2000年。

俄国培养了大批实用汉语人才，也为汉语言文字在俄国的传播做出了贡献。

1917 年十月革命以后，为培养胜任东方相关领域工作所需的人才，苏维埃政权成立了“中央东方应用语言学院”，后改名为“莫斯科东方学院”。苏联时代的汉语教学虽然延续了悠久的汉学传统，以书面语为主，但是已经开始重视现代汉语。在莫斯科、列宁格勒、符拉迪沃斯托克等城市，少数高校成立了汉语教研室。如莫斯科东方学院远东系包含的汉语教学和研究，直到 50 年代末始终是苏联汉语教学的主要阵地。再加上 1920 年在彼得堡成立的彼得堡东方应用语言学院、在符拉迪沃斯托克成立的远东国立大学东方系，这些机构形成了苏联早期汉语教学的基本格局，二战后逐步稳定发展。50 年代中期，苏联编写了第一部比较完整的基础汉语教材。这一阶段培养出来的汉语人才，一般阅读和研究能力较强，而口语水平较差。

60 年代以后，由于中苏关系的变化，苏联的汉语教学经历了一段低谷。90 年代苏联解体时，学习汉语的大学生不足 1000 人。之后，中俄关系稳步向好，合作与交流日益频繁，俄罗斯的汉语教学也迎来了蓬勃发展的新时代。1997 年，全俄共有 18 所大学和 12 所中学教授汉语，学习汉语的总人数为 5000 人。[①]

2015 年，俄罗斯已有 100 多所大学开设汉语课程，其中 40 所大学将汉语作为第一外语，学习汉语的人数超过 10000 人，比较著名的有圣彼得堡大学、国立莫斯科大学、俄罗斯外交部莫斯科国际学院、国立莫斯科人文大学、国立远东大学、国立赤塔师范大学等等。2016 年，俄罗斯 34 个联邦主体学习汉语的中学生大约有 1.7 万名。[②] 至 2017 年，俄罗斯 123 所中小学和 179 所大学学习汉语的总人数已经达到 5.6 万人。[③]

---

① 范晓轩、刘辰洁《俄罗斯汉语传播动因及模式研究》，《佳木斯大学社会科学学报》2019 年第 6 期。

② 余自洁《汉语将成为俄罗斯高考外语科目》，《世界教育信息》2016 年第 21 期。

③ 范晓轩、刘辰洁《俄罗斯汉语传播动因及模式研究》，《佳木斯大学社会科学学报》2019 年第 6 期。

从2015年开始，俄罗斯教育科学督察署就开始为将汉语引入国家统一考试做准备，先后进行了多次实验性测试。2016年10月7日，俄罗斯宣布汉语将作为俄罗斯国家统一考试（大学入学考试）和会考的外语科目。2017年，俄罗斯第一次制定了中级义务教育阶段（5年级以上）汉语教学大纲，并于2018年将汉语纳入9年级国家期末考试体系，规定2018—2019学年11年级毕业生需要通过国家统一汉语科目考试。这些政策都激发了学生学习汉语的积极性。

中学使用的汉语教材，有本土教师自编教材，如2013年俄罗斯出版社出版的列普尼阿娃等人编写的《汉语》；也有中国出版的教材，如中国教育科学出版社出版的《汉语新起点》，北京语言大学出版社出版的《汉语教程》《汉语乐园》等。近年来，俄罗斯远东地区的中小学汉语教学发展尤其迅速。究其原因，俄罗斯远东地区与中国相邻，与中国之间的经济、旅游、文化、教育等领域的交流合作非常密切，很多城市与中国互建友好城市、友好学校，从而使得汉语学习的需求不断增长。

截至2017年，俄罗斯高校汉语教师有800余人。近年来，俄高校汉语学习人数在不断增加，但汉语教师人数的增长却不明显。早在2007—2008学年度，俄罗斯高校汉语教师已有690人（本土教师571人、中国籍教师119人）[①]，十年间高校汉语教师仅增加了100余人，与汉语学习者的增长速度远不相称。师资问题也成为一个亟待解决的问题。

中俄建交70余年来，两国从“睦邻友好关系”发展到“建设性伙伴关系”，再到互为对方唯一的“全面战略协作伙伴关系”。2019年6月5日，中俄元首共同决定将两国关系提升为“新时代中俄全面战略协作伙伴关系”，标志着中俄双边关系进入了一个全新的发展时代。至2019年底，俄罗斯已有19所孔子学院、4所孔子课堂。[②]孔子学院（课堂）每年都会联

① 汪磊《俄罗斯汉语教育现状与发展趋势》，《西伯利亚研究》2020年第1期。

② 据孔子学院官网数据，https://www.ci.cn/#/site/GlobalConfucius.

合当地使领馆、市政部门、文化教育机构等举办演出、展览、艺术节、夏令营、汉语比赛、教师培训等活动。据不完全统计，2018 年全俄孔子学院（课堂）共举办语言文化活动近 800 场，其中被媒体报道的重大活动有 300 余次，获各级政府部门和单位感谢与表彰的有 80 余次。[①] 孔子学院（课堂）在俄罗斯传播中国语言文化、培养本土汉语教师、开展汉语考试和教师资格认证、提供汉语教学资源等方面发挥着重要作用。随着中俄关系的不断深化，中俄间文化、教育交流与合作必将全面拓展，俄罗斯的汉语输入需求将面临新一轮增长。

第三节　美洲当代的汉语言文字传播

一、美国的汉语言文字传播

美国传统汉学的兴起是和 19 世纪初基督教新教传教士入华紧密联系在一起的。按照费正清的说法，1842 年后基督教进入中国是“西方侵略的一部分”，而同时新教传教士又是“最详细地向西方公众介绍中国的在华外国人”[②]。美国汉语教学始于 19 世纪末，其开创者就是返回美国的入华传教士。1876 年，卫三畏（Samuel Wells Williams）从中国返回美国，在耶鲁大学首先主持开设中文课程，成为美国第一个汉学教授。另外，一些大学也相继设置了汉语课程，如哈佛大学是 1879 年，加利福尼亚大学是 1896 年，哥伦比亚大学是 1901 年，芝加哥大学是 1936 年，斯坦福大学是 1937 年。[③] 这一时期的汉语教学大都采用语法翻译法。一直到二战前约半个世纪的发展中，美国

---

① 汪磊《俄罗斯汉语教育现状与发展趋势》，《西伯利亚研究》2020 年第 1 期。

② 费正清《新教传教士著作在中国文化史上的地位》，吴莉苇译，《国际汉学》2003 年第 2 期。

③ 常宝儒《美国汉语教学和汉语研究概况》，《语言教学与研究》1979 年第 1 期。

汉学家注重的是古代的、传统的中国，汉语教学重视文本阅读和语法分析，汉语被作为一种理解和研究中国文化的工具来教授，而不是作为一种交际工具，汉语教学并不强调听说能力。

太平洋战争爆发以后，美国汉语教学的目标发生了很大的转变。出于军事和外交的需要，汉语教学开始向实用型、速成型转变。哥伦比亚大学、哈佛大学、耶鲁大学都曾受军方委托，实施多种短期培训计划，迅速培养具有简单汉语口语能力、适应战时需要的人才。这些强化班以培养听说能力为核心组织教学，摒弃了教授古代汉语的传统做法，甚至不教汉字和语法，同时以时政类、新闻类的材料为教材。这种教学在当时成效显著，短期内培养了大批应用型人才。

1958 年，美国颁布《国防教育法》，旨在全面改革并扩大外语教学，采取了一系列加强外语教学的措施。在原有五大语种（法语、德语、意大利语、俄语、西班牙语）教育之外，增加了 20 多种语言作为最优先普及的语言，汉语也名列其中。1960 年以后，汉语开始普及到初级中学。1958 年中学注册选修汉语的学生人数只有 585 人，1962 年增至 2165 人。[①] 开设汉语课的中学，1963 年只有 80 所左右，1968 年增加到 150 所，1975 年增至 500 所以上；1965 开设汉语课的小学约有 80 所。[②]

从大学的情况看，1960 年美国大专院校汉语课程招生人数为 1763 人，1970 年增长到 5406 人，1974 年超过 10000 人。[③] 1966 年美国开设汉语课的大专院校有 95 所，1970 年增长到 130 所，1973 年则增长到 260 所，范围遍及美国的 30 个州。[④] 20 世纪 70 年代中美之间发生了一系列重大政治和外交事件：1972 年美国总统尼克松访华，1978 年中国实行改革开放政

① 君方《美国中等学校的汉语教学》，《语言学资料》1965 年第 Z1 期。

② 常宝儒《美国汉语教学和汉语研究概况》，《语言教学与研究》1979 年第 1 期。

③ 理查德 · T. 汤姆逊《美国汉语教学综述》，鲁健骥译，《语言教学与研究》1980 年第 4 期。

④ 常宝儒《美国汉语教学和汉语研究概况》，《语言教学与研究》1979 年第 1 期。

策，1979年中美建交。这一系列事件的发生改善了中美关系，使两国间政治、经济、文化各领域的往来不断加强，进一步推动了美国汉语教学的大范围开展。

80年代以后，美国人学习汉语的热潮不减，儿童汉语学习也开始受到重视。1983年，美国道奇基金会创会执行长麦维发起“中文启蒙教学方案”，致力于“让学童们尽早学中文”。到了90年代，美国的汉语学习者几乎覆盖了所有的年龄段，包括小学生、中学生、大学生和各种社会人士。从学生性质来分，可以分为华裔学生和非华裔学生。由于学习特点不同，有些学校为华裔学生单独开办“传承语”班。随着中美经贸往来的日趋频繁，很多跨国公司也开始对员工进行商务汉语培训。随着来华旅游人数的增加，学习汉语也成为旅游的临时需要。

伴随着外语学习的日益普及，美国也开始重视外语学习的标准化工作。1996年制定出台了《面向21世纪的外语学习标准》，1999年修订并改名为《21世纪外语学习标准》，规定了从中小学到大学外语教学的总目标、基本内容和等级标准。《21世纪外语学习标准》的核心理念是“5C”，即：Communication（交际）、Cultures（文化）、Connections（贯连）、Comparisons（比较）、Communities（社区）。《21世纪外语学习标准》明确了外语教育的培养目标，体现了外语教学对培养学生语言能力、交际能力、语用能力的具体要求，代表了21世纪外语教育改革和发展的方向。全美中文教师协会和全美中小学中文教师学会参与编制的《全美中小学中文学习标准》是其中的一部分。这一标准构建了中文教学的各项目标和标准，并根据汉语特点设计了一些具体的项目，从而使汉语教学做到了有章可依，也实现了与美国大学语言教学的接轨。

70年代美国通用的汉语教材，有耶鲁大学以二战时期使用的*Speak Chinese*和*Chinese Dialogue*为基础编写出版的十余种教材，有约翰·德范克（John DeFrancis）主编的初级、中级、高级汉语课本（*Beginning-*,

Intermediate-，*and Advanced- Chinese*）12 册，有北京语言学院编写的《基础汉语》（*Elementary-Chinese*，1971—1972）和《汉语课本》（*Modern Chinese Readers*，1977），还有赵元任的《国语入门》。80 年代，美国大学使用的汉语教材比较通行的是《实用汉语课本》（刘珣、邓恩明、刘社会合编，商务印书馆，1981 年出版）90 年代比较受欢迎的则是《中文听说读写》（姚道中、刘月华、毕念平等编写，美国 Cheng & Tsui 出版社，1997 年出版）。除此之外，还有一些比较有特色的教材，比如:《互动汉语：初级汉语的认知教学法》（严棉、刘力嘉合编，美国印第安纳大学出版社，1997 年出版）在初级阶段采用了认知教学法;《中国啊！中国!》（周质平、林培瑞、王学东等合编，美国普林斯顿大学出版社，1998 年出版）是为华裔学生编写的课本。美国中小学也同样使用《实用汉语课本》和《中文听说读写》，还有《你好》《汉语》《中国通》《中文入门》等。华人开办的中文学校使用最多的教材是中国暨南大学编写的《中文》，这是专门供海外华裔青少年使用的教材。

从教学法来看，美国的外语教学研究在全球处于领先水平。除了沿用最古老的“翻译法”，美国本土也出现过很多教学法流派。从二战时期美国政府组织专家设计的“听说法”，到 60 年代的“认知法”“全身反应法”，70 年代的“交际法”，再到 90 年代以后的“全语言教学法”“基于任务的教学法”“基于项目的教学法”“基于内容的教学法”“基于主题的教学法”等等，教学法不断更新换代，升级进步，这自然也反映到了汉语教学实践当中。如《中文听说读写》就运用了翻译法、听说法、直接法和交际法，《中国啊！中国!》则主要运用翻译法。

另外值得一提的是美国的“沉浸式教学法”。这种方法指儿童在在校学习的全部或者部分时间内，都“浸泡”在第二语言环境中，第二语言不仅是学习的内容，而且是学习的工具，教师只使用第二语言授课。这种教学法最早被运用在西班牙语和法语的学习当中，后来逐渐应用到中小学汉语学习中。1971 年，第一所沉浸式学校在美国加州诞生。2006 年，美国明尼苏达州的英华学校被批准为第一所汉语沉浸式学校。2007年以后，汉语沉浸式教学在美国快速发展，很快成为除西班牙语、法语之外的第三大沉浸式外语教学语种。截至2018年3月，全美开设汉语沉浸式项目的学校有255所（含小学、初中和高中）。[①]

2001年“9·11”事件以后，美国更加关注外语教育，并把它提升到了国家安全战略的高度。经过几年的酝酿和理论准备，美国政府于2006年推出了“国家安全语言计划”，列出了国家需要的8种“关键语言”，鼓励民众学习。这8种语言中，中文排在第二位。美国政府拨出专款，设立专门项目推动国家安全语言计划的实施，大中小学开设汉语课程，可以得到不同形式的补助或资助。2006年，美国又推出FLAP（协助发展外国语教学计划，Foreign Language Assistance Program），批核的78个申请计划案中，有52个是汉语教学计划。[②]

2003年，美国大学理事会正式启动AP中文项目。AP的全称是Advanced Placement，AP课程是指学生在高中阶段预修类似于大学相关程度的课程。AP考试是美国高中生进入大学的重要考试，其成绩为全美绝大多数大学接受，可以折成大学的学分。2006年，美国大约有640所大学教授汉语，还有102所中小学开设汉语课程。[③] 2007年5月，全美举行第一次AP中文考试，从而使汉语教学走进了美国国民教育的主流体系。

2007年，由美国国务院、教育部、安全局等单位共同主导的“星谈计划”（StarTalk Program）开始实施。星谈计划是美国政府推动“国家安全语言计划”（National Security Language Initiative）的一部分，该计划旨在对高中生或在中小学任职的外语教师提供免费资助，包括课程开设、师资培训

① 司甜《美国小学汉语沉浸式课堂的教师话语研究》，《国际汉语教学研究》2018年第3期。

② 骆小所、卢石英《在全球语境下的“汉语热”》，《云南师范大学学报（对外汉语教学与研究版）》2007年第3期。

③ 席春《美国汉语热持续升温》，《国际人才交流》2006年第1期。

等，目标是培养更多掌握关键语言的优秀外语师资，促使更多美国公民不断提高对关键语言的运用能力。该计划在2008年将中文和阿拉伯文列为首要推广的语言。

2004年，美国第一所孔子学院在马里兰大学设立；至2019年底，美国44个州有66所孔子学院、12个孔子课堂①，是全球孔子学院数量最多的国家。2005至2010年，国家汉办共向美国派出公派教师、志愿者近千人次。美国重视国家发展战略，政府把语言教育纳入国家战略统筹规划，出台了一系列推进语言教育的政策，使汉语教学在美国得到了快速发展。20世纪60年代，全美高校学习汉语的人数只有598人，1990年达到19 427人，2000年是34156人，到2016年则达到近7万人；中小学2016年已有20多万人。②截至2019年12月，美国学习汉语人数超过280万。③

二、加拿大的汉语言文字传播

加拿大是一个移民国家，1931年才在英联邦内获得完全独立。加拿大的汉语传播始于华人移民的到来。19世纪最早到达加拿大的是来自福建和广东的华人劳工。1858年弗雷泽河谷发现金矿后，华人即开始源源不断地进入加拿大。他们通过艰苦工作，在19世纪末期形成了初具规模的华人社会，产生了一定的语言和文化传承的需求。1899年，中华工会在不列颠哥伦比亚省（又称卑诗省）维多利亚市开办了第一所华文学校——乐群义塾，开启了加拿大汉语教育的先声。但是，加拿大联邦政府1923年出台《华人移民法案》，禁止华人入境。从那以后，加拿大不断出台排华法案，限制了华人社会的发展，汉语教学也失去了赖以发展的环境。

---

① 据孔子学院官网数据，https://www.ci.cn/#/site/GlobalConfucius.

② 刘乐宁《美国的汉语教学或教育的现状和前景》，《国际汉语教学研究》2017年第3期。

③ 袁征《如何看待当前的中美关系》，半月谈网，http://www.banyuetan.org/ssjt/detail/20201022/1000200033135841600997422125506079_1.html.

1947年，加拿大废除排华法案，允许华人入境，华人社会的状况开始有所改观。1950年，加拿大的中文学校在西部有11家，东部有1家，人数最多的是温哥华华侨公立小学，有230名学生。[①]到20世纪60年代中期，全加有中文学校18所，入学总人数不足2000人。[②]这一时期的华人移民不断增加，不仅来自中国大陆、台湾和香港，还有来自东南亚、躲避排华事件的二次移民的华人。但是，由于华人人口有限，居住分散，生源难以保障，再加上当时中国的国际地位尚未被西方大国认可，所以汉语教学发展缓慢。

1971年，加拿大政府把多元文化政策确定为其基本文化政策，对境内少数族裔的语言、文化采取比较宽容的态度。根据这一政策，在加拿大的任何种族、民族都有权保留和发展自己的民族文化。这一政策使中文教育的发展空间得到了保证。随着华人社会地位的提高和华人社区规模的扩大，中文教育蓬勃发展起来，出现了一些规模较大的中文学校。1972年，渥太华中文学校成立，逐渐形成了从幼儿园到八年级的教育序列。1975年，温哥华中华文化中心成立，开办中文课程，成为当时卑诗省最具规模的中文教育机构。80年代以后，中加关系稳步发展，双方在经贸、文教等领域的交流不断增多，中文教育也迎来了快速发展的可喜局面。1981年，维德中文学校成立，现已成为安大略省最大的中文学校之一。1982年，全加中文学校协会成立，宗旨在于联合全加中文学校，加强交流合作，共同推进中文教育。90年代，全加华文学校已经达到数百所。仅大温哥华市，2000年大大小小的中文学校已有200所，教师500多人，学生总数2—3万人。[③]1999年联合中文学校（Union Mandarin School）成立，是卑诗省本拿比市最大的中文学校。[④]

---

① 高艳萍《二战后加拿大华人社会地位的演变及其动因》，http: //www.zhuoda.org/cs/73888.html，2010-07-19/2010-07-22.

② 黄昆章、吴金平《加拿大华侨华人史》，广州：广东高等教育出版社，2001年，第122页。

③ 中国人在加拿大（1788—2009），http: //www.zhgpl.com/crn - we-bapp/cbspub/secDetail.jsp? bookid = 36485&secid= 36500，2010-10-24/2010-10-27.

④ 李怡《加拿大当代汉语作为外语教育考察》，《山东外语教学》2009年第1期。

随着中国经济的持续快速发展和国际影响力的提高，加拿大的汉语教学也迅速升温，汉语逐步被纳入加拿大主流教育体系。1994 年，加拿大政府将中文列为大学入学考试的外语科目之一。21 世纪以来，加拿大的汉语教育已经形成了大学汉语教学、公立中小学汉语教学、私立中文学校汉语教学三方并立的格局。到 2006 年 2 月，加拿大共有 39 所高校和 307 所中学开设汉语课程。[①]

加拿大语言教育有一个显著的特色，就是其“继承语”教育。“继承语”（Heritage Language），又称“传承语”“族裔语”，这一称谓最早在加拿大开始使用得益于其实施的多元文化政策。继承语概念的提出具有一定的科学性，符合语言教学和学习的规律，它“跳出了传统上从第一语言与第二语言、母语与外语这种二元角度划分语言教学的窠臼，提出了一套新的理论体系”[②]。之后经过美国学者的研究和发展，继承语理论已经被学术界普遍接受。加拿大是最早开展继承语教育实践的国家。为了支持不同种族、民族发展本族语言文化教育，加拿大各省都出台有继承语教育计划。在这种政策的引导下，汉语教学也纳入了不同的轨道：针对华裔的汉语教学归于继承语教学，针对非华裔的汉语教学归于非继承语教学。汉语教学借助政策支持得到了更快的发展。开展汉语教学的单位主要集中在各大学、学院的东亚 / 亚太研究系或（当代）语言系；教学对象区分华裔学生和非汉语母语者，分别设立族裔语班与非族裔语班；分别开设相应内容的汉语课程，如不列颠哥伦比亚大学就有“族裔语言课程”和“非族裔语言课程”。2007 年，不列颠哥伦比亚大学选修汉语的学生人数达到 3000 多人。[③]

---

① 加拿大首所孔子学院揭牌，陈至立出席仪式，http: //www.stnn.cc/city/Van/headline/t20060208135438.html，2006-02-08/2010-07-14.

② 曹贤文《“继承语”理论视角下的海外华文教学再考察》，《华文教学与研究》2014 年第 4 期。

③ 专家称汉语已成为加拿大第三个最多人使用的语言，中国侨网，http://www.chinaqw.com/news/200704/28/70719.shtml，2007-04-28.

加拿大大学使用的汉语教材以中国出版的为主，如北京语言大学出版社出版的《新实用汉语课本》《桥梁》《中级汉语教程》等。其他还有中国出版的《当代中文》（华语教学出版社）、《走进中国》（北京大学出版社）、《轻松学汉语》（香港三联书店），澳大利亚出版的《你好！》，美国出版的《中文听说读写》《中国啊！中国！》《华夏行：现代汉语中级读本》，等等。在华人开办的中文学校，中国国家侨办委托暨南大学编写的《中文》（1—12 册）通常被作为汉语主干课教材。另外还有一些本土化的自编教材，如多伦多第一中文学校编写的《各级阅读理解》《图片阅读》《常用量词 60》《高频词汇 1000》等近 20 种教材[①]也有很好的适用度。

至 2019 年底，加拿大有 11 所孔子学院[②]，成为推进当地中文教育的重要力量。孔子学院和华人开办的中文学校总体目标是一致的，即发展汉语教学，传播中华文化。华人开展的中文教育是加拿大中文教育的重要组成部分，但是大多还是周末学校的形式，面临着海外华文教育的普遍问题，即经费、校舍、师资不足的问题，长远发展受到一定的制约。中文学校如何与孔子学院建立良好的合作、互动机制，加强资源共享和优势互补，形成汉语传播的合力，值得进一步探索和实践。

第四节　大洋洲当代的汉语言文字传播

一、澳大利亚的汉语言文字传播

澳大利亚的汉语传播始于华人移民内部的华文教学。华人从中国移民至澳大利亚始于 19 世纪中叶，50 年代澳大利亚发现金矿后，吸引了大批华人

---

① 张西平主编《世界汉语教育史》，北京：商务印书馆，2009 年，第 417—421 页。

② 据孔子学院官网数据，https://www.ci.cn/#/site/GlobalConfucius.

渡海前往。华工群体在长期的共同劳作和生活中逐渐形成了华人社区。当华人生活趋于稳定、积累了一定的财富后，语言文化传承教育便被提上日程，民族语言教育开始出现。1909 年，澳大利亚华人在墨尔本创办华文夜校，成为澳大利亚最早出现的华文学校。但是由于澳大利亚自 1901 年起实行排斥亚洲移民的种族主义政策“白澳政策”（White Australia Policy），华人受到不公正待遇，华文教育发展十分缓慢，长期局限于华人社区内部，很少发生族际扩散。

二战以后，澳大利开始重视亚洲研究和亚洲语言教学。1970 年，昆士兰州、新南威尔士州、维多利亚州及首都堪培拉各有一个或一个以上的大学开设亚洲语言课程，其中有四个大学和一个高等教育学院开设汉语课程。[①]

1972 年，中澳正式建交，澳大利亚工党政府取消了“白澳政策”，逐渐推行多元文化政策，汉语教育在澳大利亚才逐步发展起来。1978 年，联邦政府设立多元文化教育委员会，拨出经费支持各州推行多元文化教育，鼓励在学校课程中开设非英语语言（Language Other Than English，简称 LOTE）教学。一些大学开始开设中文专业课程，一些公立和私立的中小学也相继开设中文课程。80 年代以后，澳大利亚政府出台了一系列有利于汉语教学发展的语言政策。1987 年，澳大利亚首次制定并公布了《国家语言政策》（*National Policy on Language*，简称 NPL），这是第一部正式的官方语言政策。NPL 在第二部分“语言教育”中明确提出，全民应人人掌握一门除英语之外的其他语言，即 LOTE。1991 年 9 月，联邦政府发布《澳大利亚语言与读写政策白皮书》（*The Australian Language and Literacy Policy*，简称 ALLP），其基本精神类似于 1987 年的《国家语言政策》，但更强调语言在国家对外经贸关系中的实用价值。白皮书提出，考虑到澳大利亚与亚洲日益密切的经贸、外交和文化关系，将把亚洲研究（包括亚洲语言教学和研究）作

① 李威继兰《澳大利亚汉语教学近况》，《语言教学与研究》1984 年第 1 期。

为重点扶持领域。除了进一步加强英语教学外，联邦政府决定加强对LOTE教学和研究的支持力度，鼓励各州和地区在指定的语种（亚洲语言有6种，其中包括汉语）中选择8种作为本地区的优先语言，联邦政府给予专项资助。[①] 为鼓励学生学习各种语言，联邦政府规定，学生每选一门优先语言，政府提供300澳元的特殊补贴。[②] 1992年12月，澳大利亚联邦议会提交了《亚洲语言和澳大利亚经济前景》报告，在这份报告中，根据对澳大利亚国家经济的重要性，明确将日语、汉语（普通话）、印尼语、韩国语列为4种亚洲优先语言。[③] 1994年，联邦政府和州政府共同制定了“全国中小学亚洲语言及亚洲研究策略”（National Asian Languages and Studies in Australian Schools Strategy，简称NALSAS），对这4种亚洲语言在中小学中的课程设置和教师培养提供高额资助，其结果是，从1995年到2002年，汉语学习人数增长了一倍半。[④]

进入21世纪以后，澳大利亚推动语言教育的力度进一步加大。2003年7月，澳大利亚联邦教育部、劳工部及青年事务部发布《澳大利亚学校的国家语言政策和计划》，宣布从2005年到2008年，联邦政府将提供1.12亿美元用于发展包括亚洲语言在内的学校语言教育。在这些政策的指引下，汉语的地位迅速提高，汉语教育得到了快速发展。

从学习人数的变化来看，1961年时，中级和专科学校学汉语的学生只有29名；而到1981年，已增加到3275名，小学学习汉语的学生至少有

① 陈平《政治、经济、社会与海外汉语教学——以澳大利亚为例》，《世界汉语教学》2013年第3期。

② 刘汝山、刘金侠《澳大利亚语言政策与语言规划研究》，《中国海洋大学学报（社会科学版）》2003年第6期。

③ 张西平主编《世界汉语教育史》，北京：商务印书馆，2009年，第432页。

④ 陈平《政治、经济、社会与海外汉语教学——以澳大利亚为例》，《世界汉语教学》2013年第3期。

575名。[①]澳大利亚国家语言研究所1994年发布的统计数字显示，1988—1991年，全澳正规小学学习华文的人数从4600余人上升到14900余人，增长率高达224%；同期，正规中学里学华文的人数从6682人上升到10122人，增长率达52%。[②]1994—1999年，学习华文的人数在澳大利亚中学的排名保持在学习外语人数的第4位。2000年，华文超过德文排在第3位。2001年，学习华文的学生总数比1988年增长了192%。[③]2008年，全澳开设汉语科目的中小学共有319所（含公立学校、私立学校和教会学校），学习汉语的中小学生人数达84000余人，较1991年增加了60000人左右，增长比例约为240%。

从大学来看，开设中文课程的大学由1970年底的5所上升到1981年的11所，1988年达到16所，1990年达到19所，1992年达到22所[④]，2009年达到28所[⑤]。澳大利亚大学里折合全日制学生数（EFTSU）的汉语学习人数，1990年为587人，1994年为880人，2001年为1031人，2005年为1663人，从2001年到2005年增长幅度为61%。[⑥]2005年，澳大利亚教育、就业、培训及青年事务部（MCEETYA）的一项报告显示，澳大利亚有5种普遍教授的第二语言，按照招生人数依次为日语、意大利语、印度尼西亚语、法语和汉语，汉语排在第5位。[⑦]

澳大利亚的汉语教学分为两类：一类是大学中的中文课程以及公立学校的中文课程，一类是华人为华裔子弟开办的中文学校开设的课程。从整个

---

① 李威继兰《澳大利亚汉语教学近况》，《语言教学与研究》1984年第1期。
② 张秋生《略论战后澳大利亚华人文化》，《世界民族》2001年第6期。
③ 黄磊《澳大利亚华文教育之现状》，《暨南大学华文学院学报》2003年第4期。
④ 张昌柱、陈申《澳大利亚的中文教育概况》，《世界汉语教学》1994年第4期。
⑤ 陈平《政治、经济、社会与海外汉语教学——以澳大利亚为例》，《世界汉语教学》2013年第3期。
⑥ 陈平《政治、经济、社会与海外汉语教学——以澳大利亚为例》，《世界汉语教学》2013年第3期。
⑦ 张西平主编《世界汉语教育史》，北京：商务印书馆，2009年，第426页。

澳大利亚来看，无论大学还是中学，华裔学生仍然是汉语教学的主要对象。根据 2014 年的一项调查，澳大利亚国立大学专修或选修汉语课程的学生中，华裔占 67%，墨尔本皇家理工大学的华裔学生则占到了 75%—80%。[①] 可见汉语在澳大利亚的族裔语性质还是比较明显的。从汉语师资来看，澳大利亚的汉语教师也以华裔居多，有中国大陆的，也有中国台湾的。根据朱志平等对国家汉办组织的澳大利亚汉语师资培训情况的考察，"从学员的语言背景看，华裔教师居多，非华裔教师约占学员总数的 10%"[②]。

澳大利亚中文学校数量虽多，但大部分是周末学校，教师以兼职为主。根据 2015 年对澳大利亚中文学校教师的一项调查，教师的专业背景中，外语专业的占 30%，中文专业的占 25%，其他文科专业的占 25%，理工科专业的占 25%（教师有多专业的情况）[③]，专业汉语教师明显不足。澳大利亚政府非常重视汉语师资的培训工作，不仅采取各种形式培训汉语教师，还出资支持本土教师到中国参加短期培训。中国方面也对澳大利亚的师资培训给予了大力支持，并将澳大利亚纳入国际汉语教师志愿者项目，从国内派遣汉语教师到澳大利亚工作。2007 年 8 月 25 日，中国政府派出的第一位汉语教师志愿者到达堪培拉，开始在澳大利亚标准中文学校工作。澳大利亚汉语教师也成立了民间组织，积极推进汉语教师之间的交流合作，推进教师队伍建设。早在 1974 年，维多利亚州就成立了维州中文教师协会。1995 年，澳大利亚中文教师联会成立，为汉语教师队伍的建设做了很多有益的工作。

澳大利亚中文学校使用的汉语教材主要是国内编写的对外汉语教材，占

---

① 王子义、牛端《澳大利亚大学汉语教学的现状及思考》,《海外华文教育》2014 年第 2 期。

② 朱志平、卢伟《澳大利亚中小学汉语教师培训与教学考察报告》,《海外华文教育》2006 年第 1 期。

③ 吕俞辉、张和生、李晓梅《澳大利亚中文学校汉语教学情况调查》,《云南师范大学学报（对外汉语教学与研究版）》2015 年第 1 期。

77.5%。[①]比如暨南大学华文学院编写的《中文》、北京华文学院编写的《汉语》，以及北京语言大学出版社出版的《汉语乐园》（刘富华等编写）、《新实用汉语课本》（刘珣主编）；人民教育出版社出版的《标准中文》（课程教材研究所编著）、《快乐汉语》（李晓琪等编著）、《跟我学汉语》（陈绂、朱志平主编）等。此外，使用较多的还有《你好》（Shumang Fredlelin 和 Paul Fredlein 编写，Chinasoft Australia 出版）。总体来看，华人开办的中文学校中，教材能够满足需要，但是对非华裔学生来说，有针对性的本土化汉语教材还比较缺乏。

截至 2020 年 8 月，澳大利亚有 14 所孔子学院、6 所孔子课堂，汉语言文字传播形式持续向好。

二、新西兰的汉语言文字传播

新西兰的汉语传播也始于华人移民。华人最早到达新西兰是在 19 世纪末期，到 20 世纪中期已经形成了一定规模的华人社会。20 世纪 50 年代，一些华人社团开始开办汉语课程。1955 年，新西兰华人创办的中文学校有 5 所，学生达 3000 余人。1968 年以后，更多的各类语言班、中文学校和义校接连开办[②]，但这些都是业余补习性质的学校。

1966 年，奥克兰大学在亚洲语言研究系设立亚洲语言文学系，开始了大学正规的汉语教学与研究。1972 年中国与新西兰建交后，更多大学开始设置汉语课程。1972 年，惠灵顿维多利亚大学设置中文专业课程；1989 年，梅西大学开展中文函授教学；1990 年，怀卡托大学设立中文学位。随后，奥塔哥大学、坎特伯雷大学、奥克兰理工大学先后于 90 年代开设中文

① 吕俞辉、张和生、李晓梅《澳大利亚中文学校汉语教学情况调查》，《云南师范大学学报（对外汉语教学与研究版）》2015 年第 1 期。

② 王娟《试析新西兰华文教育的发展及特点》，《黑龙江史志》2009 年第 4 期。

专业。[①] 90 年代是新西兰大学汉语教学快速发展的时期。

新西兰的中小学汉语教学始于 20 世纪 80 年代早期，但是推广比较慢。1992 年，新西兰教育部批准开设华文课程。1994 年，新西兰教育部还设立了汉语教学顾问（Chinese National Language Advisor）一职，由中国国家教委任命，派遣中国专家任职，协助新西兰教育部推进中小学中文教学。同年，新西兰教育部制定了第一个汉语教学大纲。1995 年全新西兰只有 25 所中小学开设中文课，而 1997 年则达到了 72 所。1995 年在校学习华文的中小学生不过 244 人，到 1996 年，学习华文的小学生有 1325 人、中学生有 1046 人。1998 年开设中文课的中小学数量有所下降，到 1999 年只剩下 45 所。2002 年时有所恢复，有 70 所中小学开设汉语课。当时“汉语教师共有 72 名，其中 9 名为没有任何中国文化背景的新西兰人，其他教师分别来自中国大陆、香港、台湾，也有少部分是马来西亚华人、新西兰出生的华人后裔”[②]，可见汉语师资还是以华裔为主。

1998 年，新西兰教育部正式宣布将华文列为全国大学入学考试的外语科目之一，随后首届华文考试在 1999 年举行。2000 年，新西兰教育部将华文正式列入中学会考。[③] 这一系列政策的出台和实施，使华文教育获得了较为广阔的发展空间。

在新西兰，社团或私人设立的中文学校大量存在，一般都是周末学校，周六、周日上课，或者在中小学下午三点放学以后上课。规模最大的社区中文学校是位于新西兰南岛基督城市郊的路易·艾黎中文学校。该校 1998 年开始招生，学校有固定的校舍及电脑教室等现代化教学设施，有学生 600 余人、教师 30 余人，共开设 50 多个班级。其中中文班 26 个，其他还有美术、

① 张西平主编《世界汉语教育史》，北京：商务印书馆，2009 年，第 433 页。

② 陈若凡《新西兰中、小学汉语教学情况调查报告》，《国外汉语教学动态》2003 年第 3 期。

③ 严丽明《试析新西兰华文教育的发展》，《八桂侨刊》2005 年第 1 期。

舞蹈、太极拳、体育等各种兴趣班。学生来自中国大陆、台湾、香港，以及新加坡、马来西亚、印度尼西亚、越南、柬埔寨、泰国、韩国、日本，还有当地新西兰欧裔及毛利族裔等。学校经常举办各类文化活动，对于传播中华文化、促进新西兰多元文化发展及中新友好起到了积极的作用。①另外，还有隶属于华人社区服务中心的多功能社区教育部门——华社服文化学院。该学院为华人子女开设中文课程和各类文化课程，组织各类活动，共有各科教师 70 名及长期义工 20 多名，在读学生 1600 多人，在奥克兰开有 6 所分院。②除此之外，私人开设的小型周末汉语教室更是遍布华人社区。目前，新西兰已经建成 3 所孔子学院：奥克兰大学孔子学院、惠灵顿维多利亚大学孔子学院、坎特伯雷大学孔子学院。

在新西兰中文教育体系中，90% 以上的学习者是华裔，尤其是中小学阶段，大学阶段也有类似的现象。比如 2007 年在新西兰奥克兰理工大学修读中文专业的 11 名学生中，新西兰本土欧裔学生仅有 1 人，学习汉语的原因是他的妻子是华人；其他学生分别来自韩国、日本、菲律宾。偶尔有选修中文课程的华人学生，其选课目的是为了积累学分。由于在同步的汉语学习和考试中，华裔学生可以轻松胜过当地学生，因此在一定程度上挫伤了当地人学习汉语的积极性。这是新西兰汉语传播中一个比较现实的情况。新西兰华人社区较为庞大，汉语教学在新西兰的传承语教学性质也比较明显。

随着中新两国经贸关系的快速发展，两国政府为推动汉语在新西兰的传播不断加强合作，采取了一系列举措。据新西兰教育部统计，2008 年至 2017 年，汉语教育在新西兰实现了突破性增长，已成为新西兰小学阶段

---

① 路易·艾黎中文学校 艾黎教育文化中心，中国华文教育网，http://www.hwjyw.com/info/content/2013/09/12/28996.shtml，2013-09-12.

② 华社服文化学院简介，CNSST Foundation，http://www.chineseservice.org.nz/services/education/cultural-learning-centres/introduction/?lang=zh-hans.

（Y1-6）学习人数最多的一门外语。[①]但遗憾的是，这种汉语学习热情到中学、大学阶段则整体性大幅下降。大多数学习者仅满足于完成初级阶段的学习，进入高级阶段继续学习的人并不多。

汉语在新西兰能够作为政府承认的中小学五门重要外语科目之一，说明新西兰政府非常重视汉语教学。2014 年，新西兰还设立了“中文语言周”，鼓励民众接触汉语和中华文化。新西兰中文教育存在的主要问题是课时太少。无论是正规学校还是私立中文学校，汉语课一般每周只有 2 学时。这对于有一定汉语基础、日常使用汉语的华裔学生来说可能问题不大，但是对于把汉语作为第二语言的非华裔学生来说，这是远远不够的，难以达到教学目的。另外，汉语教师水平参差不齐，缺乏系统的培训，且拥有专业资格的汉语教师很少，导致教学质量难以保证。师资问题也是制约新西兰汉语教学发展的瓶颈。

新西兰华裔汉语教学研究也亟待加强。首要的原因是新西兰缺乏第二语言政策，致使华裔学生的学习需求与目标不清晰。在正规院校中，华裔学生的处境也比较尴尬：一方面，其汉语水平不及汉语母语使用者；另一方面，其汉语能力又高于本地欧裔学习者，他们的听说读写能力发展不均衡，与纯粹的二语学习者不一样。华裔学生需要在融入主流社会和保持华人身份认同之间寻求平衡，这一过程中不免会产生焦虑，从而使汉语学习成为一种不寻常的体验。

一些知名的欧裔新西兰汉语学习者也值得关注。如路易·艾黎（Rewi Alley，1897—1987），他 1927 年来到中国，在华 60 余年，不仅参与了中国的革命事业，还成为了一名中国共产党员，为中新建交和保持友好关系做出了重要贡献。他在中国建立了学校（如北京培黎职业学院），还翻译了大量中国古代诗歌，是新西兰汉语传播史上少数掌握了汉语汉字的专家之一。

---

① 王丹萍《新西兰汉语教育发展与研究》，载张西平主编《国际汉语教育史研究》（第 2 辑），北京：商务印书馆，2020 年。

第五节 非洲当代的汉语言文字传播

非洲的汉语教育始于20世纪50年代中国和非洲国家的交流与合作，但实际上，有些国家的华文教育已经有100多年的历史了。

埃及是当代非洲大陆最早开展汉语教学的国家之一。1955年5月，埃及首个政府代表团访华，签订了《中埃文化合作会谈纪要》，开启了教育交流的序幕。1956年3—4月，中国文化艺术代表团访问埃及，在埃及签署了《中华人民共和国政府埃及共和国政府文化合作协定》，内容涉及教师及学生互换、教育团组互访、两国科学家之间的交流、教育学科与学位的互认，等等。这是新中国成立后与非洲国家签订的最早的教育交流与合作文件。1956年，中国和埃及正式建立外交关系。同年，开罗高等语言学校开设中文班，并于1958年正式设立中文专业。1958年，中国向埃及派遣第一名汉语教师。

60年代初期，非洲各国开始向中国派遣留学生。当时周恩来总理曾经对此做出专门批示："关于非洲地区要求派留学生来我国学习，我们应该接受、安排，并应专设机构。"[①] 截至1966年，中国共接受来自非洲14个国家的164名留学生。[②] 1971年，中国恢复在联合国的合法席位，中非关系全面正常化。1976年，突尼斯布尔吉巴语言学院开设汉语课，作为第二外语供学生选修。1977年，埃及艾因·夏姆斯大学语言学院恢复设立中文系。在此期间，刚果（布）的红旗中学开始进行汉语教学，这是非洲第一所开设汉语课程的中学。[③]

1978年以后，随着中国经济的快速发展和综合国力的不断提高，到中

① 李培元《中国对外汉语教学的40年》,《世界汉语教学》1989年第3期。

② 中非教育合作与交流编写组《中国与非洲国家教育合作与交流》，北京：北京大学出版社，2005年，第13页。

③ 徐丽华、郑崧《非洲汉语推广的现状、问题及应对策略》,《西亚非洲》2011年第3期。

国留学的非洲学生不断增加，中国也加强了对非洲汉语教学的支持和帮助。1989年，中国曾派出专门的代表团，先后对毛里求斯、埃及和毛里塔尼亚三国的汉语教学进行考察，增派汉语教师，提供奖学金，赠送汉语教材和中文图书，根据当地需求为埃及和毛里塔尼亚等国免费安装语言实验室设备。这些举措推进了非洲汉语教学的发展。[①]

进入21世纪，特别是2000年中非合作论坛成立以后，“汉语热”在非洲进一步升温，汉语教学进入了快速发展阶段。埃及、苏丹、突尼斯、南非、津巴布韦、肯尼亚、尼日利亚等国开始在一些高校设置中文专业。较早设立中文系的埃及艾因·夏姆斯大学开始招收中文专业的硕士生和博士生。

2003年，突尼斯教育部宣布，从高二起设立汉语公共选修课，并在2004年开始实施，至2011年已有十几所中学开设了汉语选修课。2009年2月3日，中国国家汉办与肯尼亚方面签署协议，决定在该国西部尼安萨省省会基苏木市开设一个中小学汉语教学点。该教学点启动后，汉语教学即首次纳入到当地中小学教育体系当中。[②]

21世纪以来，中国派往非洲的汉语教师不断增加。除公派教师外，2004年10月国家汉办启动了派往非洲的“国际汉语教师志愿者计划”，首批5名志愿者赴毛里求斯教授中文。到2005年，非洲已经有16个国家的近120所学校开设汉语课程，非洲国家学习汉语的各类学生人数已达到8000多人，中国已经向非洲派遣近200名汉语教师。[③]

2005年12月19日，非洲第一家孔子学院——肯尼亚内罗毕大学孔子学院正式揭牌成立。随后孔子学院数量不断增长：至2009年2月，非洲有14个国家开设了17所孔子学院和4个孔子课堂；至2012年8月，非洲有

---

① 撒德全《非洲汉语国际推广调研——以内罗毕大学孔子学院为例》，载《第十一届国际汉语教学研讨会论文集》，2012年8月。

② 徐丽华、郑崧《非洲汉语推广的现状、问题及应对策略》，《西亚非洲》2011年第3期。

③ 郭丽琨《孔子学院成为非洲国家了解中国的桥梁》，http://news.xinhuanet.com/newscenter/2006-06/20/content_4721553.htm.

23 个国家开设了 27 所孔子学院和 4 个孔子课堂；截至 2019 年底，非洲 47 个国家的孔子学院和孔子课堂总数已达 73 个。①

非洲的汉语教学以普及性、实用性为主。因为当地对实用性汉语人才的需求较为突出。非洲国家的大多数汉语学习者学习动机较为明确，希望通过汉语学习找到谋生的工作或改善自己的生活。近年来，随着“一带一路”倡议的实施和中国企业“走出去”步伐的加快，中国在非洲的援建项目不断增多，非洲的行业汉语人才需求不断增长，专门用途汉语教学在非洲出现了新发展。服务业对行业汉语人才的需求最为明显，如机场服务员、饭店服务员、导游等。所以，汉语教学机构开设的课程一般都会包括基础汉语和专门用途汉语，如导游汉语、商务汉语等。为落实习近平总书记 2018 年在中非合作论坛上提出的要在非洲设立 10 个“鲁班工坊”的计划，配合中国职业教育“走出去”，工业汉语教学也在一些国家开始发展。例如，哈尔滨职业技术学院在非洲赞比亚开展工业汉语教学试点工作，培养专业师资，编写专业教材，已经取得了不错的成绩。另外，一些非洲汉语教学正在实施“汉语 +”模式。比如，卢旺达基加利教育学院孔子学院 2009 年开始打造“汉语 + 武术”特色教学体系，汉语教师和武术教师互相搭配，开设武术课程，取得了良好效果；2011 年该学院还成立了“中国武术俱乐部”，筹办全国武术比赛，开展武术巡演，并开始编写《武术汉语》教材。汉语教学与职业教育相结合正成为非洲汉语教学新的增长点。

非洲的汉语传播发展具有明显的区域不平衡性。以埃及、突尼斯和苏丹为代表的北非是汉语教学历史最悠久、规模最大、教学层次最完善、学历层次最高的地区；南部非洲的毛里求斯等国在中国教育部的支持下于 90 年代开始开展汉语教学，近年来逐渐形成规模，南非的汉语教学后来居上；中西非地区的汉语教学是 80 年代末到 90 年代在中国政府的援建下开始的，其中

① 据孔子学院官网数据，https://www.ci.cn/#/site/GlobalConfucius.

喀麦隆保持着良好的发展势头；东非地区的汉语教学起步较晚，在肯尼亚孔子学院的带动下正在稳步发展。

非洲的华文教育也是汉语传播的重要组成部分，华侨华人子女是重要的汉语学习群体。比如毛里求斯有着悠久的华文教育历史，创办于1912年的新华学校是历史最悠久的华文学校，也是毛里求斯第一所全日制中文学校。目前毛里求斯共有312所小学，其中有25所开设了汉语选修课，占总数的8%。课本使用的是自编的《小学汉语课本》(*Modern Chinese*)。[①] 毛里求斯华人众多，华人社区历史悠久，汉语传播仍有较大的潜力。又如拥有30万华人的南非，在中国经济快速发展的背景下，南非华人日益重视对子女的华文教育。有70年历史的全日制华侨学校——斐京华侨公学不仅教授华人子弟学习汉语，还吸引了大批南非当地人和其他国家的移民。据统计，到2006年初，在南非学习汉语的华人子弟及南非当地学生已经累计达10多万人。[②] 所以，在非洲有华人社区的国家，华文教育是推动汉语传播的一支重要力量。

非洲文化生态复杂，与中国文化相比差异巨大。相对于汉语研究和汉语教学历史较长的欧美国家，以及有深厚华文教育基础的东南亚地区，非洲汉语教学的整体基础较为薄弱。目前非洲汉语传播的发展模式是以孔子学院为重要平台，主要由政府主导发展，民间力量尚未充分发挥作用，面临的问题还比较多。首先，非洲语种多样，语言使用情况复杂。比如马里的广播电台使用7种语言；乌干达的广播电台使用16种语言；卢旺达的学生需要学习卢旺达语、英语、法语及斯瓦希里语。而且所有公立学校增设外语课程都需要教育部批准，这些在一定程度上挤压了汉语教学的发展空间。其次，非洲

① 黄金声、田笑《对非洲小学汉语教学的思考——以毛里求斯为例》,《海外华文教育》2016年第4期。

② 李建民《综述：多元化的南非中文教育》, http://big5.xinhuanet.com/gate/big5/news.xinhuanet.com/newscenter/2008-6/27/content_8449093.htm.

本土汉语师资较为缺乏，汉语教材的适用性也不容乐观。非洲使用的汉语教材大多来自中国，课文中的人物以欧美、日韩居多，极少有非洲人物出现；而且教材中的文化内容与当地距离较远，不易被理解和接受。鉴于这种情况，一些教师也编写了部分基于当地需求的教材，比如博茨瓦纳大学孔子学院教师编写的《友好汉语》已经在当地出版使用[①]，汉语教材的适用性问题正在逐步好转。最后，非洲汉语传播面临的最突出的困难是基础设施严重不足。由于非洲国家经济发展相对比较滞后，基础建设薄弱，教学条件相对较差，所以现代教育技术难以在汉语教学中充分展开应用。

第六节　二战以后东南亚的汉语言文字传播[②]

一、20世纪中后期东南亚华文教育的“被动本土化”

二战以后，东南亚的政治环境发生了巨大而深刻的变化。华人原本所处的包含殖民者、华人移民和土著民族的“三元”结构的社会，由于殖民主义的退出和各民族国家的独立，在很短的时间内转变成为以华人和土著民族“二元”为主的社会。政治秩序改变之后，经济秩序、文化秩序尚未立即发生相应的变化，三大秩序的错位成为社会不安定的根本因素。殖民者一方的历史性退出，使得社会结构暂时处于失衡状态，民族关系也发生了深刻的变化。华人在东南亚各地区的经济地位和经济实力，原本仅次于殖民势力而处于当地土著民族之上，殖民者退出之后，华人和土著民族经济上的对立就加剧了。由于各国民族主义的抬头，华人无论在经济上还是在族群身份上都被放在了对立面，不断受到打击和压制。

① 方绪军《非洲博茨瓦纳汉语教学印象》，《国际汉语教学研究》2014年第4期。

② 本节主要内容参阅韩晓明《20世纪90年代以来东南亚各国华文教学的本土化转型》，《云南师范大学学报（哲学社会科学版）》2017年第2期。

从1946年7月菲律宾从美国统治下获得独立地位，到1965年8月新加坡脱离马来西亚联邦成立新加坡共和国，20年间，菲律宾、柬埔寨、缅甸、印尼、越南、马来西亚、新加坡纷纷成为独立国家，彻底摆脱了殖民主义的统治。新国家独立以后，迫切需要建立新的国家认同，凝聚人心，树立政府威望。由于之前华人社会具有中国“飞地”的性质，华文教育长期依附于中国国民教育体系，华人对新国家的效忠问题就成为极其敏感的政治问题。作为华人族群身份标志的华语（20世纪上半期一般叫“国语”）和培养身份认同的华文教育也被推上了风口浪尖。各国压制华文教育的行动在华校数量达到高峰之前就已经开始了。二战以后，华文教育整体上是在当地国政策控制下发展的。

从中国方面来看，抗战胜利后，中国局势发生了急剧的变化，先后经历了国共内战、国民党败逃台湾、新中国成立等变局。新中国作为国际共产主义阵营的重要成员，在思想、政治、经济上与以英美为首的资本主义国家长期处于对抗状态。当时东南亚大部分国家在政治、经济、军事上仍处于西方资本主义国家的控制之下，他们一方面在国内对华人实行同化政策，一方面对外切断了华人与中国的联系。海外华侨大都是私营工商业者，按照中国当时社会阶层的划分是所谓的“资产阶级”，这就造成了海外华侨与中国之间的一些隔阂与分歧，双方关系变得微妙而复杂。中国大陆与东南亚华侨的关系渐行渐远，甚至于一度中断。另外，当时的新中国国力较弱，也无力对海外侨民进行保护；即使对海外华侨遇到的问题有所反应，也无不被冠以“共党渗透”的名号，从而引起当地国家的警觉和对抗。在华文教育方面，中国的思想意识形态显然与东南亚大部分国家是格格不入的，教科书中原有的认同中国的内容也成为压制华文教育的一项重要理由，随着华文教育受到打压而被大面积清除。

1955年4月18日，第一次亚非会议在印尼万隆举行，中国与印尼在会议期间签订了《关于双重国籍问题的条约》，规定印尼华人应在中国国籍与印尼国籍之间二者选一，也就是明确了不承认双重国籍，这实际上是鼓励印尼华人融入当地社会。随后，中国对东南亚其他国家也表达了同样的解决华人双重国籍问题的态度。1974 年中国同马来西亚建立外交关系的联合公报以及 1975 年中国同泰国、菲律宾建立外交关系的联合公报都明确指出，凡是已经取得对方国籍的具有中国血统的人，即自动失去中国国籍。[①] 中国为了建立良好的国际关系，顺应国际形势和外交需求，主动从法律上割断了华人与中国的纽带关系，从而使得华人融入当地势在必行。

从 20 世纪 50 年代中期到 80 年代是东南亚华侨社会向华人社会转变的关键时期，东南亚各国绝大多数华侨陆续加入居住国国籍。华人政治身份的转变也使得华文的性质和华文教育的性质发生了根本性变化。这个转变期成了华文教育各种内外部矛盾的集中爆发期。

纵观二战以后华人社会的变化，“同化”成为各国华人政策的基调。关键词包括“菲化”“印尼化”“马来化”“越南化”“泰化”等，在经济上则出现了“国有化”。在这一过程中，华人往往在被剥夺经济权利的同时，也被强加了新的政治身份。虽说从名义上来看，华人是自愿入籍的，但实际上是迫于生存需要或者政策压力，有的国家甚至以国籍问题为由要挟华人，压制华文教育的发展。即使是入籍后，华人的平等国民待遇仍然难以得到保证。比如马来西亚，尽管华人人口所占比例很大，但政府仍然实行马来人享有特权的政策。东南亚国家和中国关系出现波折时，华人往往成为无辜的受害者。越南 20 世纪 70 年代末驱赶华侨、印尼 1998 年政治骚乱中对华人的迫害，都值得铭记和警醒。

在东南亚国家同化华人的风潮中，新加坡是一个特例。新加坡不仅是华人人口占大多数，而且是华人掌握政权，所以没有出现华人被其他民族同化的情况。但是，新加坡华人却选择走上了“异化”的道路。所谓“异

---

① 梁英明《战后东南亚华人社会变化研究》，北京：昆仑出版社，2001 年，第 33 页。

化”，就是“去中国化”，即完全建立一个新的国家认同，塑造一个新的“新加坡人”身份。

纵观各国华文教育从发轫、高峰到低谷的过程，我们会发现这样一个大致的时间表（见表 5-3）：

表 5-3　东南亚各国华校发轫、高峰、停办年代（年）

国家	发轫	高峰	禁止 / 停办
菲律宾	1899	1960	延续
印度尼西亚	1901	1957	1965
马来西亚	1904	1950	延续
缅甸	1904	1962	1966
新加坡	1905	1949	1986
越南	1907	1943	20 世纪 70 年代末期
泰国	1909	1946	延续
柬埔寨	1914	1957	1973
文莱	1918	1955	延续
老挝	1929	1970	20 世纪 70 年代末期

下面分别考察各国华文教育被动本土化的情况。

1. 印度尼西亚

1957 年，印尼华校曾达到 1800 所，学生 40 多万人，华文教育从城市普及到了偏僻的乡村，是华校数量最多的时代。但是，华文教育的鼎盛时期实际上已经过去，华校的持续增加只是鼎盛期的余波。1950 年统一的印尼政府建立后，就开始加强对华文学校的管理，但是尚未形成实质性的打压。1955 年中国和印尼签订《关于双重国籍问题的条约》后，华侨社会内部的不稳定因素加剧，很多华侨短时期内难以接受现实，对于国籍选择摇摆不定，造成了一部分华人入籍，而一部分则保留中国国籍的状态。这样一来，华侨学校里面出现了中国籍学生和印尼籍学生混杂的局面。这是华校的转折时期。

华侨在印尼的入籍过程并不顺利，不但印尼政府内部对同化华人的态度有分歧，华人内部的意见也不统一。1950 年后，在同化的问题上，印尼华人内部分为了三派：第一派主张接受印尼国籍，积极参加当地政治活动，但保持华人文化传统，在文化上不同化于土著；第二派主张完全同化，在政治、文化甚至种族上完全融入印尼社会，与土著民族通婚、改换姓名、平等参与政治活动；第三派则主张保持华侨身份，在政治上仍然认同中国。[①]第一派“保持文化派”在 1965 年 9 月 30 日印尼政变之前较占优势，而第二派“全盘同化派”则在 1965 年之后依靠官方的支持成为华人社会的主流态度。相比之下，第三派“认同中国派”则长期处于不利的地位。到 70 年代，加入印尼国籍的华人大约只占华人总数的 40%。[②]由于印尼华人众多，保持中国国籍的华人数量还是很大。

根据 1957 年的统计，雅加达的 54 044 名华校生中，中国籍者 38 878 人，印尼籍者 15 160 人，其他国籍者 6 人。[③] 1956 年，印尼开始兴起排华浪潮，不仅制定各种不公平的经济政策掠夺华人财产，还大量关闭华校和报馆。1957 年，又制定一系列政策打压和限制华文学校，造成华文学校数量锐减。留存的一些华校虽然学生是华人，但是不得不按照政府规定使用印尼语作为教学媒介语，课程内容也转而印尼化。1958 年，政府规定华校不许招收印尼籍的华裔学生，华文教育开始走向实质性的衰落。1965 年印尼政变之后，所有华文学校均遭到封闭，华文教育在印尼完全中断。

1980 年，印尼政府放宽了华侨入籍政策。经历了建国以来的一系列打压和同化政策，华人为了谋求生存和发展而接受现实，普遍加入印尼国籍，并且让子女接受印尼教育。这样一来，华人的下一代在华文能力衰退的同

① 李恩涵《东南亚华人史》，北京：东方出版社，2015 年，第 540 页。
② 梁英明《战后东南亚华人社会变化研究 》，北京：昆仑出版社，2001 年，第 35 页。
③ 新加坡《星洲日报》，1957 年 9 月 19 日。

时，对中国的认同感也逐渐走向弱化。

1990 年 8 月 8 日印尼与中国正式复交。就在这一年，印尼《编辑》周刊对华人新生代文化认同与政治认同做了一项调查，结果发现，能流利地读、写中文和讲华语的只占 5.24%，把中国仍然当作祖国的只占 14.72%，而把印尼当作真正祖国的则占到了 93.79%。[①]这说明印尼华人在认同上已经发生了根本性的转向，也可以说，印尼政府很大程度上达到了同化华人、消灭华文教育的目的。

2. 新马地区

新马地区是自 20 世纪初期以来受到中国各种政治运动波及与影响最为显著的地区，也是华文教育发展最为兴盛的地区。新马华人数量多，占人口比例大，虽然人口总数上略逊于印尼，但是在当地人口中的比例却遥居东南亚各国之上，占总人口的三分之一。因此，新马华人最终加入当地国籍是不可避免的趋势，但是，华人入籍的条件却成为不同政治派别政治博弈的筹码。由于新马华人的中国认同最为突出，因此华人问题与华文教育问题出现较早，持续时间也较长。下面分别讨论马来亚（1963 年 9 月 16 日前称为“马来亚”）和新加坡（1965 年 8 月新加坡退出马来西亚独立建国）的情况。

五四运动时期，马来亚华侨与中国国内运动风潮遥相呼应，兴起抵制日货运动，再加上当地华文学校的发展如火如荼，使得英殖民当局开始恐慌，改变了任由华校自生自灭的政策，开始筹划管制措施。1920 年 10 月，殖民当局颁布学校、董事和教员注册法令，规定华校必须接受政府监督，并不准从事政治活动。此后，1926、1934、1938 年先后六次修改法令，不断加强对华校的管理，进而对教科书进行严格审查，清除认同中国和亲近中国的内容。1935 年，殖民当局公布了一批禁书，含 16 家出版社的 84 种教科

① 周聿峨《东南亚华文教育》，广州：暨南大学出版社，1995 年，第 351 页。

书和教学参考书，大部分为中国出版，内容包括：（1）清末以来中英外交的详情；（2）中国是次殖民地国家的远近原委；（3）觉醒中国民众与复兴民众的思想；（4）现代帝国主义者所处的阶段及其对付中国的政策；（5）启示中国青年认识本国（中国）今日所处的危殆地位。[①]显然，从教科书内容来看，华校教育的定位是立足中国立场、维护中国利益、培养中国公民，这是马来亚统治者难以接受的。

1946年英国人提出建立马来亚联盟的计划时，关于非马来人如何获得公民权就引起了不同族群的争议。在马来人的压力下，马来亚联合邦协议中制定的关于华人获得马来亚国籍的条款对华人极其不利。但是，此时正值中国抗日战争胜利之时，华文教育蓬勃发展，广大华人民族自豪感不断增强，热情关心中国政治，对当地的政治活动并不积极，从而丧失了获得公民权的时机。1951年6月10日，联合邦政府发表《巴恩报告书》（*Barnes Report*），提出建立一种新的国民学校，以英文与巫文为教学媒介语，华文则不作为教学用语。这件事引起了华人社会的极大震动，促使他们开始重视政治上的诉求和抗争。由于1955年中国宣布不承认双重国籍，再加上1957年马来亚联合邦独立时，马来族执政党为了获得华裔选民的支持，放宽了华人的入籍条件，华人便在这一时期集中加入马来亚国籍。到50年代末期，马来亚联合邦的华侨绝大多数已经加入了当地国籍。

但是，华人普遍入籍之后，由于华人社会内部社团与政党之间的分歧，也由于受华文教育者和受英文教育者对于建国愿景的差异，华文教育并没有因此进入发展的快车道。1957年《马来亚联合邦宪法》不仅承诺了马来人的特权，而且表明“最终将以马来语文作为马来亚国家唯一的官方语言，意即最后华文教育体系与英文教育体系、印文教育体系都将终止”[②]。在这种情

① 郑良树《马来西亚、新加坡华人文化史论丛》（卷二），新加坡：南洋学会，1986年，第114—117页。

② 李恩涵《东南亚华人史》，北京：东方出版社，2015年，第515页。

况下，华人社会开始积极抗争，力争华文教育的生存空间。在董教总（马来西亚华校董事联合会总会、马来西亚华校教师会总会）的领导下，马来西亚的华文教育顽强地保留下来，并发展成为完整的教育体系。

新加坡华人转而认同当地始于 20 世纪 50 年代。1946 年 7 月，新加坡有华人约 70 万人，但约有 60% 的人认同中国，自认是中国国籍。[①] 1954 年新加坡的公民权法制定了对华人有利的条款，最终使大部分华人成为了新加坡公民。1954 年，新加坡人民行动党成立。该党虽然是华人占绝大多数的政党，但却并不是种族性的政党，而是一个真正的新加坡人的政党，代表新加坡各族人民的共同利益，致力于塑造新加坡认同。

由于二战后新加坡殖民政府实施了一系列压制华文教育的政策，因此英语在新加坡的社会生活中占据了主要的使用空间，华语的实用价值大大缩水，衰落的局面难以挽回。威尔逊曾指出英国殖民统治下的这一现象："显然，英文小学和华文小学的大部分毕业生最终都被吸收为当地的劳动力，然而现实情况依然是，待遇较好的以及几乎所有的高级职位均为受英语教育的人占有。"[②] 这就造成了华人都愿意进英校的局面，形成了恶性循环。虽然新加坡 1956 年出台的《新加坡立法议院各党派华文教育委员会报告书》中制定了平等对待四种语文的政策，明确指出各源流学校应当以英文、马来文、华文和泰米尔文这四种语言中的至少两种作为学校的教学媒介语[③]，但这些政策没有能够阻止华文教育的衰落。从 1950 年到 1960 年的十年间，华校学生占学生的总数年年下降，而英校学生却年年增加。

1959 年人民行动党执政后，宣布接纳新加坡立法议会 1956 年各党派华

① 李恩涵《东南亚华人史》，北京：东方出版社，2015 年，第 524 页。

② Wilson, H. E. (1978) *Social Engineering in Singapore: Educational Policies and Social Change, 1819-1972.* Singapore: Singapore University Press, pp: 177-178.

③ Colony of Singapore，Legislative Assembly，All Party Committee on Chinese Education. *Report of the All-Party Committee of the Singapore Legislative Assembly on Chinese Education* (1956). Singapore：Government Printing Office.

文教育报告书，并宣布接纳马来语为国语。[1]这样一来，新加坡并没有像大多数国家那样，把国内最大民族的族语——华语定为国语，从而没有使华语的地位得到提升。虽然这一决定是出于多种内部因素和外部因素的考虑，但无疑是华人开始放弃自己中国身份认同的体现。1950年时，新加坡中小学的华校学生尚占53.28%，英校学生占33.09%[2]；而到了新加坡独立之前的1964年，两个比例则完全颠倒了过来，英校学生占总数的55.58%，而华校学生则降到36.91%[3]，这个数字与华人总人口占76%的比例对照起来极为不协调。1959年9月1日，李光耀在出席星华记者工会庆祝记者节的谈话中，就劝告星华记者工会去掉那个“华”字，因为它带有种族主义色彩，不利于民族间的团结。对于新闻工作，李光耀指出，新马华人现在看问题必须以新马为出发点，培养马来亚意识；新加坡要的并不是一张表达华人观点的报纸，而是一张以华文作为表达工具的马来亚观点的报纸。[4]

但是新加坡华人社会一直没有放弃振兴华文教育的努力。1956年，华人社会集合各方力量创办了南洋大学，这是当时海外华文教育的最高学府。南洋大学筹委会发表的宣言中提到了“为本邦造就人才”等宗旨，以及“兼重华英巫各种语文”“发展马来亚文化”等应有的特质[5]，充分说明华人的认同已经由“面向中国”转向“面向当地”，体现了积极融入当地的态度和决心。然而，所有这些都没有遏制华文教育滑坡的趋势。

新加坡的双语政策虽然名义上是贯彻多元教育理念，但实际上是强制性以英语为中心的教育。尤其是建国以后，在政府的引导下不断突出英语作为政府用语和商业用语的地位，使之成为了实际上的国内各民族共同语。

---

① 周聿峨《东南亚华文教育》，广州：暨南大学出版社，1995年，第91页。
② 周聿峨《东南亚华文教育》，广州：暨南大学出版社，1995年，第83页。
③ 王秀南《新加坡华文教育演进史》，载王秀南《星马教育泛论》，香港：东南亚研究所，1970年，第178页。
④ 新加坡《南洋商报》，1959年9月2日。
⑤ 周聿峨《东南亚华文教育》，广州：暨南大学出版社，1995年，第112页。

在这样的结果下，出于生存和就业的压力，华人子弟纷纷放弃华校而进入英校学习。

在以英文为中心的双语政策下，南洋大学于1980年被关闭。到1984年，报读华文小学的学生仅占当年新生总数的0.7%。[①] 于是教育部即从1984年起将华校逐步纳入全国统一的、以英文为第一语文的学校。华校很快就因招不到学生等原因而全部关闭。[②]

3. 菲律宾

菲律宾早在1934年获得自治地位后，由于民族主义思想的盛行，就已经开始了经济菲化运动。菲化是从零售业开始的，主要针对的是外籍人。1940年3月1日，马尼拉市议会通过了公共菜市菲化案；1941年，菲自治议会又通过了全国公共菜市菲化案。菲化案于二战后的1948年开始真正实施，禁止华人在公共市场摆设摊点贩卖日常用品。据1948年菲政府对全菲零售业的统计，菲人经营的零售业占全国的88%，外籍人经营的占10%，其他为合资经营。在外籍人经营的零售业中，华人占了97.8%。华人商店在全菲占比不高，但在全菲零售业销售总额方面，华人商店则占了27.2%。[③] 此种情况令菲政府不安，因而推行菲化政策更加坚决。

1949—1961年，菲化运动在菲律宾全面铺开，菲化法案不断出台，几乎囊括了所有行业。1961年，菲政府又推行"菲人第一"政策，在进出口方面明确规定了菲律宾人享有的特权。这一系列菲化法案沉重打击了华人经济，压缩了华人的生存空间。它们带来的另一个显著影响，就是促使华人进一步加快了加入菲律宾国籍的脚步，推高了华人的同化率。例如，1946—1948年间每年只有154人申请归化为菲人，而1957—1960年间每年则增加

① 黄松赞《新加坡的两种语文教育》，《东南亚研究资料》1984年第3期。
② 周聿峨《东南亚华文教育》，广州：暨南大学出版社，1995年，第93页。
③ 李恩涵《东南亚华人史》，北京：东方出版社，2015年，第564页。

为 905 人。[①] 由于菲律宾大多数居民信仰天主教，排他性不强，对于保持中华文化特性的华人较为易于接纳，因此菲律宾华人的融入过程与泰国类似，没有遇到太多的障碍。

幸运的是，1947 年 4 月 18 日菲律宾与中国签订友好条约，即《中华民国菲律宾共和国友好条约》，其中第六条规定："缔约此方之国民得在彼方领土内在与任何第三国国民同样之条件下，依照彼方之法律规章，享有设立学校教育其子女之自由。" 有了这样的政策保障，在二战中遭到破坏的华校不断得到重建，新校也相继开设，且数量不断增加。到 1962 年 3 月，根据菲律宾政府的统计，全菲有华校 165 所，学生 55000 人。[②] 在经济菲化的过程中，华文教育并没有遭受过多的破坏，但华文教育的性质随着大批华人加入菲律宾籍而慢慢发生了变化。

1946 年菲律宾独立后，在实行经济菲化的同时也开始了对华校的管制，规定华校必须向政府立案，并依照法令开设英文、菲文课程。1955 年，为"防止共产主义思想的渗入"，进一步加强管控，规定华校必须达到私立学校法规定的最低课程标准，并设立中菲联合技术委员会加以监督。1973 年 4 月 16 日，马可仕总统下令将境内所有华校全面菲化（Philipinization of Alien Schools），包括学校所有权、行政管理及课程体系。菲政府规定，华校的董事会成员、校长及各部主任必须为具有菲律宾国籍的人，每天仅准许上华文课程 100 分钟。

1975 年 4 月 11 日，马可仕总统颁布第 270 号训令，进一步放宽华人的入籍条件，简化入籍程序，从而使得华人的菲化基本完成。这样一来，华文在菲律宾作为第二语言教学的性质越来越明显，华文教学变得更加独特。

4. 泰国

二战期间，泰国曾与日本结成同盟。日本投降后，泰国在 1945—1948

---

① 李恩涵《东南亚华人史》，北京：东方出版社，2015 年，第 566 页。
② 李恩涵《东南亚华人史》，北京：东方出版社，2015 年，第 435 页。

年间曾短暂地纠正了一些针对华人的限制与歧视政策。1946 年 1 月 23 日，泰国与中国签订友好条约，即《中华民国暹罗王国友好条约》，承认两国人民在对方国家享有旅行、贸易与建立侨民学校之权。在这样的背景下，此前的华人泰化趋势出现了延缓，有些第二代、第三代已经改换为泰化姓名的华人，又改回了华人姓名，重新自认是华人。① 1948 年銮披汶重新执政后，再度执行同化华人的政策，限制移民配额，并开始重新管制华校。从 1948 年 5 月 13 日开始，禁止再设立新华校，并把已有的 490 多所华校减至 148 所。同时规定华校应以泰文为主要教学媒介语，华文作为一门外国语，每周只能教授 10 小时。泰政府对华文教育进行种种管制的目的是，迫使华人尽快归化，认同泰国的社会与政治。从泰政府的角度看，这一系列政策无疑是有效的。

1948 年后泰国在经济上另一项同化华人的措施，是鼓励华人企业与政府官办企业相结合。华人企业为了生存和发展，大都采取了与当权高官合组公司的方式，高官或其代理人可以为企业提供庇护，华商则负责实际的经营。因而 50 年代之后，不少华人渐渐成为了泰国统治阶层的一部分。这种情况也推高了华人的同化率。

总的来看，泰国华人与原住民的关系比较融洽，除了銮披汶政府执政时期，泰国政府一贯积极推动华人入籍。泰国 1913 年和 1952 年的国籍法规定，华侨在泰国所生的子女自然获得泰国国籍。泰国政府采取的一系列政策措施推进了华人的泰化，也加速了华文教育的本土化，这一点在华文教学的内容上反映尤为明显。1965 年，泰国教育部和亚洲基金会（The Asia Foundation）编写的本土化汉语教材小学一年级《华文读本》中有这样的课文：②

---

① Skinner, G. W. (1957) Chinese assimilation and Thai politics. *Journal of Asian Studies*, Vol. 16 (2): 246.

② 潘素英《泰国中小学汉语课程大纲研究》，中央民族大学博士学位论文，2011 年。

泰国国旗，有三种颜色，红色、白色、蓝色，多么美丽。国旗、国旗，我们爱你，我们向你敬礼。（第二十三课“国旗”）

我生长在泰国，我要爱泰国。听到国歌我要立正，看见国旗飘我要敬礼。现在我是小学生，将来我是好公民。我要把自己学的，为人民做公益事。（第四十七课“爱泰国”）

这与1948年新加坡出版的国语教材中“你是中国人，我是中国人，他是中国人……你要爱中国，我要爱中国，他要爱中国，我们大家都要爱中国”这样的课文形成了鲜明的对比。华文教材内容的变化生动诠释了华人身份认同的转向。

5. 越南

据 Victor Purcell 统计，二战前的1937年，北越有华人35 000人，占总人口的0.4%；南越有华人182 000人，占总人口的1.8%。[①] 战后华人人口又有所增长。1955年南越、北越正式分治后，由于北越实行共产主义经济政策，把大部分私营企业收归国有，因此华人小工商业者难以为继，大批华人迁移到南越，总计有3万多人。由于北越华人很少，这一时期的华文教育主要在南越发展。南越政府为了切断当地华侨与中国的联系，避免中国对越南事务的干预，采取了强迫华侨加入越南国籍的政策。

1956年8月21日，南越政府发布48号法令，对国籍法进行修改，规定在该法令颁布前及颁布后，凡是在越南出生的华人即具有越南国籍，应改换为越式姓名；华侨和越女所生的子女也包含在内。[②] 同年9月6日，南越政府又发布53号法令，禁止非越籍人从事11种行业，几乎涵盖了华人所从事的零售业的所有种类。这些政策迫使大批华侨加入了越籍。1960年以后，

---

① Purcell, Victor (1951) *The Chinese in Southeast Asia*. London and New York: Oxford University Press, p. 173.

② 李恩涵《东南亚华人史》，北京：东方出版社，2015年，第572页。

南越华人已经有 90% 取得越南国籍。

迫使华人归化的同时，南越政府双管齐下，从 1956 年开始打压华文教育。当年 10 月出台的法令规定：（1）华文学校必须改制为越南中小学，不准办高中；（2）校长、教师及监学等由通晓越文的越籍华裔担任；（3）教学基本语必须是越南语；（4）所有华裔学生必须改用越南文姓名，并与越南学生穿相同的服装，每周一举行南越国旗升旗礼，唱南越“国歌”；（5）从 1959 年 2 月起，华校一律将校名改为越南文名字，不准使用“华侨”“中华”或地域名称。[①] 与此同时，北越在 1959 年开始停止华籍教师入境；从 1962 年开始，所有华校被接管，更改校名，招收越南学生。

1975 年越南统一以后，延续了前南越政府强迫华人入籍的做法，并认为越南南方的华侨早已成为越南公民。1977 年以后，由于中越关系恶化，越南当局对华人（包括越籍华人）进行了严酷的排斥、迫害和掠夺，从而造成了华人大批海上逃亡的惨剧。同时，越南对华校实行封闭政策。1975 年越南统一时，华校尚有学生近 10 万人[②]；而到 70 年代末期，华文学校几乎荡然无存。

80 年代中期以后，越南实行革新开放政策，但对华人仍然存有戒心。社会上没有正规的华校，只有补习性质的华文培训中心，通过下午班或者夜校的形式学习，这种情况延续至今。

6. 柬埔寨

柬埔寨近代华文学校的创办始于 1914 年潮州人创办的端华学校。二战前的 1937 年，柬埔寨有华人 10.6 万人，占总人口的 3.48%。[③] 1949 年柬埔寨独立，但在 1953 年法军撤退之后才获得政治上和经济上的完全自治。到战后的 1958 年，柬埔寨华人约有 30 万人，占总人口的 5.93%。到 1966 年

---

① 周聿峨《东南亚华文教育》，广州：暨南大学出版社，1995 年，第 365 页。

② 陈烈甫《东南亚洲的华侨、华人与华裔》，台北：正中书局，1983 年，第 484 页。

③ 李恩涵《东南亚华人史》，北京：东方出版社，2015 年，第 571 页。

增至 42.5 万人，占总人口的 6.5%。[①]此时多数华人已经加入柬埔寨国籍，华人社会已经形成。50 年代柬埔寨已经有 5 家华文报纸，其中《棉华日报》发行量最大。华人中以潮州人为最多，其次是广东人、福建人和客家人。华人大多从事小工商业，也有工匠和船夫。当时首都金边港口的工人绝大多数是华人。另外，柬埔寨华人有一个特点，与印尼华人集中在大城市不同，他们有 40% 居住在城郊和乡村。[②]

从数量上看，柬埔寨的华文学校在五六十年代发展较快，但实际上，柬埔寨从完全独立后就开始制定限制华人的政策。限制首先表现在经济领域。1956 年，柬埔寨政府颁布法令，禁止外国人从事 18 种职业，其用意也在于针对华人。1967 年 9 月 13 日，柬埔寨当局下令关闭全境的华文报纸。1968 年，柬政府在金边创办了官方华文报《柬埔寨日报》，由西哈努克亲王的儿子担任社长兼总编辑，但该报并不报道华侨和中国的消息。1970 年新政府上台后关闭了该报，同时又创办了另一份以经济为主要内容的华文报纸《经济日报》。1975 年政变之后，这些华文报一律被停刊。

70 年代后半期，与限制华人的政策同步，柬埔寨当局开始禁止华文教育，华文学校不允许存在，在公开场合也不能用华语交谈，教学只存在于家庭补习班。这种状况一直持续到 80 年代中期改革开放以后。可以发现，限制华人政策的制定，往往是压制华文教育的先声；而华文教育的恢复，也是在华人政策变得宽松的前提下发生的。80 年代中期以后，柬埔寨调整了对华人的政策，对华校也放宽了管制，华文学校才开始进入恢复期。

7. 缅甸

缅甸联邦（Union of Burma）于 1948 年 1 月 4 日获得独立，但随即陷入内战，1960 年才实现统一。二次大战前的 1931 年，缅甸有华侨 19.3 万人，占总人口的 1.3%，主要包括从海上来的福建人、广东人和从陆路来的云南

① 李恩涵《东南亚华人史》，北京：东方出版社，2015 年，第 571 页。

② 周聿峨《东南亚华文教育》，广州：暨南大学出版社，1995 年，第 374 页。

人。战后的 1953 年，华侨估计已增至 35 万人，仅首都仰光就有 7 万人。[①]

1963 年，缅甸政府宣布并实行缅甸式的社会主义路线，当年 1 月开始实施国有化政策。在国有化过程中，华人经营的工厂、商行等大都被缅政府所接收，华人经济遭到沉重打击，蒙受了巨大的损失。与此同时，华文教育也遭到了根本性的破坏。1942 年之前，缅甸约有 250 所华校，战时受到日本人的破坏，战后至 1960 年恢复至 200 所。1965 年 4 月 1 日，缅甸政府公布私立学校国有条例，开始把私立学校收归国有，规定校长必须由缅甸人出任，教员中非缅籍者也遭到解聘；华校必须开足缅文课程，华文只准在业余时间修习。

1962 年，缅甸政府简化外侨入籍手续，使绝大多数华侨成为缅甸公民。英国学者 Victor Purcell 认为，缅甸在 60 年代已经没有华人问题了，因为华人经过两代人旅居缅甸，又经过华文教育完全被消灭之后，已经完全融入缅甸社会之中了。[②]然而，缅甸政府对这些华裔公民仍然区别对待。直到 1982 年，奈温政府仍坚持将华裔公民称作“客籍公民”，并声称缅甸政府“不能完全信任他们”。[③]由于缅甸政府对华人的偏见，华文教育始终不能获得合法地位。1966 年时，全部约 200 所华校均被收归国有，校产充公，华文教师全部解聘，在缅甸存在了 60 年的新式华文教育完全中断。此后，华人子弟只能依靠类似家塾的补习班学习华文。[④]

8. 老挝

二战前的 1937 年，老挝华人有 3000 人，仅占总人口的 0.3%。[⑤]老挝

---

① 李恩涵《东南亚华人史》，北京：东方出版社，2015 年，第 577 页。

② Purcell, Victor (1951) *The Chinese in Southeast Asia*. London and New York: Oxford University Press, p. 78.

③ 梁英明《战后东南亚华人社会变化研究 》，北京：昆仑出版社，2001 年，第 43 页。

④ 陈烈甫《东南亚洲的华侨、华人与华裔》，台北：正中书局，1983 年，第 471、473、474 页。

⑤ 李恩涵《东南亚华人史》，北京：东方出版社，2015 年，第 571 页。

1947 年独立，1961 年与中国建交。由于交通不便，老挝华人一直比较少，华文教育规模也较小。二战以后，华人人口持续增长，到 1960 年时约有 4 万人，占总人口的 2.2% ①，但最多时也没有超过 5 万人。由于华人社会根基不深厚，因此以华人社会为基础的华文教育出现较晚，近代华校到 1929 年才出现。发展到 50 年代末期时，已经出现了寮都公学这样规模较大的华校。

50 年代末期，老挝开始实行限制华人的政策。1959 年 7 月，老挝皇家诏令禁止外国人从事多种职业，而越南人受到特殊待遇可被宽免。实际上，这些禁令主要是针对华人的。之后华人在很多行业的优势地位逐渐被越南人所取代。70 年代老挝采取了一系列排华措施，使华人人口锐减，1978 年减少至 1.5 万 ②。70 年代后半期，老挝同越南、柬埔寨一样曾经对华校实行封闭政策，华文教育也随之衰落。直到 80 年代中期以后，由于与中国的关系好转，才放松了对华校的管制。

9. 文莱

文莱 19 世纪沦为英国的保护国，1984 年方告独立。文莱与新马一样长期受到英国殖民统治，其教育政策大体与新马一致。

文莱最早的华校是创办于 1918 年的育才学校，就是现在文莱中华中学的前身。文莱华文教育的特点是学校内非华裔学生较多，有的甚至占到了 50%，如淡武廊的培育学校。③ 文莱华校从创办伊始就重视三语教学，只是 1992 年根据教育部的规定，华校教授华文要在不影响双语（英语、巫语）正课的时间进行，因此在课时安排和课程计划上，华文是另加时间教授的。由于文莱国家不大，人口也不多，受到的政治冲击较少，因此华文教育规模虽然小，但相对来讲发展比较平稳。

---

① 李恩涵《东南亚华人史》，北京：东方出版社，2015 年，第 571 页。

② 周聿峨《东南亚华文教育》，广州：暨南大学出版社，1995 年，第 45 页。

③ 周聿峨《东南亚华文教育》，广州：暨南大学出版社，1995 年，第 379 页。

二、20世纪末期开始的东南亚华文教学“主动本土化”

中国经过改革开放之后连续20多年的高速发展，到2002年时国内生产总值跃居全球第六位，之后在2007年上升到第四位，2010年时超越日本，稳居全球第二大经济体，成为名副其实的经济大国和有影响力的强国。国家的强大也赋予了汉语越来越高的传播价值，产生的文化向心力激发了海外华人的民族自豪感，推动了海内外的“文化共兴”。近20年来，东南亚多国普遍出现了华校复兴、复校、复办等现象，但是这个“复”并非“重复”，而是在旧有形式上的一种新探索，标志着华文教育开启了“主动本土化”的进程。在这个时期，大多数国家用“华文教学”代替了“华文教育”。

东南亚华文教学的本土化首先是在“三教”（教师、教材、教法）层面发生的，包括培养和使用本土教师，在教材中增加反映当地生活的内容，改进教法以符合当地的文化传统、民族习惯和宗教规范等。从更宏观的角度看，东南亚华文教学的本土化过程是在各个层面广泛展开的，除了“三教”层面，还包括在办学主导力量、办学理念、办学主体、办学形式、学习群体、教学性质等方面与居住国国情的贴近和融合。可以发现，21世纪以来，在东南亚各国华文教学主动本土化转型的潮流中，各国虽然途径和形式不同，但无一例外都在加强与本国社会的关联度。

泰国华文教学作为外语教学大规模进入国民教育体系，明确地为国家发展战略服务；越南在高校大规模设立汉语专业，则是为了快速培养满足外贸需要的专门人才；新加坡进行了三次重大的华文教学检讨和改革，重新重视华族的中华文化传承，为的是遏制社会语言“脱华入英”的趋势，避免沦为“伪西方社会”；印尼华人社会通过对华教历史的深刻反思，结合印尼国情创办了新型教学机构“三语学校”，目的是为印尼社会培养素质良好、具备中华文化气质的公民；菲律宾华校则主动开门办学，接纳非华裔学生，改变教学策略，融民族教育、国民教育、中华文化教育为一体；柬埔寨积极在华校推动落实“柬中双语教学”，把柬国历史文化编进课本，推进华文教学真正融入主流社会；文莱汉语教学转变定位，形成了“三语并重，五育兼修”的独特教学模式，培养文莱社会需要的人才；缅甸华文教学虽然落后，但也根据其国情，在寺庙学校和私立学校设立中文班，并积极推动职教合作，开拓职业华文教学，以满足社会需求；老挝华文教学随着中老外交关系和经贸关系的进一步发展，在逐步走向正规化，政府也在更多地介入；马来西亚华文教学本就发展良好，21 世纪以来，通过与当地政治生态、文化生态、语言生态之间的不断协调互动，主动寻求最适合华教的生存方式和发展空间，推动民族语言教学和国际语言教学双轨并进。

历史经验表明，无论是出于内部原因还是外部原因，如果造成华语和华文教学与所在国现实社会的脱节，华文教学将无法生存和发展。上世纪 90 年代以后，基于对历史的反思和对现实的认识，华文教学本土化问题逐渐成为焦点。所谓本土化，就是使华文教学适应所在国国情，符合所在国国家利益，满足所在国社会需求。东南亚各国华人数量不同，入籍时间不一，同化程度各异，政治地位有别，华文教学具有复杂性和多样性，并没有统一的本土化模式。但是通过加强社会关联的策略推进本土化，无疑是东南亚各国华文教学发展的共同选择。

下面分别介绍各国华文教学主动本土化的情况。

1. 泰国

泰国在 20 世纪 90 年代之前长期对华文教学实行限制政策。到 90 年代初期，“由华人创办的民校从全盛时期的 600 多所减少到 120 所……第三代、第四代（华侨华裔）已鲜有通华语者。华文教学衰微的直接后果是华语人才的严重断层断代”[①]。从 90 年代开始，泰国政府逐渐放宽汉语教学政策。进入新世纪以后，以 2003 年第一批汉语教师志愿者赴泰开展教学为标志，泰

---

① 张启《泰国当前的华文教育》，《世界汉语教学》1995 年第 4 期。

国汉语教学真正进入了高速发展期。泰国政府积极与中国合作，不遗余力地在各层次推动汉语教学的展开。2005年制定的《2006—2010年泰国促进汉语教学，提高国家竞争力战略规划》，把汉语教学提高到了国家战略的高度。至2011年，泰国学习汉语的人数达到80万，开设各类汉语课程的学校约为2000所。[①]这是史无前例的成就。

泰国这一轮汉语教学的发展与以往相比具有完全不同的特征。一是主导力量的转移。学者通过专门研究提炼出的“泰国汉语快速传播模式”，其首要特点就是由以往的华人力量主导转变为由所在国“政府主导”。[②]泰国政府不但高度重视、大力支持汉语教学，更有众多高层人士率先垂范，引领起全国性的汉语学习热潮，历经十余年而不衰，成为汉语传播的一个独特景观。二是汉语教学主要场所的转移。我们注意到另外一组数据：至2010年，泰国有华校约160余所，在读学生数约2.2万余人。[③]泰国华校在汉语高速发展近十年之后，数量增加并不明显，与全盛时期的600多所相比，更是差距巨大。尽管一部分华校被称为“复办”，但“这些华校已不是原来华侨开办的华侨学校，而是由泰籍华人主办的、纳入当地教育计划的学校”[④]。数据显示，泰国汉语教学的主要场所，已经由华校转移到政府开办的公立学校。

从华人社会主导、以华校为基础的发展模式转变为政府主导、以公立学校为主要场所的举国模式，是泰国汉语教学的一大转变。这一转变不是孤立的，它带来了对语言性质和语言教学性质的一系列新认识。泰国学者明确指出了“汉语”和“华文”两个术语使用情况的变化：在谈到泰国早期（指1992年以前）的情况时使用“华文”这一术语，在谈到现代（指1992年以

---

① 吴应辉、杨吉春《泰国汉语快速传播模式研究》，《世界汉语教学》2008年第4期。

② 吴应辉、杨吉春《泰国汉语快速传播模式研究》，《世界汉语教学》2008年第4期。

③ 郑通涛、蒋有经、陈荣岚《东南亚汉语教学年度报告之三》，《海外华文教育》2014年第3期。

④ 张西平主编《世界汉语教育史》，北京：商务印书馆，2009年，第286页。

后）的情况时使用“汉语”这一术语。[①] 称谓的变化并不是随意的，而是对现实情况的精准反映。这些事实足以说明，汉语作为外语教学已经全面融入了泰国国民教育体系。

2. 越南

越南是东南亚 11 国中唯一的传统汉字文化圈国家，汉文化的影响根深蒂固，并且渗透到了越南社会的方方面面。但与之不相称的是，越南近 30 年来的汉语教学却发展缓慢。直到 2014 年，越南才在境内建立首个孔子学院，与同为汉字文化圈国家的日本、韩国相比，可谓差距明显。

越南的汉语教学有其自身的独特性。从历史上看，越南没有像马来西亚、新加坡、印尼、泰国等国家那样经历过华文教学近代化的阶段。实际上，从 1945 年越南正式宣布取消汉字时起，汉语教学已经开始发生根本性转变，“从如同本国语言、文化的学习转变成了一种外语、外国文化的学习”[②]。也就是说，在越南，汉语教学转变为外语教学的过程早已开始。

20 世纪 90 年代之前，由于越南国内的政治因素以及中越关系问题，越南华人多次受到限制、排斥、打击和驱赶，丧失了正常的发展环境，始终没有形成一定的社会力量；虽然 90 年代以后其社会地位逐步提升，但由于华人人口所占比例较低，华人社会的影响力依然较小，华人力量对华文教学没有形成有规模的推动作用。1991 年中越两国关系正常化之后，越南的汉语教学走上了发展的正常轨道。尤其是在世纪之交，越南汉语专业人才的需求急剧扩大，使中文专业快速成为越南大学中的热门专业，高等院校的汉语教学开始快速增长。1998 年，越南有 10 所大学设有中文系[③]；而到了 2007 年，越南开设中文（越南称“中国语”）专业的大学达到了 40 所，办学层次主要为本科和硕士研究生，此外，还有 4 所大学开设了以汉

① 潘素英《泰国中小学汉语课程大纲研究》，中央民族大学博士学位论文，2011 年。
② 张西平主编《世界汉语教育史》，北京：商务印书馆，2009 年，第 270 页。
③ 潘其南《越南汉语教学概况》，《世界汉语教学》1998 年第 3 期。

语为重要学习内容的东方学或汉喃学，没有开设中文专业的高等院校一般也都开设了选修课。[①]从开设汉语专业的高等院校数量来看，越南在东南亚诸国中处于领先地位。

20 多年来，越南的汉语教学形成了自己独有的特点：一方面，汉语本科专业发展最为突出，是越南汉语教学的核心部分和主体，在高等学校里学习汉语的主要是非华裔群体；另一方面，基础教育阶段的汉语教学却不被重视，华裔青少年学习的场所主要是华文中心（还有少量的越华学校），而华文中心是不被政府承认的教学机构，并没有纳入国民教育体系。这就形成了越南汉语教学“层次严重失衡”的“倒金字塔”形式：汉语本科专业发展最为成熟且规模较大，属国家正规教育；基础阶段汉语教学偏弱，处于零散状态。[②]

虽然越南汉语教学在普及程度和发展速度上不如泰国，但在两个方面有相似之处：第一，在越南，由于汉语教学的主要对象是越南人而不是华人，汉语作为外语的性质非常突出，所以越南多用“汉语”一词而少用“华语”。第二，越南汉语教学发展的主导力量也并非来自华人社会。2016 年 9 月在印尼举行的“第十一届东南亚华文教学研讨会”上，出席会议的越南汉语教学界代表既非华人，也非来自华校，而是大学中文系的越南本土教师。

3. 新加坡

新加坡自 1965 年开始实行以英语为核心的双语政策，这导致英语成了实际上的通用语，华文教学逐渐被边缘化。至上世纪 80 年代末期，只有 9 所特选中学及 4 所特选小学用华文教学。[③]从 1980 年到 1990 年的十年间，在家里使用英语交谈的华人家庭由 10% 增加到了 21%，新加坡社会语言

① 吴应辉《越南汉语教学发展问题探讨》，《汉语学习》2009 年第 5 期。

② 陈灵芝《汉语国际传播视角下的越南高校汉语教学发展研究》，中央民族大学博士学位论文，2016 年。

③ 周聿峨《东南亚华文教育》，广州：暨南大学出版社，1995 年，第 97—98 页。

“脱华入英”趋势明显[①]，至今仍在继续。

到了90年代，实施以英语为主的双语教育政策的结果逐渐开始引起新加坡领导人的关注。出于对新加坡可能沦为“伪西方社会”的担心，也为了适当制衡和抵消以英语为代表的西方政治文化在本地持续扩大的影响力，新加坡领导人转而强调民族认同与新加坡认同同等重要，从“熔炉论”回归“多元论”[②]，重新重视华族的中华文化传承。1989年在新加坡召开的世界华文教学研讨会上，时任新加坡总理李光耀强调，如果忽视学习华语，新加坡华人将“沦落为一个丧失自身文化特性的民族”。1991年新加坡发布的《共同价值观白皮书》（*White paper on shared values*）中指出：“由于西方发达国家的影响及新加坡英语教育的普及，西方的生活方式和价值观无须翻译或过滤即可被新一代新加坡人直接接受，从而导致新加坡人的生活态度和观念在不到一代人期间就发生了改变，传统的亚洲价值观被弱化。”[③]为此，新加坡政府对语言政策又开始做出新的调整，鼓励各民族继承自身优秀的传统文化。从1992年到2004年，新加坡先后进行了三次重大的华文教学检讨和改革。[④]政府出台了多项强调华族母语和文化的措施。1999年，时任副总理李显龙领导的华文教学检讨委员会发布《华文教学检讨委员会报告书》，明确指出：“母语使我们认识自己的文化传统，使我们更具有平衡的、与英语世界相辅相成的世界观”，“所以华文教学不只是听说读写的教学，更重要的是灌输华族文化与传统价值观”[⑤]。这说明他们已经认识到，华语语言教育的缺失必将带来华族文化传统和世界观的缺失。

---

① 吴英成《汉语国际传播：新加坡视角》，北京：商务印书馆，2010年，第50页。

② 庄国土等《二战以后东南亚华族社会的变化》，厦门：厦门大学出版社，2003年，第42页。

③ Parliament of Singapore (PARL) (1991) *White Paper on Shared Values*, https://www.nas.gov.sg/archivesonline/government_records/record-details/a472b486-7aea-11e7-83df-0050568939ad.

④ 吴英成《汉语国际传播：新加坡视角》，北京：商务印书馆，2010年，第205页。

⑤ 樊荣、彭爽《新加坡基础华文教学模式特点分析》，《外国教育研究》2008年第12期。

新加坡在世纪之交的这一轮华文教学改革，虽然尚未遏制住华文教学日益倾颓之势，但毕竟彰显了强化华文教学的决心，也可以看作是把华文教学与本国社会发展相结合的尝试和努力。新加坡华文教学发展的首要特点也是政府主导，即依靠政府，视国家发展需要主动制定符合国家利益诉求的语言政策。虽然新加坡依然使用“华语”这一称谓，但是我们注意到，“华人”这一概念在新加坡的使用并不广泛，华人身份也很少被刻意强调，因为“他们现在都是新加坡人，因而根本不需要华人这一术语”[①]。“新加坡人”学习“华语”，使华语在新加坡具有明显的第二语言性质。在“国家主导”和“二语特征明显”这两点上，新加坡和泰国、越南是相似的。新加坡20世纪90年代以来政府主导进行的一系列华文教学检讨和改革，是东南亚华文教学本土化进程的组成部分。

4. 印度尼西亚

1990年和中国恢复外交关系之后，印尼尽管有限度地放宽了华语政策，但“同化华人的方针并没有缓和的迹象”[②]，再加上不断发生的骚乱和暴乱的影响，导致直到1998年以后华文教学才真正得以复苏。

1998年9月，哈比比政府下令取消种族歧视条例，停止使用“原住民”和“非原住民”等用语。1999年5月发布的第4号总统训令书允许在校学生选修华文。同年10月，瓦希德在总统就职仪式上明确表示，“所有印尼公民，不分种族、宗教和文化都是平等的”，之后他又陆续发表了一系列保障华人合法权益的谈话，强调推行多元文化政策，支持兴办华文教学。2000年开始，各项放宽华文教学的政策开始落实。同时，印尼华人社会也通过对历史的深刻反思，提出了更具有现实性的华文教学理念：“印尼华文教学，

① 王赓武《华人与中国——王赓武自选集》，上海：上海人民出版社，2013年，第284页。
② 黄昆章《印尼华侨华人史（1950至2004年）》，广州：广东高等教育出版社，2005年，第225页。

不仅是华族的工作，更是印尼全民族的事业”[①]，代表了印尼华教界的共识，从此华文教学获得了重新发展的机会，

21世纪以来最值得关注的现象是印尼多地掀起的华校“复校”热潮。所谓“复校”，并不是简单地恢复历史上的华校，而是以另一种全新的办学形式——“三语学校”取而代之。这是印尼华人结合印尼国情、按照自己的理念开办的全日制国民学校。2012年成立了专门的协调机构——印尼三语学校协会。2014年，印尼有70多家三语学校，学生人数有5万多，华裔学生约占84.6%，其余占15.4%。[②]三语学校是印尼华人本土化办学的产物，符合印尼国家利益，又有利于华人自身的发展，在提升华人形象、改善族群关系、促进华文教学融入主流社会方面起到了重要作用。目前，三语学校已成为印尼华文教学的主流形式，蕴含着巨大的发展潜力，是华校转型发展的典型。

5. 菲律宾

菲律宾自1973年起到90年代初期实施了全面“菲化”政策，把华校纳入了国民教育体系，但是却把华语课程排除在外。随着华文教学被边缘化，越来越多的学生放弃华语学习，导致华校数量锐减，教学质量严重滑坡。这一“菲化”过程也可以说是华校被动本土化的过程。

1991年5月24日，菲律宾华文教育研究中心（简称“菲律宾华教中心”）正式成立，开始主持领导华文教育的一系列改革，为华文教育制定新的目标、新的内容和新的方法，其中最根本的变化就是对菲律宾华文教育的重新定位。他们认为，菲律宾华人早已不是侨居的中国人，他们是菲律宾人；随着社会环境的变化，他们的第一语言已经不是华语而是菲律宾语，华语已经成为他们的第二语言，因此应该按照第二语言的教学规律进行全面的教学改革；华文教育也不再是培养“中国人”，而是要把华语作为一门使用

---

① 见2000年发起、2004年正式成立的印尼雅加达华文教育协调机构（Board of Mandarin Education Coordination）章程。

② 陈友明《印尼三语学校华文教学考察探析》,《汉语国际传播研究》2014年第2辑。

技能，使华人子女学会用华语交际，把优秀的中华文化和传统美德融入菲律宾文化；华文教育的目标是要教出有谋生技能、能在本地生存又能对本地有所贡献的人才。也就是说，华文教育的大方向是要栽培具有华人气质的菲律宾公民。①

基于这一目标，菲律宾华教中心领导了多项改革：组织学习推广第二语言教学理论；组织制定中小学华语教学大纲，编写新教材；组织开展师资培训，提高华文教师的第二语言教学理论素养，帮助他们掌握第二语言教学方法；举办各种形式的教学研讨会。

进入90年代以后，菲律宾华人已完全融入当地社会，菲律宾政府也逐步放宽了对华文教学的限制。此时华校的性质已经发生了明显的变化，兼具国民型学校、民族学校、中华文化学校三重身份。②但是，由于三重属性的定位没有能够完全厘清，华校的发展依然面临困境。在菲律宾华教中心的领导下，华人社会各界凝心聚力，采取多项措施振兴华文教学：一方面开门办学，主动适应时代变迁；另一方面实行差异化发展，走本土特色之路。自1991年开始，菲律宾华教中心组织了一系列改革行动，制订了第一个十年计划（1994—2004）、第二个十年计划（2004—2014），并启动了旨在加强华文师资队伍建设的"221工程"（即两个计划——输血计划和造血计划，两个方案——督导方案和专业化方案，一个行动——华校新生行动）。同时，他们积极与所在国政府合作，于2001年7月同移民局签订谅解备忘录，为国外教师办理工作签证提供了方便。这一系列改革的努力成效在新世纪开始显现。菲律宾华教中心聘请的中国教师在2000年只有26人，到2004年达到115人，之后逐年增加，到2013年已经有554人③，这些教师为菲律宾的

① 周聿峨《东南亚华文教育》，广州：暨南大学出版社，1995年，第249页。

② 黄端铭《华校何位 华校何为——以菲律宾华校为例》，载贾益民主编《世界华文教学》（第四辑），北京：社会科学文献出版社，2018年。

③ 黄端铭《菲律宾华侨华人的留根工程——菲律宾华文教学》，载《华侨华人蓝皮书（2013）》，北京：社会科学文献出版社，2014年。

华教发展注入了新的动能。

菲律宾华文教学改革的思路很明确，既区别于中国的语文教育，又区别于国际汉语教学，而是致力于走出一条本土特色之路。至 2016 年，包含混血裔和原住民的非华裔学生人数已经超过了纯粹的华人子弟，这是华文教学与当地需求相结合的重要成就。

6. 柬埔寨

20 世纪 90 年代，柬埔寨国内局势好转，柬埔寨王国政府积极奉行民族团结和多元文化发展政策，对华文教学的政策逐渐放宽。1990 年 12 月 26 日，柬埔寨华人理事总会成立，从此柬埔寨华文教学有了强有力的组织领导者，华文教学步入了有序发展阶段。1991 年，磅湛省棉末县的启华学校首先复课，标志着柬埔寨华文教学全面复兴的开始。1992 年端华学校复校，1993 年崇正学校复校，随后形成了一波复校的浪潮，华文教学事业迅速发展起来。在柬华理事总会的推动下，到 1994 年，全柬各地大小规模的华校已达 50 多所。[①] 到 1999 年上半年，柬埔寨共有华校 69 所，均为华人社团所办，教师约 900 人，学生约 4 万人。柬埔寨有关人士认为，当前已进入继 50 至 60 年代华文黄金时代之后的第二个华文教育的黄金时代。[②]

目前，柬埔寨各省市县共有华校 60 多所，在校学生达 5 万多名，教职员工 1500 多名。其中，著名的金边端华学校拥有学生 1.5 万名，教职员工近 300 名，规模和影响力在东南亚各国首屈一指。虽然柬埔寨政府对华校给予了越来越多的关心和支持，但柬埔寨的华文学校尚未进入所在国教育体系，得不到实质上的支持，资金、校舍、教师、教材都很缺乏，发展受到严重制约，华文教学学历也不被政府承认。

2002 年，柬华理事总会提出华校转轨教改方案，积极在华校推动落实

① 周聿峨《东南亚华文教育》，广州：暨南大学出版社，1995 年，第 375 页。

② 赵和曼《略论海外华文教育的多样性》，载世界海外华人研究学会编《第四届海外华人国际学术研讨会论文集》（第 2 册），2001 年，第 13—15 页。

“柬中双语教学”，并且采取把柬国历史文化编进课本等多种措施，推进华文教育真正融入主流社会，为华文教学最终纳入正规教育创造了条件。为提高教师素养，他们还组织教师到中国师范院校进修。这些结合本国国情进行的改革举措已经取得了一定的成效，发展趋势良好。

7. 文莱

文莱是一个只有 30 多万人口的国家，自 1984 年独立以来，社会环境稳定，族群关系较为融洽，华文教学虽然规模不大，但发展比较平稳。

文莱的华文教学主要集中在 8 所华校。独立之后，华人加入文莱国籍的越来越多，华校的使命不再是单纯地传承中华文化，还要使培养出来的学生在学业上衔接国内外的大学，并且有能力很好地融入当地社会。因此，文莱的华校在文莱独立后不久即开始了转型发展，其中一个重要措施就是在语言教学上实施汉语、英语、马来语三语并重的策略。汉语教学的定位也从第一语言教学转变为非华语环境下的母语教学。在文莱历史最悠久、规模最大、师生人数最多的中华中学，学生培养已经形成了“三语并重，五育兼修”的独特模式，除了教授三种语言外，“还让学生在德育、智育、群育、体育、美育方面全面发展，塑造符合现代社会需要的、具有良好学识和道德的人才”，得到了文莱社会各界的普遍认可。[①]

文莱中华中学的发展在一定意义上是文莱华文教学转型发展的风向标。2014 年，该校学生比例为：母语为华语的学生占 55%，第一语言为英语的学生占 15%，非华裔（母语非华语）学生占 30%。[②] 文莱中华中学是当地多元化民族国家的缩影，也是华校本土化办学的典范。这种办学模式也顺应了社会环境，满足了社会需求，建立了良好的族群关系，发展前景看好。

---

① 许月兰《海外华文教学可持续发展之探讨——以文莱中华中学为例》，《汉语国际传播研究》2014 年第 1 辑。

② 许月兰《改革、实践、完善、发展——文莱中华中学华文教学改革及研究》，载《第十一届东南亚华文教学研讨会论文集》，雅加达：印尼三语学校协会，2016 年。

8. 缅甸

从1988年开始，缅甸重新积极发展与中国的友好关系，使华文教学获得了发展机会。之前由于历史的原因，缅甸的华文教学基本上是以台湾地区的标准为参照的。20世纪90年代以后，特别是21世纪以来，随着中缅之间经贸关系和人文交流的不断推进，华文教学有了新的发展，出现了多标准并存的态势：除了沿用台湾教材，还使用大陆汉语作为第一语言的教材、汉语作为第二语言的教材。汉语的普及程度和标准化程度得到了提高，教学水平也不断提升。缅甸中北部汉语教学发展较好，南部则相对滞后，呈现出发展严重不平衡的态势。缅甸汉语教学至今仍然没有明确的政策支持，中小学汉语教学依然未被政府承认，距离正规化还有很大距离。

21世纪以来，缅甸汉语教学界在融入主流社会方面做出了多种努力，不断在困境中寻求突破。根据缅甸的国情，在寺庙学校和私立学校设立中文班成为一个可行的创新措施。2014年，福庆学校接连在主流社会的寺庙开设了12个教学点，积极筹备并促成寺庙教学点的主持僧侣访华[①]，从而使汉语教学走出华人社区，迈出了进入主流社会的第一步。此举更重要的成果是使华文教学进入了公共外交领域。近年来，随着缅甸国内对汉语教育的进一步重视，职教合作也成为一个亮点。比如福庆学校2014—2015年，多次举办宾馆用汉语班、中文导游班、珠宝鉴定培训班、中缅翻译培训班。2015年8月3日，“中缅职教留学生合作项目”顺利完成签约；同年9月，第一批缅甸留学生已抵达常州工程职业技术学院开始学习。加强职业华语教学的开拓，无疑也是一种本土化的努力。

9. 老挝

中老关系在历史上曾经出现过波折，1988年以后才全面恢复。华文教学取得明显发展是在2000年以后。

---

① 东南亚华文教学研讨会秘书处《福庆学校“向社会转型，为公共外交努力”成果》，《东南亚华文教学通讯》2014年第12期。

20 世纪 90 年代，老挝华文教学规模小，层次多，比较零散且不成体系。虽然 5 所华校——老挝万象寮都公学、沙湾拿吉崇德学校、琅勃拉邦新华公学、巴色华侨公学、甘蒙省他曲华侨学校都是在教育部正式注册的，但政府并不拨付经费，导致办学资源短缺，现代化程度低，教学缺乏计划性，各层次教学之间衔接不顺畅，汉语教学对主流社会影响甚微。1996 年，老挝国立大学成立留学中国汉语基础部，使华文教学开始走向正规化。新世纪以来，一些新情况又陆续出现。寮都公学 2001 年获批开办高中部，从而具备了从幼儿园到高中的完整教育体系。2002 年，中老两国签署《中华人民共和国教育部与老挝人民民主共和国教育部 2002—2005 年教育合作计划》之后，两国的教育合作进一步升级，老方每年都有高中毕业生到中国留学，中国国务院侨办也在师资、教材方面给予老方大力支持。2003 年，老挝国立大学成立了中文系；2004 年，老挝国内唯一一所警察学校——万象警察高等专科学校也创办了汉语专业；2009 年，老挝国防学院设立了四年制汉语专业。华文教学逐渐走上了正规化的可持续发展道路，对主流社会的影响也日益增强。随着中老外交关系和经贸关系的进一步发展，老挝华文教学发展前景看好。

10. 马来西亚

马来西亚是东盟诸国中最早和中国建立外交关系的国家，也是中国目前在东盟国家最大的贸易伙伴。马来西亚华人约占全国总人口的四分之一，是第二大民族，并且在私营经济上占有优势地位，近年来经济实力仍在增长。由于马来西亚华人参与了国家独立的重要进程，在国家政治中占有重要地位，华文教育也被纳入了独立宣言的一个重要条文中，因此华文教育在马来西亚的发展得到了较稳定的保证。如今马来西亚保存着完整的华文教育体系和华人传统风俗，其华文水平在东南亚首屈一指。

20 世纪 90 年代以前，马来西亚政府对华文教学长期采取有限限制、温和同化的措施；华人社会也始终坚决维护本民族语言传承的权利，从而使华文教学获得了持续发展的空间。90 年代以后，随着中国的发展和中马经贸关系的日益密切，华文的实用价值与日俱增，马来西亚政府也开始以“经济先进国的语言”[①]来看待华语。1993 年，时任总理马哈蒂尔说:“我们应当利用和发挥我们的社会优势去中国做生意，如我们掌握多种语文，像华语和华文及华人方言，就是我们的有利条件。”[②]这种态度使得对华文教学的限制又有所放宽。21 世纪以来，随着中马国家关系的发展和经贸领域合作的不断深化，马来西亚华文教学得到了官方的进一步认可和支持，尤其是华文作为第二语言教学的发展呈现出新的态势。2017 年 2 月，马来西亚教育部副部长张盛闻提出，华文教学要“从传承跨越到传播”，“华校不再是专为华裔子弟而开设，它是适合各民族甚至国际的教育单位”[③]，希望通过加强与中国的学术合作，将马来西亚建成东南亚的中文传播中心，并能够为其他国家提供师资。实际上，马来西亚汉语教师到新加坡、印度尼西亚、文莱等国教汉语的情况十余年前就已经开始。这一新定位显示，发展华文教学未来将成为马来西亚扩大区域性影响力的重要途径，甚至成为国家软实力的组成部分。这是马来西亚华文教学长期发展的成果，是华文教学顺应所在国需求、融入所在国社会、服务所在国发展的突出案例。

同时也要认识到，马来西亚今天来之不易的华教成就离不开民间华教力量的长期努力。马来民族主义在马来西亚的政治生态中占有核心地位，马来西亚政府一直以来倡导“一个国家，一个民族，一种语言，一种文化”、推行单元化教育政策的方针在短期内不会改变，教育资源分配的不公平对华校发展始终存在牵制，华文教学发展的障碍并未完全清除。马政府 1998 年开始实施的《1996 年教育法令》，宣称将《1961 年教育法令》中“逐步发展一

① 叶俊杰《马来西亚华文教学研究》，中央民族大学博士学位论文，2012 年。

② 颜清文《中国今后必定强大，吁中国政府制止货币投机》，马来西亚《工商世界》月刊 1993 年 8 月。

③ 张盛闻《借“一带一路”，“华教发展将专业化”》，马来西亚《星洲日报》2017 年 2 月 17 日。

个以国语为主要教学媒介的国家教育制度为最终目标”调整为“现行目标”，再次彰显出了单元教育思维的根本导向。21世纪以来，教育部分别于2001年10月推出《2001—2010年教育发展大蓝图》，2007年1月推出《2006—2010年首要教育发展大蓝图》，2013年9月推出《2013—2025年教育大蓝图》，其中一些条款体现了淡化华语作为母语教学的倾向，显示出政府对华文教学的“有限限制”策略依然存在，给华文教学带来了新的压力。

早在1991年，马来西亚华教界就开始提出华文独中重新定位的问题。面对世界和国内形势的变化，他们认为1973年提出的《独中建议书》已经不足以应付当前的局面，“因此，有必要重新定位，研制策略，迎向挑战。在巩固现有成果的同时，力求突破创新”[①]。关于独中的使命，重新定位者认为，过去强调的是“维护母语教育，发扬中华文化”这样一个特殊使命，随着形势的变化，有必要把这个重点转移到为民族经济的发展培训人力资源、充分发挥中等教育的功能这样一个使命上。[②]霹雳州董联会在独中办学方针第一条中增加了“为国家培育人才”的表述。[③]马来西亚华文教育的转向，可以总结为从“传承导向”向“人才导向”迈进。

多年来，政府与以董教总（马来西亚华校董事联合会总会、马来西亚华校教师会总会）为代表的民间华教力量之间限制与反限制的博弈一直没有断绝。但总的来说，这种博弈是“对话”而非“对抗”。华教在负重前行的过程中也在不断调适自身，寻求与当地政治生态、文化生态、语言生态之间的契合和良性互动，以争取最佳的生存方式和发展空间。2015年，马来西亚全国华文小学中的非华裔学生总数已经占到了15.48%[④]，2019年更是占到

---

① 马来西亚董教总全国华文独中工委会资讯局编《华文独中九十年代的教育与办学策略》，吉隆坡：华校董事联合会总会（董总），1992年，第12页。

② 周聿峨《东南亚华文教育》，广州：暨南大学出版社，1995年，第180页。

③ 周聿峨《东南亚华文教育》，广州：暨南大学出版社，1995年，第181页。

④ 张盛闻《借“一带一路”，“华教发展将专业化”》，马来西亚《星洲日报》2017年2月17日。

了 19%[①]，这给华文教学带来了新的挑战，也必将促进华文教学的本土化发展更加深入。从宏观上看，马来西亚正在形成华文作为民族语言教学和作为国际语言教学双轨并进、协同发展的格局。

本章小结

1949 年新中国的建立是中国历史上开天辟地的大事件，在中国共产党的领导下，中国进入了一个崭新的历史时期。新中国建立初期，虽然百废待兴，但也孕育着万象更新的契机，汉语言文字海外传播也从此打开了新局面。

在这之前，中国并没有主动进行过语言传播规划，汉语言文字全球传播的经验比较缺乏。新局面的开始缘于对外汉语教学事业的初创和发展。“语言传播的动力源泉不在语言本身，而在语言之外的社会。”[②]对外汉语教学事业从一开始就与国家的外交工作密不可分，可以说是与外交格局相匹配的。对外汉语教学事业的发展大体可分为三个阶段：新中国建立到改革开放之前为第一阶段，这一阶段的特点是紧紧围绕中国的外交布局，“请进来”和“走出去”相结合，一方面接受来华留学生，一方面外派汉语教师赴海外任教。从任教国家来看，可以清晰地发现其与中国外交方向和布局的紧密配合。第二阶段是改革开放以后到 2004 年全球第一所孔子学院建立前。在这一时期，随着中国对外开放的扩大，对外汉语教学事业得到了快速发展，学生规模扩大，教师队伍壮大，对外汉语教学作为一门学科逐渐成熟，高等学校普遍设立了对外汉语教学专业。全国性领导协调机构“汉办”（国家对外汉语教学领导小组办公室）的成立，更是有力推进了对外汉语教学学科和事

---

① 据 2019 年 8 月 10—11 日在吉隆坡召开的“第三届东盟汉语教学国际学术研讨会”上马来西亚汉语文化传播学会会长陈志雄先生的致辞。

② 吴应辉《汉语国际传播研究理论与方法》，北京：中央民族大学出版社，2013 年，第 24 页。

业的双重发展。国内的对外汉语教学规划和建设已经成型、成熟，各种标准相继出台，为进一步规划汉语言文字全球传播奠定了基础。第三阶段始于 2004 年全球第一所孔子学院的建立。这一时期的特点是由以中国国内为主的对外汉语教学向汉语国际推广转变。孔子学院在全球范围内迅速发展，成为中国的一张文化名片；加上中国政府的全方位推动，汉语言文字形成了全球传播的态势。中国主动制订汉语传播规划并推动实施，这是汉语言文字传播史上的一次飞跃。“有规划的和平传播”将是中国贡献给世界的新型语言国际传播模式。

在中国国内对外汉语教学事业发展的同时，全球各大洲的汉语教学也不断出现新局面。二战以后的欧洲国家在传统汉学研究的基础上，“学院派”汉语教育也不断取得发展。这一时期欧洲的汉语言文字传播有这样几个特点：一是注重现代汉语和使用汉语作为媒介语的教学；二是跟中国的合作增多，如合编教材数量不断增长；三是汉语教学由高等教育延伸到中学教育和基础教育。在北美方面，美国的汉语教学则更加凸显其战略意义，国家规划的痕迹更加明显，同时更加注重先进教学理念、教学方法的实践和应用。加拿大首先注意到了移民后裔的语言教学，提出了“继承语”的概念，对于语言教学的理论和实践有着深远的影响。在大洋洲方面，澳大利亚、新西兰的汉语教学也都持续发展，其共同特点是受华人移民影响明显，并且华文教育成为汉语言文字传播的重要部分。非洲开展汉语教学比较早，原因是新中国成立以后最早与非洲国家建立了外交关系。非洲汉语教学的需求导向比较强，主要原因是中国援助项目较多，带动了当地的汉语需求。

东南亚作为全球汉语言文字传播情况最好的地区，在二战以后却经历了曲折的发展历程。东南亚各国获得民族独立以后，对本国的华文教育进行了不同程度的限制和打压，导致原本在高位发展的华文教育形势急转直下，在 20 世纪 90 年代陷入低谷。但是由于华人社会的存在，华文教学始终在不同程度上得以保持。90 年代以后，随着东南亚融入全球化进程以及中国国力和国际地位的大幅提高，东南亚国家普遍采取了较为宽松的语言政策和民族政策，华文教学得以恢复。同时，东南亚华人也重新调整自己的身份认同定位，推进华文教学与当地发展和社会需求相结合，致力于“本土化”发展，使华文教学出现了复兴的态势。在中国、东南亚华人、华人所在国三方的共同努力下，华文教学正在逐渐形成良性发展的新型格局。

结　语

汉语言文字海外传播肇始于商、周，奠基于秦、汉，兴盛于隋、唐，持续传播于宋、元、明、清，衰落于近代“西学东渐”风潮之下，复兴于新中国成立之后。这一过程与中国走向世界的历史相呼应，是中国发展与世界发展之间互通、互鉴、互动的缩影。它既反映了语言传播的一般规律，也包含着汉语言文字传播的特殊规律。

汉语言文字海外传播史是全球语言传播史的重要组成部分。纵观历史，从传播主体的角度来考察，语言国际传播可分为“有规划传播”和“无规划传播”两大类型。无规划传播往往是自然发生的，其动因产生于不同国家或地区之间文明发展程度的落差，以和平传播的方式为主，主要依靠民间渠道进行，与国家意志缺乏关联，与国家利益也缺乏有目的的对接；其特点是传播周期较长，传播效率较低。有规划的语言传播则与15世纪末期以后西方国家的殖民主义扩张相伴而生，最初是一种以武力为后盾的刚性传播，靠政府力量主导推进，直接为国家利益服务；其特点是传播周期短，传播效率高。第二次世界大战之后，以英语为代表的几个世界性大语种的全球传播虽改以和平方式为主，但这几种语言当今的全球分布格局实际上仍是殖民扩张、武力征服的结果。

中国古代历代王朝并没有明确的语言文字海外传播规划，传播方式主要以周边国家主动学习为主，因此总体上属于一种无规划传播。它呈现出这样几个特点：是区域性传播而非全球性传播，是和平传播而非武力传播，是单向输出型传播而非双向互动型传播，是以汉字和汉语书面语为主的传播。古代汉语言文字海外传播的成就虽然辉煌，也为世界文明发展做出了突出贡献，但从传播效益来看，它与中国的国家发展需求并没有很好地对接，因而没有给中国发展带来明显的反哺。这正是无规划传播的表现。

历史上“无规划的和平传播”和“有规划的武力传播”长期对立存在，这不仅是由于不同区域、不同国家的发展水平存在较大落差，也与对语言功能的不同认识有关。早在 15 世纪，西方殖民者就提出“语言是帝国最完美的工具”；而中国在延续了 2000 多年的封建集权制度下，始终没有走出“不言”“慎言”等保守的传统语言工具观，导致缺乏语言传播意识，在近代的全球语言竞争舞台上长期失语。当今随着人类社会的发展，人们越来越认识到，语言也是一种生产力，本国语言在全球范围内的使用和传播状况与国家利益、国家发展密切相关。

新中国成立后，以对外汉语教学事业的发展为契机，开始了新一轮的汉语言文字对外传播。20 世纪 90 年代以来，汉语言文字全球性传播的态势已经形成。由于中国坚持和平发展道路，汉语言文字的全球传播是一种新型的、“有规划的和平传播”。这是一种历史性的新尝试，因为世界上还没有哪个国家完全依靠和平手段把自己的语言传遍全球。目前，汉语言文字的全球性传播尚处于初级阶段，经验不足，仍在探索中前行。

即使是在和平时期，汉语国际传播也注定不会走以英语为代表的西方语言全球传播的道路。第一，汉语有着“语、文分离”的特性，汉字可以脱离语音而独立传播，因此汉语传播中如何处理“语”“文”关系始终是一个具有根本意义的命题。汉语教学中出现的“语文并进”“语文分进”“先文后语”“先语后文”等不同理念，就体现了汉语传播的特殊实际。我们需要切实加强理论建设，既对“语”“文”关系做出准确阐释，又能充分利用汉语的特性，走出一条符合国情、语情的汉语传播路径。第二，直至目前，中国仍然是汉语全球传播的单一传播主体，缺乏海外国家的协同和呼应，显得比较孤独，“走出去”的力量还比较单薄。相比之下，英语的传播主体是一个国家群，英、美、澳、加、新等国不仅可以各自单独进行英语传播，还很容易形成合力，缔结语言传播联盟，在世界范围内寻求共同利益。中国的语言传播应进一步充分利用海外华文教育资源，连通海外华人社会和华语社区，打造跨越国界的汉语传播共同体，形成海内外协同传播的新格局。

和平传播主要依靠民间力量。汉语言文字传播史给我们留下的重要经验就是多样化的民间传播渠道，如商贸交往、宗教交流和移民扩散。主要靠民间力量推动的汉语言文字海外传播将会是一场“持久战”，不可能一蹴而就。汉语言文字在中国走向世界的过程中并不具有“开路”的能力，难以充当“打前锋”的角色。它的使命是做到与国家的硬实力和软实力相匹配，跟得上、走得稳、立得牢，不大可能超前发展。相对于经济、科技实力的国际影响力，语言传播是“铺路”而不是“开路”，是“随行”而不是“先行”，所以应该超前谋划，稳健发展，步步为营，务求实效。

回顾历史，展望未来，汉语言文字海外传播应更加着力于以下几个方面：一是要积极通过高层互访推动汉语课程进入各国国民教育体系。二是要重点推动各国高校的汉语及相关专业建设，通过培养高层次汉语人才将汉语教育延伸到基础教育和职业教育中去。三是要进行更加科学全面的顶层设计，推进传播渠道的多元化，既要推进官方、半官方渠道，也要重视民间渠道；同时要现实课堂与虚拟课堂相结合，形成全方位、立体化传播的格局。四是要加强传播成效评估，明确语言对外传播的根本目的是服务于中国和传播对象国的共同发展，避免只推进、不评估的情况，要把成效评估纳入规划，并注重传播成效的导向作用。五是要重视语言社区建设。语言传播起于需求，终于应用，需要有完整的生态链条。如果应用环境不足，语言传播会后继乏力。因此要从关注语言生活的角度出发，注重海外汉语言文字社区建设，尤其要重视发掘海外华人社区在汉语国际传播中的新功能，现实社区和虚拟社区两手抓，使语言传播能够切实地落地生存，行稳致远。

参考文献

一、论著、古籍

[1]《国语》，陈桐生译注，北京：中华书局，2013 年。

[2]《礼记》，胡平生、张萌译注，北京：中华书局，2017 年。

[3]《山海经》，方韬译注，北京：中华书局，2016 年。

[4]《尚书》，王世舜等译注，北京：中华书局，2012 年。

[5]《雍正朱批谕旨》（第 46 册），上海点石斋本，1887 年。

[6] 艾田蒲《中国之欧洲：从罗马帝国到莱布尼茨》（上卷），许钧、钱林森译，桂林：广西师范大学出版社，2008 年。

[7] 爱德华·萨丕尔《语言论——言语研究导论》，陆卓元译，北京：商务印书馆，2017 年。

[8] 安鼎福《东史纲目》（韩国学基本丛书第一辑），首尔：景仁文化社，1994 年。

[9] 安积觉《大日本史赞薮》，赖襄辑，东京：大正书院，大正五年（1916 年）。

[10] 安藤彦太郎《中国语与近代日本》，卞立强译，北京：北京大学出版社，1991 年。

[11] 安田朴《中国文化西传欧洲史》，耿昇译，北京：商务印书馆，2000 年。

[12] 安文思《中国新史》，何高济、李申译，郑州：大象出版社，2004 年。

[13] 班固《汉书》，北京：中华书局，1962 年。

[14] 宝鋆等修《筹办夷务始末（同治朝）》，台北：文海出版社，1971 年。

[15] 博克舍编《十六世纪中国南部行纪》，何高济译，北京：中华书局，2006 年。

[16] 蔡邕《琴操》（吉联抗辑《中国古代音乐文献丛刊》），北京：人民音乐出版社，1990 年。

[17] 朝鲜史编修会编《高丽史节要》，首尔：朝鲜总督府影印京城帝国大学藏旧奎章阁本，昭和七年（1932 年）。

[18] 朝鲜学部编辑局《朝鲜历代史略》，首尔：朝鲜学部编辑局新刊本，1896 年。

[19] 陈家麟《东槎见闻录》（王锡祺辑《小方壶斋舆地丛钞》），江苏：南清河王氏铸板，清光绪二十年（1894 年）。

[20] 陈烈甫《东南亚洲的华侨、华人与华裔》，台北：正中书局，1983 年。

[21] 陈师道、朱彧《后山谈丛 萍州可谈》，李伟国点校，上海：上海古籍出版社，1989 年。

[22] 陈寿《三国志》，北京：中华书局，2007 年。

[23] 陈学恂主编《中国近代教育史教学参考资料》（上册），北京：人民教育出版社，1986 年。

[24] 陈寅恪《金明馆丛稿二编》，北京：生活·读书·新知三联书店，2001 年。

[25] 道端良秀《日中佛教友好二千年史》，徐明、何燕生译，北京：商务印书馆，1992 年。

[26] 道森（C. Dawson）编、吕浦译、周良霄注《出使蒙古记》，北京：中国社会科学出版社，1983 年。

[27] 道宣《续高僧传》（《高僧传合集》），上海：上海古籍出版社，1991 年。

[28] 董明《古代汉语汉字对外传播史》，北京：中国大百科全书出版社，2002 年。
[29] 樊国樑《燕京开教略》，北京救世堂印本，清光绪三十一年（1905 年）。
[30] 范晔《后汉书》，北京：中华书局，1965 年。
[31] 方豪《方豪六十自定稿》，台北：台湾学生书局，1969 年。
[32] 方豪《中西交通史》，郑阿财编，杭州：浙江大学出版社，2016 年。
[33] 房玄龄等《晋书》，北京：中华书局，1974 年。
[34] 费尔南·门德斯·平托《葡萄牙人在华见闻录——十六世纪手稿》，王锁英译，海口：海南出版社，1998 年。
[35] 费正清《观察中国》，傅光明译，北京：世界知识出版社，2001 年。
[36] 冯惠民《张骞通西域》，北京：中华书局，1979 年。
[37] 伏生《尚书大传》，陈寿祺辑，清抱经堂刻本。
[38] 复旦大学文史研究院《越南汉文燕行文献集成（越南所藏编）》，上海：复旦大学出版社，2010 年。
[39] 高明士编《东亚文化圈的形成与发展：儒家思想篇》，上海：华东师范大学出版社，2008 年。
[40] 耿昇、何高济译《柏朗嘉宾蒙古行纪、鲁布鲁克东行纪》，北京：中华书局，1985 年。
[41] 龚缨晏等《西方人东来之后——地理大发现后的中西关系史专题研究》，杭州：浙江大学出版社，2006 年。
[42] 郭惠芬《中外文学交流史：中国—东南亚卷》，济南：山东教育出版社，2015 年。
[43] 郭廷以编《近代中国史》，上海：商务印书馆，1941 年。
[44] H. 裕尔撰、H. 考迪埃修订《东域纪程录丛》，张绪山译，昆明：云南人民出版社，2002 年。
[45] 韩国国立国语院编《训民正音》，韩梅译，北京：世界图书出版公司，

2008 年。
[46] 韩致奫《海东绎史》，首尔：景仁文化社，1989 年。
[47] 何光远撰、邓星亮等校注《鉴诫录校注》，成都：巴蜀书社，2011 年。
[48] 何新华《中国外交史（从夏至清）》（上、下册），北京：中国经济出版社，2017 年。
[49] 荷属华侨学务会编辑委员会编《荷印华侨教育鉴》，雅加达：巴城出版，1928 年。
[50] 弘华文主编《燕行录全编》（第一辑第五册），桂林：广西师范大学出版社，2010 年。
[51] 黄昆章《印尼华侨华人史（1950 至 2004 年）》，广州：广东高等教育出版社，2005 年。
[52] 黄昆章、吴金平《加拿大华侨华人史》，广州：广东高等教育出版社，2001 年。
[53] 黄省曾《西洋朝贡典录》（别下斋丛书），上海：涵芬楼影印清蒋氏本，1923 年。
[54] 黄晓蕾《民国时期语言政策研究》，北京：中国社会科学出版社，2013 年。
[55] 黄遵宪《日本国志》，浙江：浙江书局重印本，清光绪二十四年（1898 年）。
[56] 慧皎《高僧传》（《高僧传合集》），上海：上海古籍出版社，1991 年。
[57] 纪昀《纪文达公遗集·诗集》，清嘉庆十七年（1812 年）刻本。
[58] 季羡林等《东方文化研究》，北京：北京大学出版社，1994 年。
[59] 蒋廷黻《中国近代史》，北京：现代出版社，2018 年。
[60] 今井弘济、安积觉《舜水先生行实》（朱舜水《舜水遗书》文集附录），1913 年铅印本。
[61] 金富轼《三国史记》，朝鲜史学会编，京城府近泽书店发行，昭和三年（1928 年）。

[62] 金尼阁《西儒耳目资》，北京：文字改革出版社，1957 年。
[63] 金宗直《青丘风雅》，刘永奉编，首尔：以会文化社，2000 年。
[64] 卡萨齐（Giorgio Casacchia）、莎丽达（Mariarosaria Gianninoto）《汉语流传欧洲史》，上海：学林出版社，2011 年。
[65] 孔飞力《他者中的华人：中国近现代移民史》，李明欢译，南京：江苏人民出版社，2016 年。
[66] 黎澄《南翁梦录》（沈节甫《纪录汇编》），商务印书馆据明万历本影印，1938 年。
[67] 黎庄《柬埔寨华文教育》，台北：台湾华侨教育丛书编辑委员会编印，1958 年。
[68] 李长傅《华侨》（中华书局“常识丛书”第二十八种），1927 年铅印本。
[69] 李恩涵《东南亚华人史》，北京：东方出版社，2015 年。
[70] 李商隐《义山杂纂》，长沙：岳麓书社，2005 年。
[71] 李文凤《越峤书》，浙江范懋杜家天一阁藏本，明嘉靖十九年（1540 年）。
[72] 李向玉《澳门圣保禄学院研究》，澳门：澳门日报出版社，2001 年。
[73] 李延寿《北史》，北京：中华书局，1974 年。
[74] 李正浩《训民正音的结构原理及易学研究》，首尔：亚细亚文化社，1990 年。
[75] 利玛窦《利玛窦书信集》（下），罗渔译，台北：光启出版社、辅仁大学出版社，1986 年。
[76] 利玛窦、金尼阁《利玛窦中国札记》（上），何高济、王遵仲、李申译，何兆武校，北京：中华书局，1983 年。
[77] 梁立基、李谋主编《世界四大文化与东南亚文学》，北京：经济日报出版社，2000 年。
[78] 梁廷枏《粤海关志》（三十卷），清道光刻本（四库全书版）。
[79] 梁为楫、郑则民主编《中国近代不平等条约选编与介绍》，北京：中国

广播电视出版社，1993 年。
[80] 梁英明《战后东南亚华人社会变化研究 》，北京：昆仑出版社，2001 年。
[81] 刘伯骥《美国华侨逸史》，台北：黎明文化事业股份有限公司，1984 年。
[82] 刘世珩《南朝寺考》，清光绪三十三年刊聚庼丛书本。
[83] 刘恕《资治通鉴外纪》，上海涵芬楼影印本，1919 年。
[84] 刘昫《旧唐书》，北京：中华书局，2014 年。
[85] 刘玉珺《越南汉喃古籍的文献学研究》，北京：中华书局，2007 年。
[86] 刘月华等《实用现代汉语语法》，北京：外语教学与研究出版社，1983 年。
[87] 六角恒广《日本中国语教育史研究》，王顺洪译，北京：北京语言学院出版社，1992 年。
[88] 六角恒广《中国语关系书书目》，东京：不二出版社，2001 年。
[89] 六角恒广编《中国语教本类集成》(第一集第二卷)，东京：不二出版社，1991 年。
[90] 六角恒广编《中国语教本类集成》(第十集第二卷)，东京：不二出版社，1998 年。
[91] 陆锡兴《汉字传播史》，北京：语文出版社，2002 年。
[92] 吕叔湘《语文常谈》，北京：生活·读书·新知三联书店，1998 年。
[93] 吕叔湘《吕叔湘全集》(第 11 卷)，沈阳：辽宁教育出版社，2002 年。
[94] 马可·波罗《马可·波罗行纪》，冯承钧译，上海：上海书店出版社，2000 年。
[95] 马来西亚董教总全国华文独中工委会资讯局编《华文独中九十年代的教育与办学策略》，吉隆坡：华校董事联合会总会(董总)，1992 年。
[96] 门多萨《中华大帝国史》，何高济译，北京：中华书局，1998 年。
[97] 孟宪承等《中国古代教育史资料》，北京：人民教育出版社，1961 年。
[98] 木宫泰彦《日中文化交流史》，胡锡年译，北京：商务印书馆，1980 年。
[99] 木宫泰彦《中日交通史》(三)，陈捷译，太原：山西人民出版社，2015 年。

[100] 尼古拉斯·奥斯特勒《语言帝国——世界语言史》，章璐等译，上海：上海人民出版社，2016 年。
[101] 欧阳修《新唐书》，上海：上海古籍出版社、上海书店，1986 年。
[102] 帕特里克·曼宁（Patrick Manning）《世界历史上的移民》，李腾译，北京：商务印书馆，2015 年。
[103] 裴化行《天主教十六世纪在华传教志》，萧濬华译，上海：商务印书馆，1936 年。
[104] 裴辉璧《皇越诗选》，希文堂刊，越南阮圣祖明命六年（1825 年）。
[105] 彭定求等编《全唐诗》，延边：延边人民出版社，1999 年。
[106] 朴真奭《中朝经济文化交流史研究》，沈阳：辽宁人民出版社，1984 年。
[107] 朴趾源《热河日记》，韩国：民族文化促进会，1968 年。
[108] 祈剑飞《世界的中国观》，上海：学林出版社，1996 年。
[109] 侨务委员会秘书处《侨务法规汇编》，南京：艺新印书馆，1935 年。
[110] 青木武助《日本历史》（卷下），张枫译，南京：金陵江楚编译馆书局，清光绪三十二年（1906 年）。
[111] 屈大均《广东新语》，北京：中华书局，1985 年。
[112] 杉山正明《忽必烈的挑战：蒙古帝国与世界历史的大转向》，周俊宇译，北京：社会科学文献出版社，2013 年。
[113] 舍人亲王等《日本书纪》，东京：吉川弘文馆，昭和六十二年（1987 年）。
[114] 沈约《宋书》，北京：中华书局，1974 年。
[115] 石田干之助《欧人之汉学研究》，朱滋萃译，北平中法大学出版，1934 年。
[116] 世界海外华人研究学会编《第四届海外华人国际学术研讨会论文集》（第 2 册），2001 年。
[117] 司马迁《史记》，北京：中华书局，1959 年。
[118] 宋濂等《元史》，上海：上海古籍出版社、上海书店，1986 年。

[119] 宋岘《中国阿拉伯文化交流史话》，北京：中国大百科全书出版社，2000 年。
[120] 孙怡让《新编诸子集成》(上)，北京：中华书局，2001 年。
[121] 索绪尔《普通语言学教程》，北京：商务印书馆，1982 年。
[122] 太田辰夫《汉语史通考》，江蓝生、白维国译，重庆：重庆出版社，1991 年。
[123] 谈敏《法国重农学派学说的中国渊源》，上海：上海人民出版社，1992 年。
[124] 谭家健《域外古典散文选注评析》，北京：社会科学文献出版社，2021 年。
[125] 藤原良房等《续日本后记》，东京：吉川弘文馆，昭和四十九年（1974 年）。
[126] 脱脱等《宋史》，上海：上海古籍出版社、上海书店，1986 年。
[127] 汪大渊《岛夷志略》(影印《文渊阁钦定四库全书》史部十一，地理类十)，台北：商务印书馆，1986 年。
[128] 汪德迈《新汉文化圈》，陈彦译，南昌：江西人民出版社，2007 年。
[129] 汪高鑫、程仁桃《东亚三国古代关系史》，北京：北京工业大学出版社，2006 年。
[130] 汪鹏《袖海编》(王锡祺辑《小方壶斋舆地丛钞》)，江苏：南清河王氏铸板，清光绪二十年（1894 年）。
[131] 汪向荣《古代中日关系史话》，北京：时事出版社，1986 年。
[132] 王必成《老乞大谚解·朴通事谚解》，台北：联经出版事业公司，1978 年。
[133] 王充《论衡》，上海：上海古籍出版社，1990 年。
[134] 王赓武《华人与中国——王赓武自选集》，上海：上海人民出版社，2013 年。

[135] 王国维《唐写本兔园册府残卷跋》（“广仓学窘丛书”卷七《仰视千七百二十九鹤斋丛书》），会稽赵氏刻本，清光绪六年（1880年）。
[136] 王还《门外偶得集》，北京：北京语言学院出版社，1987年。
[137] 王辑五《中国日本交通史》，上海：上海书店，1984年。
[138] 王礼《麟原文集》（影印本《四库全书珍本初集》），上海：商务印书馆，1935年。
[139] 王力《龙虫并雕斋文集》，北京：中华书局，1980年。
[140] 王力《汉语史稿》（重排本），北京：中华书局，2004年第2版。
[141] 王力主编《古代汉语》（修订本）（第一册），北京：中华书局，1981年。
[142] 王立达编译《汉语研究小史》，北京：商务印书馆，1959年。
[143] 王婆楞《历代征倭文献考》，重庆：正中书局，1940年。
[144] 王钦若等《册府元龟》，北京：中华书局，1989年。
[145] 王韬《扶桑游记》（王锡祺辑《小方壶斋舆地丛钞》），江苏：南清河王氏铸板，清光绪二十年（1894年）。
[146] 王铁崖编《中外旧约章汇编》（第一册），上海：生活·读书·新知三联书店，1957年。
[147] 王秀南《星马教育泛论》，香港：东南亚研究所，1970年。
[148] 魏徵、令狐德棻《隋书》，北京：中华书局，1973年。
[149] 文庄《中越关系两千年》，北京：社会科学文献出版社，2013年。
[150] 吴凤斌主编《东南亚华侨通史》，福州：福建人民出版社，1994年。
[151] 吴晗辑《朝鲜李朝实录中的中国史料》，北京：中华书局，1980年。
[152] 吴兢《贞观政要》，上海：上海古籍出版社，1978年。
[153] 吴士连等《大越史记全书》，东京：埴山堂反刻本，明治十七年（1884年）。
[154] 吴英成《汉语国际传播：新加坡视角》，北京：商务印书馆，2010年。
[155] 吴应辉《汉语国际传播研究理论与方法》，北京：中央民族大学出版

社，2013 年。
[156] 夏东元编《郑观应集》(下册)，上海：上海人民出版社，1982 年。
[157] 徐兢《宣和奉使高丽图经》，上海：商务印书馆，1937 年。
[158] 徐时仪《汉语白话发展史》，北京：北京大学出版社，2007 年。
[159] 徐延旭《越南辑略》，梧州：梧州刊本，清光绪三年（1877 年）。
[160] 许孚远《敬和堂集》，日本东尊经阁藏明刊本。
[161] 许明龙《欧洲 18 世纪“中国热”》，太原：山西教育出版社，1999 年。
[162] 许明龙主编《中西文化交流先驱》，北京：东方出版社，1993 年。
[163] 许慎《说文解字》，汤可敬译注，北京：中华书局，2018 年。
[164] 严从简《殊域周咨录》，余思黎点校，北京：中华书局，1980 年。
[165] 严可均《全齐文　全陈文》，北京：商务印书馆，1999 年。
[166] 阎纯德主编《汉学研究》(第四集)，北京：中华书局，2000 年。
[167] 颜清湟《新马华人社会史》，北京：中国华侨出版公司，1991 年。
[168] 杨保筠《中国文化在东南亚》，郑州：大象出版社，2009 年。
[169] 杨考臣主编《中日关系史纲》，上海：上海外语教育出版社，1987 年。
[170] 杨衒之《洛阳伽蓝记》，尚荣注释，北京：中华书局，2012 年。
[171] 杨昭全、韩俊光《中朝关系简史》，沈阳：辽宁民族出版社，1982 年。
[172] 姚广孝等《明实录》，梁氏影印南京国学图书馆藏抄本，1940 年。
[173] 姚思廉《梁书》，北京：中华书局，1973 年。
[174] 姚文栋《安南小志》(王锡祺辑《小方壶斋舆地丛钞》)，江苏：南清河王氏铸板，清光绪二十年（1894 年）。
[175] 姚亚平《中国语言规划研究》，北京：商务印书馆，2006 年。
[176] 叶钟玲《黄遵宪与南洋文学》，新加坡：新加坡亚洲研究学会，2002 年。
[177] 义净《梵语千字文》，上海：上海佛学书局，1940 年。
[178] 赞宁《宋高僧传》(《高僧传合集》)，上海：上海古籍出版社，1991 年。
[179] 臧运祜《20 世纪的中国与世界》，北京：北京大学出版社，2010 年。

[180] 曾德昭《大中国志》，何高济译，上海：上海古籍出版社，1998 年。
[181] 张碧波《中日关系史论》，北京：中国文史出版社，2016 年。
[182] 张国刚《文明的对话：中西关系史论》，北京：北京师范大学出版社，2013 年。
[183] 张廷玉等《明史》，上海：上海古籍出版社、上海书店，1986 年。
[184] 张维华主编《中国古代对外关系史》，北京：高等教育出版社，1993 年。
[185] 张西平主编《世界汉语教育史》，北京：商务印书馆，2009 年。
[186] 张西平主编《国际汉语教育史研究》（第 2 辑），北京：商务印书馆，2020 年。
[187] 张亚军《对外汉语教学法》，北京：现代出版社，1990 年。
[188] 章太炎《国学概论》，上海：上海古籍出版社，1997 年。
[189] 赵尔巽等《清史稿》，上海：上海古籍出版社、上海书店，1986 年。
[190] 赵元任《赵元任语言学论文集》，北京：商务印书馆，2002 年。
[191] 郑良树《马来西亚、新加坡华人文化史论丛》（卷二），新加坡：南洋学会，1986 年。
[192] 郑良树《马来西亚华文教育发展史》（第一分册），吉隆坡：马来西亚华校教师会总会，1998 年。
[193] 中非教育合作与交流编写组《中国与非洲国家教育合作与交流》，北京：北京大学出版社，2005 年。
[194] 中国社会科学院历史研究所《古代中越关系史资料选编》编辑组《古代中越关系史资料选编》，北京：中国社会科学出版社，1982 年。
[195] 周凤《善邻国宝记》（卷上）（罗振玉辑《殷礼在斯堂丛书》），东方学会印，1928 年。
[196] 周士琦编著《实用释义组词词典》，北京：华文出版社，2000 年。
[197] 周一良《中朝人民的友谊关系与文化交流》，北京：开明书店，1951 年。
[198] 周一良主编《中外文化交流史》，郑州：河南人民出版社，1987 年。

[199] 周有光《世界文字发展史》，上海：上海教育出版社，1997 年。
[200] 周聿峨《东南亚华文教育》，广州：暨南大学出版社，1995 年。
[201] 朱国宏《中国的海外移民——一项国际迁移的历史研究》，上海：复旦大学出版社，1994 年。
[202] 朱有瓛主编《中国近代学制史料》（第一辑·上册），上海：华东师范大学出版社，1983 年。
[203] 朱有瓛主编《中国近代学制史料》（第三辑·上册），上海：华东师范大学出版社，1990 年。
[204] 庄国土等《二战以后东南亚华族社会的变化》，厦门：厦门大学出版社，2003 年。

二、论文及报纸文章

[1]《汉语教育成为法国发展最快外语教育，学生人数年增三成》，《世界教育信息》2009 年第 4 期。
[2]《求学人数逐年增长，法国汉语教学蓬勃发展》，《华声报》2002 年 2 月 27 日。
[3] 白乐桑《法国汉语教学史浅论》，《中国文化研究》1993 年第 2 期。
[4] 白乐桑《法国汉语教学历史沿革与现状》，张放编译，《法语学习》2005 年第 2 期。
[5] 白乐桑《法国汉语教学历史沿革与现状 2》，张放编译，《法语学习》2005 年第 3 期。
[6] 白乐桑《法国汉语教学的现状：教学标准、学科建设》，《孔子学院》2013 年第 3 期。
[7] 白乐桑《由法国汉语教学发展审视“汉语热”增长危机》，《国际汉语教学研究》2014 年第 4 期。
[8] 别必亮《近代华侨学校的国语教学》，《中学语文教学参考》1998 年第

3 期。

[9] 别必亮、田正平《近代华侨教育的历史考察》,《杭州大学学报》1997 年第 4 期。

[10] 曹贤文《"继承语"理论视角下的海外华文教学再考察》,《华文教学与研究》2014 年第 4 期。

[11] 柴野《汉语传播辛勤耕耘者——访德语区汉语教学协会会长、著名汉学家顾安达》,《光明日报》2013 年 12 月 4 日。

[12] 常宝儒《美国汉语教学和汉语研究概况》,《语言教学与研究》1979 年第 1 期。

[13] 陈灵芝《汉语国际传播视角下的越南高校汉语教学发展研究》,中央民族大学博士学位论文,2016 年。

[14] 陈平《政治、经济、社会与海外汉语教学——以澳大利亚为例》,《世界汉语教学》2013 年第 3 期。

[15] 陈若凡《新西兰中、小学汉语教学情况调查报告》,《国外汉语教学动态》2003 年第 3 期。

[16] 陈友明《印尼三语学校华文教学考察探析》,《汉语国际传播研究》2014 年第 2 辑。

[17] 程相文《〈老乞大〉和〈朴通事〉在汉语第二语言教学发展史上的地位》,《汉语学习》2001 年第 2 期。

[18] 崔永华《二十年来对外汉语教学研究热点回顾》,《语言文字应用》2005 年第 1 期。

[19] 东南亚华文教学研讨会秘书处《福庆学校"向社会转型,为公共外交努力"成果》,《东南亚华文教学通讯》2014 年第 12 期。

[20] 冬松《汉文化与越南文化》,越南《远东日报》1971 年 3 月 4 日。

[21] 樊荣、彭爽《新加坡基础华文教学模式特点分析》,《外国教育研究》2008 年第 12 期。

[22] 范晓轩、刘辰洁《俄罗斯汉语传播动因及模式研究》,《佳木斯大学社会科学学报》2019 年第 6 期。
[23] 方绪军《非洲博茨瓦纳汉语教学印象》,《国际汉语教学研究》2014 年第 4 期。
[24] 费正清《新教传教士著作在中国文化史上的地位》, 吴莉苇译,《国际汉学》2003 年第 2 期。
[25] 韩晓明《20 世纪 90 年代以来东南亚各国华文教学的本土化转型》,《云南师范大学学报(哲学社会科学版)》2017 年第 2 期。
[26] 黄端铭《菲律宾华侨华人的留根工程——菲律宾华文教学》, 载《华侨华人蓝皮书(2013)》, 北京: 社会科学文献出版社, 2014 年。
[27] 黄端铭《华校何位 华校何为——以菲律宾华校为例》, 载贾益民主编《世界华文教学》(第四辑), 北京: 社会科学文献出版社, 2018 年。
[28] 黄金声、田笑《对非洲小学汉语教学的思考——以毛里求斯为例》,《海外华文教育》2016 年第 4 期。
[29] 黄磊《澳大利亚华文教育之现状》,《暨南大学华文学院学报》2003 年第 4 期。
[30] 黄松赞《新加坡的两种语文教育》,《东南亚研究资料》1984 年第 3 期。
[31] 黄新铭《日本汉诗的历史与特色》, 载北京市社会科学研究所国际问题研究室《中日文化与交流》编辑部编《中日文化与交流》(第二辑), 北京: 中国展望出版社, 1985 年。
[32] 君方《美国中等学校的汉语教学》,《语言学资料》1965 年第 Z1 期。
[33] 柯彼德《联邦德国中学的汉语教学蓬勃发展》,《世界汉语教学》1990 年第 2 期。
[34] 克里斯托夫(Nicholas D. Kristof)《从开封到纽约——辉煌如过眼烟云》, 美国《纽约时报》2005 年 5 月 22 日。
[35] 李葆嘉《西洋汉语文法学三百年鸟瞰》,《华东师范大学学报(哲学社

会科学版)》2020 年第 3 期。
[36] 李培元《中国对外汉语教学的 40 年》,《世界汉语教学》1989 年第 3 期。
[37] 李威继兰《澳大利亚汉语教学近况》,《语言教学与研究》1984 年第 1 期。
[38] 李怡《加拿大当代汉语作为外语教育考察》,《山东外语教学》2009 年第 1 期。
[39] 理查德 · T. 汤姆逊《美国汉语教学综述》, 鲁健骥译,《语言教学与研究》1980 年第 4 期。
[40] 刘家业《意大利的现代汉语教学》,《世界汉语教学》1988 年第 3 期。
[41] 刘乐宁《美国的汉语教学或教育的现状和前景》,《国际汉语教学研究》2017 年第 3 期。
[42] 刘汝山、刘金侠《澳大利亚语言政策与语言规划研究》,《中国海洋大学学报(社会科学版)》2003 年第 6 期。
[43] 鲁健骥《中介语理论与外国人学习汉语的语音偏误分析》,《语言教学与研究》1984 年第 3 期。
[44] 鲁健骥《外国人学习汉语的词语偏误分析》,《语言教学与研究》1987 年第 4 期。
[45] 路云《德国汉语教学现状与汉语推广策略的思考》,《聊城大学学报(社会科学版)》2014 年第 2 期。
[46] 吕必松《加强对外汉语教学的理论研究》,《语言教学与研究》1988 年第 4 期。
[47] 吕俞辉、张和生、李晓梅《澳大利亚中文学校汉语教学情况调查》,《云南师范大学学报(对外汉语教学与研究版)》2015 年第 1 期。
[48] 骆小所、卢石英《在全球语境下的“汉语热”》,《云南师范大学学报(对外汉语教学与研究版)》2007 年第 3 期。
[49] 马箭飞《以“交际任务”为基础的汉语短期教学新模式》,《世界汉语教学》2000 年第 4 期。

[50] 马西尼《意大利汉语教学与研究概况》,《世界汉语教学学会通讯》2009年第2期。
[51] 宁可《历史上的中国》,《光明日报》2009年8月6日第10—11版。
[52] 潘其南《越南汉语教学概况》,《世界汉语教学》1998年第3期。
[53] 潘素英《泰国中小学汉语课程大纲研究》，中央民族大学博士学位论文，2011年。
[54] 戚印平《日本耶稣会士对于中国语言文字的若干认识与研究》,《清华学报》(台湾)2004年新34卷第1期。
[55] 任远《联邦德国汉语教学面临"汉语热"持续增长新形势》,《世界汉语教学》1987年第1期。
[56] 阮越雄《越南国语字的发展及其替代汉字和喃字的过程》,《现代语文(语言研究版)》2014年第1期。
[57] 撒德全《非洲汉语国际推广调研——以内罗毕大学孔子学院为例》，载《第十一届国际汉语教学研讨会论文集》，2012年。
[58] 施光亨、杨俊萱《新中国对外汉语教学40年大事记》,《世界汉语教学》1990年第2期。
[59] 司甜《美国小学汉语沉浸式课堂的教师话语研究》,《国际汉语教学研究》2018年第3期。
[60] 宋连谊《近五年英国汉语教学综述》,《国际汉语教学动态与研究》2005年第2辑。
[61] 田士琪等《从第二语言习得规律看教学方法的改进》,《世界汉语教学》1987年第4期。
[62] 汪磊《俄罗斯汉语教育现状与发展趋势》,《西伯利亚研究》2020年第1期。
[63] 王娟《试析新西兰华文教育的发展及特点》,《黑龙江史志》2009年第4期。

[64] 王立诚《汉文·韩文·英文·日文——欧美新教传教士近代在韩办学的文字选择》,《韩国研究论丛》第十一辑，2004 年。
[65] 王仲殊《东晋南北朝时代中国与海东诸国的关系》,《考古》1989 年第 11 期。
[66] 王子义、牛端《澳大利亚大学汉语教学的现状及思考》,《海外华文教育》2014 年第 2 期。
[67] 文铮《意大利汉语热引起的思考》,《对外传播》2012 年第 7 期。
[68] 邬大光《林文庆：创校与寻根》,《光明日报》2019 年 7 月 8 日第 11 版。
[69] 吴应辉《越南汉语教学发展问题探讨》,《汉语学习》2009 年第 5 期。
[70] 吴应辉、杨吉春《泰国汉语快速传播模式研究》,《世界汉语教学》2008 年第 4 期。
[71] 武春野《语言、国家、现代性：重审“国语运动”》,《语言战略研究》2016 年第 6 期。
[72] 席春《美国汉语热持续升温》,《国际人才交流》2006 年第 1 期。
[73] 谢小庆《为什么要开发新 HSK 考试?》,《中国考试》2011 年第 3 期。
[74] 新加坡《南洋商报》，1959 年 9 月 2 日。
[75] 新加坡《星洲日报》，1957 年 9 月 19 日。
[76] 徐丽华、郑崧《非洲汉语推广的现状、问题及应对策略》,《西亚非洲》2011 年第 3 期。
[77] 徐时仪《明清传教士与辞书编纂》,《辞书研究》2016 年第 1 期。
[78] 许宽华、陈国权《德国汉语教学和汉学研究一瞥》,《德国研究》1997 年第 1 期。
[79] 许琳《汉语国际推广的形势和任务》,《世界汉语教学》2007 年第 2 期。
[80] 许月兰《海外华文教学可持续发展之探讨——以文莱中华中学为例》,《汉语国际传播研究》2014 年第 1 辑。
[81] 许月兰《改革、实践、完善、发展——文莱中华中学华文教学改革及

研究》，载《第十一届东南亚华文教学研讨会论文集》，雅加达：印尼三语学校协会，2016 年。

[82] 严丽明《试析新西兰华文教育的发展》，《八桂侨刊》2005 年第 1 期。

[83] 岩田庆治《泰国与老挝几个民族的风俗》，赵苏恩译，《东南亚资料》1981 年第 3 期。

[84] 阎德早、邓崇谟《意大利的汉语教学与汉学研究》，《语言教学与研究》1982 年第 2 期。

[85] 颜清文《中国今后必定强大，吁中国政府制止货币投机》，马来西亚《工商世界》月刊 1993 年 8 月。

[86] 杨煜《"一带一路"背景下汉语国际推广研究——基于语言经济学的视角》，西北大学博士学位论文，2018 年。

[87] 叶俊杰《马来西亚华文教学研究》，中央民族大学博士学位论文，2012 年。

[88] 印尼雅加达《生活报》，1959 年 1 月 5 日。

[89] 余太山《〈史记・大宛列传〉要注》，《暨南史学》2003 年第 2 辑。

[90] 余自洁《汉语将成为俄罗斯高考外语科目》，《世界教育信息》2016 年第 21 期。

[91] 张昌柱、陈申《澳大利亚的中文教育概况》，《世界汉语教学》1994 年第 4 期。

[92] 张启《泰国当前的华文教育》，《世界汉语教学》1995 年第 4 期。

[93] 张秋生《略论战后澳大利亚华人文化》，《世界民族》2001 年第 6 期。

[94] 张盛闻《借"一带一路"，"华教发展将专业化"》，马来西亚《星洲日报》2017 年 2 月 17 日。

[95] 张新生、李明芳《英国汉语教学的现况和趋势》，《海外华文教育》2007 年第 2 期。

[96] 赵和曼《略论海外华文教育的多样性》，载世界海外华人研究学会编

《第四届海外华人国际学术研讨会论文集》(第2册), 2001年。

[97] 郑通涛、蒋有经、陈荣岚《东南亚汉语教学年度报告之三》,《海外华文教育》2014年第3期。

[98] 朱锦岚《德国中小学汉语教学综述及启示》,《外国中小学教育》2012年第2期。

[99] 朱仁夫《儒学传播意大利》,《东方论坛(青岛大学学报)》2005年第3期。

[100] 朱勇、孙岩《意大利汉语教育现状、问题与对策》,《云南师范大学学报(对外汉语教学与研究版)》2014年第4期。

[101] 朱志平、卢伟《澳大利亚中小学汉语教师培训与教学考察报告》,《海外华文教育》2006年第1期。

[102] 庄国土《清初到鸦片战争前夕南洋华侨的人口结构》,《南洋问题研究》1992年第1期。

[103] 庄国土《论中国人移民东南亚的四次大潮》,《南洋问题研究》2008年第1期。

三、外文文献及网络资源

[1] CILT, the National Centre for Languages (2007) *Mandarin Language Learning: Research Study*, https://dera.ioe.ac.uk/6645/.

[2] Colony of Singapore, Legislative Assembly, All Party Committee on Chinese Education (1956) *Report of the All-Party Committee of the Singapore Legislative Assembly on Chinese Education* Singapore: Government Printing Office.

[3] European Association of Chinese Studies (1990), *Newsletter* (《欧洲汉学学会通讯》), No. 3: 7.

[4] Parliament of Singapore (PARL) (1991) *White Paper on Shared Values*, https://

www.nas.gov.sg/archivesonline/government_records/record-details/a472b486-7aea-11e7-83df-0050568939ad.

[5] Purcell, Victor (1951) *The Chinese in Southeast Asia*. London and New York: Oxford University Press.

[6] Skinner, G. W. (1957) Chinese assimilation and Thai politics. *Journal of Asian Studies*, Vol. 16 (2): 237-250.

[7] Wilson, H. E. (1978) *Social Engineering in Singapore: Educational Policies and Social Change, 1819-1972*. Singapore: Singapore University Press.

[8] 2006年来华留学生人数又创历史新高，中华人民共和国教育部，http://www.moe.gov.cn/jyb_xwfb/gzdt_gzdt/moe_1485/tnull_22856.html.

[9] 高艳萍《二战后加拿大华人社会地位的演变及其动因》，http: //www.zhuoda.org/cs/73888.html, 2010-07-19/2010-07-22.

[10] 郭丽琨《孔子学院成为非洲国家了解中国的桥梁》，http://news.xinhuanet.com/newscenter/2006-06/20/content_4721553.htm.

[11] 郭洋《德国汉语教学发展迅速》，新华网，http://www.xinhuanet.com/video/2014-03/25/c_119933301.htm, 2014-03-25.

[12] 华社服文化学院简介，CNSST Foundation, http://www.chineseservice.org.nz/services/education/cultural-learning-centres/introduction/?lang=zh-hans.

[13] 加拿大首所孔子学院揭牌，陈至立出席仪式，http: //www.stnn.cc/city/Van/headline/t20060208 135438.html，2006-02-08/2010-07-14.

[14] 李建民《综述：多元化的南非中文教育》，http://big5.xinhuanet.com/gate/big5/news.xinhuanet.com/newscenter/2008-6/27/content_8449093.htm.

[15] 刘向《德国约有150所中小学开设了汉语课》，中国教育和科研计算机网，https://www.edu.cn/zhong_guo_jiao_yu/shi_ye/news/200603/t20060323_153523.shtml, 2005-12-08.

[16] 路易·艾黎中文学校 艾黎教育文化中心，中国华文教育网，http://www.

hwjyw.com/info/content/2013/09/12/28996.shtml, 2013-09-12.

[17] 未来五年孔子学院从规模化建设转向内涵式发展，中国教育和科研计算机网，http://www.edu.cn/zhong_guo_jiao_yu/zong_he/zong_he_news/201512/t20151207_ 1345446.shtml，2015-12-07.

[18] 我国已建立 500 所孔子学院，未来将注重内涵发展，新华网，http://www.xinhuanet.com/politics/2015-12/06/c_1117370371.htm , 2015-12-06.

[19] 袁征《如何看待当前的中美关系》，半月谈网，http://www.banyuetan.org/ssjt/detail/2020 1022/1000200033135841600997422125506079_1.html.

[20] 中国人在加拿大（1788—2009），http: //www.zhgpl.com/crn - we-bapp/cbspub/secDetail.jsp? bookid = 36485&secid= 36500, 2010-10-24/2010-10-27.

[21] 专家称汉语已成为加拿大第三个最多人使用的语言，中国侨网，http://www.chinaqw.com/news/200704/28/70719.shtml, 2007-04-28.